社会研究方法

主　编　荆玲玲

副主编　王丽媛　刘　庚　刘思良

HEUP 哈尔滨工程大学出版社

教材简介

本书全面系统地阐述了现代社会研究方法的基本知识。基本内容包括导论、社会研究的主要类型、选题与研究设计、理论建构与理论检验、抽样、社会研究中的测量、访谈法、问卷法、观察法、实验法、文献法、定性资料分析、定量资料分析、撰写研究报告等内容,共四篇十四章。

本书旨在帮助读者理解现代社会研究的有关理论和基本方法,可作为社会研究初学者的教材,也可作为社会研究方法自学考试教材。

图书在版编目(CIP)数据

社会研究方法/荆玲玲主编.—哈尔滨:哈尔滨工程大学出版社,2016.7

ISBN 978-7-5661-1283-5

Ⅰ.①社… Ⅱ.①荆… Ⅲ.①社会学—研究方法 Ⅳ.①C91-03

中国版本图书馆CIP数据核字(2016)第142016号

选题策划 卢尚坤
责任编辑 张忠远 宗盼盼
封面设计 恒润设计

出版发行 哈尔滨工程大学出版社
社 址 哈尔滨市南岗区东大直街124号
邮政编码 150001
发行电话 0451-82519328
传 真 0451-82519699
经 销 新华书店
印 刷 黑龙江龙江传媒有限责任公司
开 本 787mm×960mm 1/16
印 张 15.25
字 数 284千字
版 次 2016年7月第1版
印 次 2016年7月第1次印刷
定 价 46.00元
http://www.hrbeupress.com
E-mail:heupress@hrbeu.edu.cn

前言

PREFACE

本教材的主要内容是介绍现代社会研究方法的基础知识，其中包含社会研究的理论基础和主要类型、社会研究的设计与理论构建、社会研究中的测量与抽样、社会研究中收集资料的各种常用的分析方法以及社会研究中整理与分析资料的基本方法等方面的内容，各章节内容安排详略得当，紧密衔接，内容翔实。

在当代社会中，随着社会科学研究的领域越来越广泛，以及理论和应用研究的逐渐深入，科学的社会研究方法也越来越受到研究者和实际工作者的重视。现代社会研究方法不仅被应用到社会科学研究的各个领域，而且还被运用到政府及其他机构的决策过程和日常调研工作中。因此，掌握社会研究方法，是从事社会研究工作的一个必要手段和工具。

经过多年的发展，现代社会研究方法已经成为一个包含大量理论、具体方法和技术的复杂体系。要全面掌握现代社会研究方法，需要有较长时期的学习和实践。本书主要是面向将来要从事行政管理以及政府和社会各个部门中具体工作的人员，帮助他们掌握社会研究的基本方法与基础知识。本书的难度适中，在各个章节的内容安排和写作方式上既注意了知识的完整性，又注意突出了重点，部分内容结合了案例，简洁明了并结合自考考点，每章结尾设置了思考题，方便广大考生备考。

由于社会研究方法体系庞大、内容广泛，其中涉及大量理论和技术上的难题，因此在编写过程中在内容取舍和写作方面难免有不足之处，希望广大读者及教师在使用本书的过程中对编写中的问题提出宝贵意见，帮助我们在将来修订时进一步改进。

编者

2016 年 7 月

目录
CONTENTS

第一篇　社会研究方法概述

第二篇　社会研究资料的收集方法

第三篇　社会研究资料的分析方法

第四篇　社会研究报告的撰写

第一篇 社会研究方法概述

第一章 导 论

本章首先讲解了社会研究的概念、特征、原则、意义以及社会研究者可能遇到的困难；其次从整体上介绍了社会研究的整个方法体系；最后介绍了社会研究的一般过程，帮助学生了解社会研究及其特征、目标和意义等内容。

第一节 社会研究的概念与特征

一、社会研究的概念及其意义

研究是人们认识世界的一种自觉的行动，它不仅仅是科学家在实验室中进行的观测行动，也不仅仅是学者在书斋里引经据典的文字工作，研究实质上是人们发现问题、寻求解释、解答问题的全过程。只要存在着使人类感到迷惑不解的现象，就会引出问题，为了解答问题，就要进行研究。

社会研究则是一种由社会学家、社会科学家以及其他一些寻求有关社会世界中各种问题的答案的人们所从事的一种研究类型。如果要给社会研究下一个定义，那么我们可以认为，社会研究指的是一种以经验的方式，对社会世界中的人们的行为、态度、关系以及由此所形成的各种社会现象、社会产物所进行的科学的探究活动。从这一定义可知，社会研究是科学的一部分，它的目标是探索和理解我们生活于其中的社会世界。而从事这种活动所用的方法，就是社会研究方法。

社会研究方法是社会学学科的三大组成部分之一，它也是社会学学科区别于哲学等具有思辨色彩的人文学科的重要标志之一。在某种意义上，我们可以说，正是以经验性、实证性为特征的社会研究方法使社会学与哲学相区分，使社会科学与人文科学相区别。社会学的理论和概念为我们提供了观察和认识社会世界的特定视角。但是，当我们实实在在要去探索一个现实问题时，离开了研究方法或许就会寸步难行。另一方面，即使是那些主要以理论分析的理论研究为特长的社会学者们，在他们深刻的思想来源中，同样沉淀着无数经验的社会研究的成果。因此，学习和掌握社会研究方法，既有助于我们理解社会学及相关社会科学的基本内容，也有助于我们理解社会学家和其他社会科学家在探索社会世界时所做的一切。

二、社会研究的特征

社会研究的根本目的是形成和产生有关社会世界的系统知识，增加人类对自身以及所生存的世界的理解。从另一方面看，社会研究者作为一种科学的探究活动，同时也是形成和产生这种有关社会世界知识的一种过程。这种过程比起常识、传统、权威、个人经验以及其他一些知识来源来说，无疑具有更高的系统性、结构性、组织性及科学性。尽管它所产生的知识不可能达到完美无缺的境地，但其存在缺陷的可能性相对较小一些，因而这种知识也更为可靠一些。

社会研究作为一种特定的科学研究类型，具有以下三个方面的基本特征。

1. 研究的主题是社会的，而非自然的

研究的主题指的是研究所涉及的现象领域或范畴。社会研究的主题首先必须是有关社会的。这一特征意味着社会研究的对象必须包括作为社会主体的人，必须包括人的社会行为以及由人们的行为所构成的各种社会现象。它涉及人们如何行动，如何与他人交往；涉及人们如何思考，有何感受。它也要关注由人们所组成的各种社会群体、各种社会组织、各类社区；关注个人与个人、个人与群体、个人与社会、群体与群体、群体与社会之间的各种社会关系，关注人们如何与不断变化的社会相互适应等。总之，社会研究的主题十分广泛，它涉及人类生活的方方面面，涉及社会世界的各个角落。

2. 研究的方法是经验的,而非思辨的

所谓经验性指的是社会研究必须依据可感知的资料。这也就是说社会研究只对那些可以看到、听到、接触到的东西感兴趣。经验性意味着根植于经验的可观察的人的行为,人所创造的东西以及以语言为中介的意见和关于态度、价值判断、意愿等,都属于经验上可感觉的社会事实。

社会研究者所收集的大量类似的经验资料,反映了更大规模的社会现象的某些部分,将所有这些部分资料合起来,我们就可以"经验地"认识社会现象的整体。在美国社会中,我们可以直接观察到占地好几英亩①的富人宅邸,看到坐落在城市郊区地带的中产阶级住宅区,也可以看到在政府提供的公共住房和分组房屋中穷人狭窄的套间。社会研究者正是通过考察美国社会中的富人、中产阶级和穷人的住所,而"经验地"看到了美国社会结构中的分层现象的。正是由于"经验性"是社会研究方法最重要的特征之一,因此,有的著作甚至直接将其称为"经验性社会研究方法"。

3. 研究的问题是科学的,而非判断的

就像科学不可能回答一切问题一样,社会研究也不可能回答一切有关社会现象的问题。一个问题能否科学地进行探讨,首先依赖于这一问题是不是一个可以由科学来回答的问题。社会研究中所探讨的问题必须是可以由科学来回答的。这也就是说,社会研究者不应该去探索某一现象"是否应该如此"的问题,而只应该去探讨某一现象"状况究竟如何"或者"为什么如此"的问题。这种区分的一个关键之处在于所提的问题是"科学的"或"非科学的"。

三、社会研究的基本要素

在当今社会中,社会研究是一种有组织、有目的地进行的认识社会的活动。任何一项社会研究活动都包含社会研究的主体、社会研究的对象、社会研究的内容和社会研究的方法等方面的基本要素。通过分析这些基本要素,我们可以更具体地理解当代社会研究活动的性质与特征。

① 1 英亩 =4 046.86 平方米。

1. 社会研究的主体

所谓社会研究的主体，是指进行社会研究的组织与人员。

首先，当代各国绝大多数的社会研究活动都是依托一定的组织来实施的。各类组织在社会研究活动中一般扮演以下几种角色。

(1)社会研究活动的组织者

当代社会中大量的社会研究活动都是由一定的组织来负责和统筹安排的。这类组织大到一个国家的政府和大型国际组织，小到一些小型的民间研究机构。同时，进行社会研究的组织包括了政治组织(政府或政党)、学术组织(大学和研究机构)、企业组织(一般的公司和经营性调查研究机构)以及一些民间非营利性组织。

(2)社会研究项目的委托者

当代社会中，政府、企业以及其他各类组织在其业务活动中需要大量的社会信息及其分析的结论，但他们常常并非自己去从事社会研究活动，而是将社会研究项目委托给一些学术机构和其他专门从事社会研究的机构或个人。

(3)社会研究项目的承担者

这类组织主要是一些学术机构、政府和企业的研究部门以及独立的社会研究机构。他们按照合同从社会研究项目的委托者那里获得研究项目，按委托者的要求完成社会研究任务，并向委托者提交研究报告。

(4)社会研究的资助者

在当代各国，政府、一些民间基金会和企业经常资助社会研究项目。一般的研究资助与委托研究不同，它往往并不是由资助方提出社会研究题目，而是由研究者自选题目，然后由资助方为其提供调查研究经费。也就是说，资助方不一定是调查研究成果的直接使用者。他们向社会研究项目提供资助一般是出于对社会公共利益和长期社会发展的考虑。同时，有些资助者也带有自身组织的价值立场，并按其价值立场去选择资助项目。

其次，除了一定的组织之外，社会研究者个人也是社会研究的主体。社会研究是一个具有创造性的活动，尽管当代社会研究活动越来越组织化和社会化，但研究者个人在这种活动中仍然发挥着重要作用。个人在社会研究中的角色分为组织者、研究者、技术人员、一般调查员和其他辅助人员等不同层次。组织者是一项社会研究活动的负责人，全面负责社会研究活动的人力和组织安排、财务计划、工作流程等方面的管理；研究者是一项研究活动中负责研究工作的专家，一般负责研究设计、理论分析和报告写作等关键性的环节；技术人员在社会研究活动中一般负责某些具体的技术性环节的工作，如抽样、问卷设计、资料统计分析等；一般调查员的任务则是按照调查方案去具体实施收集资料的工作。此外，在许多社会研究活动中还有资料录入人员、财务管理人员和其他辅助性的工作人员。在各种不同的研究项目中，各类人员的配备和分工的详细程度不同。在较大型的社会研究项目中，一般人员配备比较齐，分工比较细，而在小型社会研究项目中，各类人员的配备则更可能是一人兼多个不同的角色和任务。还有一些微型的社会研究项目可以由一个人或少数人独自完成。

2. 社会研究的对象

社会研究的对象是指被研究的个人、群体或组织，或者是研究所指的其他社会单位。从一般的意义上看，社会研究以社会为其研究对象，但每项具体的社会研究都有其特定的对象，一般包括社会中具体的个人、家庭、社区、各类专门人群以及各类组织等。在理解什么是社会研究的对象时，要注意区分“社会研究对象”与“社会研究内容”之间的不同，以及“社会研究对象”和“社会调查对象”概念的差异。

首先，社会研究的对象在概念上不同于研究内容。社会研究的内容是指特定的社会现象及其本质和规律，而研究的对象则是指特定社会现象发生和发展范围中的人与社会单位。例如，一项以“城市贫困问题”为题目的社会研究项目其研究的对象应该是城市中的贫困者个人或家庭，而其研究的内容可能是城市贫困问题的状况、原因及发生、发展的规律。

其次，“社会研究的对象”与“社会调查对象”也是不同的概念。由于社会研究是以揭示某类社会现象及其本质和规律为目标，因此，其对象应该是社会中某类群体或组织的总体，例如，“老年人”“贫困者”“流动人口”“国有企业”，等等。

但是，在社会调查中，即在社会研究的收集资料阶段，则可以并常常以个人或组织为调查对象。“社会调查对象”是指在社会调查活动中直接访问和观察的单个对象，包括个人、群体和组织。也就是说，社会研究对象是一个总体的概念，而社会调查对象则可以是单个的概念。还以城市贫困问题研究为例，在对此问题进行社会研究时应该以城市贫困者的总体为对象。但在收集资料的阶段中(即实施具体的社会调查时)，可以将每个贫困者及其家庭都看成是一个调查对象，从每个调查对象那里获得必要的调查数据。而在其研究阶段中，再将众多调查对象获得的资料综合起来，加以统计和理论分析，然后得出关于城市贫困者和贫困问题的研究结论。

在用从单个的调查对象所得到的资料推论总体情况时，要注意区分类别概念和集合概念。所谓类别概念，是指由具有相同属性或特征的人或事物所构成的一个类别。例如，所有的老年人构成了老年人群体，所有的残疾人构成了残疾人群体。在这里，"老年人""残疾人"都是类别概念，它们只代表具有某种共同特征（年老或残疾）的人所构成的类别。对于类别概念的事物，可以用其全部或多数成员的特征去推论整个类别群体的特征。例如，如果通过对足够数量的老年人的调查，发现其中大多数老年人都面临着生活困难的情况，研究者就可以作出"老年人群体面临生活困难问题"的推论。相比之下，对用集合概念来代表的集合体则不能做这样的推论。所谓集合概念，是指由一些分子所组成的集合体。组成集合体的分子可以是同类的，也可以是不同类的。"组织""社区""国家""社会"等概念都是集合概念。集合概念最大的特征是"总体大于部分之和"，即集合体有超出构成其成分的各个分子和亚单位之外的总体特征。因此，在社会研究中不能简单地用其分子的情况去推论集合体的特征。例如，一个企业组织在其目标和行为等方面都有超出其内部员工个人特征之外的组织特征，因此，不能用企业员工的目标和行为去推论企业的目标和行为。

在社会研究中，研究者常常使用"分析单位"的概念来区分社会调查对象（收集资料对象）与社会研究对象的不同。所谓"分析单位"，是指在社会研究过程中收集和分析资料的具体单位。在各个不同的社会研究活动中，因研究的内容和对象不同，在收集和分析资料时所使用的单位与层次也不同。例如，在有些研究中需要以全社会或其他较高层次的社会单位为收集资料的单位（如全社会的犯罪率、人口增长率、经济增长率等），而另外一些需要以中间层次的组织、社区和群体为分析单位（如企业经营目标和利润、社区建设状况等），还有一些则需要以个人为收集资料的单位（如个人的就业、收入以及个人对某些问题的态度等）。此外，在一些社会研究项目中还需要以多个不同层次的个人和社会组织为收集资料的单位。

从一般原则上讲，在每个层次的分析单位上收集到的资料只能分析和推论该层次的情况。例如，在一项以企业组织运行特征及规律的研究项目中，研究者可以通过分析一个个企业组织的资料而得出关于企业组织运行特征和规律的认识，但不能由此而得出企业员工行为或整个社会经济运行的特征和规律。如果混淆了分析层次，则可能导致"以偏概全"或"简单还原"的错误。所谓"以偏概全"，是指从低层次的分析单位中得到的资料去简单推论高层次社会单位的情况。如果用企业内部员工的个人目标的总和来代表企业的目标，就会发生错误。因为企业和企业员工是不同层次的分析单位，企业员工目标的总和往往并不等于企业经营的目标（例如，员工的基本目标是要获得或提高个人收入，而企业的目标是要营利，而为了营利还常常压低员工的工资，从而使企业和员工的目标发生矛盾）。所谓"简单还原"，则是指将高层次分析单位中得到的结论简单地推论其中每个成员。例如，用企业经营目标去推论每个员工的目标，用全社会的犯罪率与经济增长的关系去推论个人犯罪的可能性与其经济收入的关系等。

最后，在进行社会研究时还需要明确研究对象的范围以及调查对象的范围和规模。所谓研究对象的范围，是指一项社会研究对象所分布的区域范围。研究对象的范围同时也是研究结论所能应用的范围。例如，关于中国城市失业者的研究对象应该是所有的中国城市失业人员；对一个城市中外来流动人口的研究则应该包含该城市中所有的流动人口。任何一项社会研究都有特定的对象范围。根据研究目标的不同，研究对象可以大到全球范围，也可以小到一个小的社区或组织。社会调查对象的范围与社会研究对象的范围应该是一致的。当确定了一个社会研究项目的对象范围以后，在进行具体的社会调查时则应该在这一范围中选取调查对象。调查对象的规模是指在社会调查中被调查者的数量。调查对象的规模与研究对象或调查对象的范围没有必然联系，而是与调查的方法有直接的关联。在一项社会研究中，既可以将研究对象范围中的所有人或社会单位都纳入到调查对象中（普查），也可以从中抽取一定比例的对象进行实际调查（抽样调查），还可以只选取少量的对象进行调查（个案调查）。

3. 社会研究的内容

所谓社会研究的内容，是指社会研究所要了解的社会现象和要探索的社会问题的具体内容。每项社会研究都有其特定的内容，研究者在确定了研究题目和研究目标以后，还需要确定研究的内容。一般说来，确定研究的内容首先需要按照研究的目标将研究题目分解为若干方面，然后根据研究目标去确定每个方面所需要收集的信息。例如，在设计一项关于离婚问题的研究时，研究者可以根据研究的目标将"离婚问题研究"分为"离婚率调查""离婚原因研究""离婚对夫妻双方影响的研究""离婚对子女影响的研究"等方面的内容，还可以将每个方面的内容进一步细化为更具体的内容，然后，就其每一个方面设计相应的收集和分析资料的方案。

尽管每项社会研究都有特定的内容,但总的说来,各项社会研究的内容可以分为现状调查、态度调查、因果分析、预测分析及对策研究等不同的层次。所谓"现状调查",是指对某类社会现象实际存在的状况及其表现的调查;"态度调查",是指调查人们对某类社会现象的态度;"因果分析",是对导致某类社会现象的原因进行的分析;"预测分析",是指对某类社会现象将来发展的趋势作出科学的分析;"对策研究",则是在对有关问题的现状和原因进行了调查分析以后,对如何解决这一问题而提出的政策行动建议。以对"腐败问题"的研究为例,现状调查是要通过较全面的社会调查而把握当前社会中腐败现象的严重程度,以及腐败现象的表现方式等;态度调查是要了解人们对腐败现象严重性的认知程度,以及人们对这一社会现象的态度;因果分析是要探究导致腐败问题的原因(包括个人原因和社会根源);预测分析要分析将来腐败问题的发展趋势;而对策研究则要向党和政府及社会有关部门提出解决和控制腐败问题的政策、行动建议。

各个社会研究项目在研究内容方面的广度有大有小。有些研究项目只关注某个社会现象中比较单一的方面,而另外一些研究项目则可能包含相当广泛的内容。有些研究项目只关注问题的现状,而另外一些研究除了要了解基本的现状以外,还要分析导致这一问题的社会根源,预测其未来发展趋势,并提出解决这一问题的政策方案。研究内容的广度和层次受研究的目标所决定。一项内容广泛的研究项目可以使研究者获得大量的信息,了解相当多的情况,但同时,内容广泛的研究项目一般成本也比较高,耗费的人力和时间也比较多。相比之下,内容比较单一的项目则一般比较快捷,但研究者从中获得的信息也相对少一些。

4. 社会研究的方法

社会研究的方法是社会研究过程的又一基本要素。所谓社会研究方法,是指研究者在进行社会研究的过程中所采用的各种方法的总和,包括在社会研究过程中应遵循的各种程序、规则和在各个研究阶段上应采用的各种方法。社会研究是一个科学地认识社会的活动,在这样的认识过程中必须采用一定的科学方法,以保证研究结论的真实性,并提高研究工作的效率。通过多年的研究实践和理论总结,当代社会研究者已经发展出比较成熟的社会研究方法体系。在当代社会,尽管各项社会研究的目标和内容各不相同,但各项社会研究的活动大致都可采用相似的研究方法。采用科学的方法是社会研究能够客观地认识社会,真实地反映社会实际情况的重要保证,也是评价一项研究科学性、真实性和可靠性的重要标准。因此，在当代社会中，不论是理论性的研究还是应用性的研究，都把采用科学的方法放到相当重要的位置。而不了解社会研究方法的知识和技能体系，不会使用现代社会研究方法的人事实上难以从事复杂的社会研究工作。本书将较全面地介绍当代社会研究的方法体系，包括社会研究方法的理论基础、社会研究的具体方式以及社会研究中需要采用的各类技术手段等方面的内容。

第二节　社会研究的目的、原则与困难

社会研究是一种有目的的活动，研究活动及其结果会给社会各个方面带来影响，会产生各种意义。因此，要进行一项社会研究，首先要明确研究的目的。同时，社会研究活动总是遵循一定的原则而进行。了解社会研究一般性的目的、原则以及可能遇到的困难有助于我们进一步理解社会研究的基本特点。

一、社会研究的目的

社会研究是一项有目的的社会认识活动，其目标在总体上看是为了获得对人的行为和对社会的可靠认知。这种目标包含了以下几个方面。

1. 探索未知的事物

社会研究最基本的目标之一是要探索未知的社会现象。社会研究者探索未知的社会现象的原始动机首先为了服务于社会实践，即人们在生产和生活实践中需要了解人的行为和社会运行的规律。除此以外，研究者为了理论发展的目的也促使他们去探索未知的事物，有时甚至出于对未知事物的“好奇”而去从事调查和研究活动。在人的行为和社会运行中有大量未知的领域，需要通过专门的社会研究活动去加以探索。人们通过专门的社会研究活动去了解我们社会中的阶级阶层及社会流动状况、犯罪率和离婚率的升降、不同的人们在就业和生活方式方面的差异，以及导致这些社会现象的原因及各类现象之间的关联等。关于这些社会现象的知识常常无法通过日常生活得到，而只能通过专门的社会研究活动来获得。

2. 验证不确定的知识

人们在日常生活中通过观察和经验的积累以及信息的交流也可以获得一些关于社会

的知识，即所谓的“经验”和“常识”。在很多情况下，人们的经验和常识能够较好地反映客观事实，但有时也会偏离客观情况。在过去生产和生活都比较简单的情况下，人们可以依靠经验和常识来判断和决策。但在复杂多变的当代社会中，经验和常识变得越来越不确定，因此，需要通过专门的社会研究来将经验和常识上升为可靠的理论与社会知识。在社会研究过程中，研究者通过科学地收集经验资料，以及科学地逻辑推论，可以验证人们的经验和常识是否符合或在多大程度上符合客观的社会事实。经过科学验证的知识会更加可靠，人们按照这些可靠的理论和知识来进行决策，将大大减少决策的失误。

3. 扩展已有的知识

社会研究活动是一个不断扩大可靠知识的过程。在社会研究活动中，研究者们以已有的知识（理论）为基础，通过科学的研究工作而得到新的知识。通过不断的研究，人们对某一社会现象的认识将不断地加深。同时，研究者还常常通过延伸研究的范围而将过去比较狭小的经验领域中得到的知识扩展到更广泛的领域。通过世界各地研究者们的共同努力，人们对社会的认识将越来越深入，越来越广泛，越来越从过去狭小的地域扩展到更加广阔的领域。

二、社会研究的基本原则

1. 客观性原则

所谓“客观性原则”，简单说就是实事求是的原则，是指社会研究应该尽最大可能地反映社会实际情况。社会研究的对象是客观存在的社会现实，而研究工作是科学和真实地反映客观存在的社会事实。然而在人们认识社会的过程中，往往会由于外界的干扰、研究者的主观原因、研究方法的不恰当或技术手段的不到位而导致人们的认识与客观事实的偏差。为了使社会研究的成果能够更好地反映客观的社会现实，现代社会科学不断地改善其研究方法和研究工作中的技术手段，并且要求研究者在社会研究工作中遵从客观性原则，避免或降低因研究者个人的主观偏好或疏导而导致研究结论偏离客观的社会事实。

2. 价值中立与价值判断

在社会研究中，研究者既有对社会事实的“事实判断”，也有对社会事实的“价值判断”。所谓“事实判断”是指对社会事实客观情况的判断，即通过科学的研究而对一个社会现象及其原因和规律客观存在状况作出的判断。所谓“价值判断”是指研究者对某种社会现象的好坏、意义、重要性程度等方面的主观评价。所谓“价值中立”是指研究者在社会研究过程中不受对所研究问题的价值判断的影响。而“价值关联”则是指研究者的研究工作要受到他们对研究问题的价值判断的影响。

3. 认真严谨的工作作风

社会研究的对象是复杂的社会现象和人的行为，并且研究过程中往往包含了较复杂的程序，因此社会研究工作除了要有实事求是的科学态度以外，还要求研究人员在研究过程的各个阶段都采取认真严谨的工作作风。首先，认真严谨的工作作风是从事社会研究工作人员所必须遵从的基本职业道德；其次，现代社会研究方法强调以严格的程序和措施来保证研究工作及其数据资料的质量。

4. 遵守法律和社会规范

社会研究本身是一项社会活动，因此，必须符合法律和社会规范的要求，而不能超越法律和社会规范之上。同时社会研究是在日常生活中进行的，其研究活动及其结果不应该对社会中个人的正常生活和各类组织的正常运行产生负面的影响。这要求社会研究者应该一方面具有高度的社会责任感，另一方面严格按照法律和各种社会规范行事。首先，社会研究活动各类人员应该遵从相关的法律法规，不能以违法的方式去进行调查和研究工作；其次，社会研究者应该尊重被调查者的权益和声誉，不能任意泄露其个人隐私；再次，社会研究过程中应该注意研究人员之间以及研究人员与其他有关的组织和人员之间的合作；最后，社会研究者应该遵从学术规范，尊重他人的研究成果，要坚决反对剽窃他人的研究成果和编造虚假数据等恶劣行径。

三、社会研究中的困难

社会研究者所研究的是社会现实中的人、人的社会行为，以及与人有关的社会现象。这一事实一方面使社会研究具有许多不同于自然科学研究的特点，另一方面也给社会研究提出了许多不同于自然科学的难题。

1. 人的特殊性

社会研究的对象是人、人的行为，以及由人和人的行为所构成的社会现象与社会产物。值得注意的是，人不同于无生命的物体，也不同于不会深思熟虑的动物。人是一种有思想、有感情、有动机、对社会研究的活动有反应的研究对象。他们有自我意识，也有主观意志。

因此，他们可能会不与研究者合作，他们也可以为了个人的利益或其他原因而采取出人意料的行为。这种情况在自然科学研究中是没有的。正是由于人这种社会研究对象具有不同于自然研究对象的主体意识，而这种主体意识又可以控制、影响和改变人们的具体行为。所以，社会研究中对各种社会现象、各种社会行为的解释和预测，就常常达不到自然科学中所能达到的那样高的准确程度。

2. 研究的干扰性

对人们的社会行为进行研究，这种行为本身就有可能改变它所研究的行为。无论是采取观察的方法还是采取调查的方法、实验的方法，都在不同程度上存在这种干扰和影响。举一个简单的例子，假设我们希望研究城市居民闲暇时间在家庭中的生活内容及方式，当我们采用观察的方法进行这项研究时，这些普通居民家庭实际的闲暇生活方式肯定会被观察者的出现和参与所干扰。观察者所“看到”的，实际上是受到观察者影响后的状况。

3. 社会现象的复杂性

研究对象的复杂化将使得研究所涉及的相关因素更多。人类是一种社会性的动物，而人类社会的现象是一种与自然现象有着根本性质差别的现象。人作为一个生物体，同时又作为一个社会体的事实，决定了导致一种社会行为发生的原因是极其复杂的，它必然涉及许多社会的、心理的、历史的、文化的和其他的因素。客观现实是，社会生活中人们的不同行为既会受到个人特定的生理因素、心理因素的影响和制约，还会受到他所生存的社会环境、他所具有的社会关系，以及他所形成的社会互动的影响和制约。因此，社会学研究者通常要比自然科学研究者面临更多更复杂的变量，他们也更难分清现象的原因和结果。

4. 研究受到特定的制约

社会研究除了会受到与自然科学研究相同的各种自然条件的限制外，有时还会受到伦理的、政治的因素的限制。社会研究的困难不只体现在变量多、原因复杂等方面，还体现在要对这些变量进行研究时，所受到的各种社会因素的限制也比较多。在社会研究中，研究者必须十分谨慎地在自己的研究与人们的尊严、权利、利益之间，在自己的研究与社会伦理、道德、法律、规范之间，划开一条明确的界限。

5. 保持客观性的困难

与自然科学家不同，社会学家本人也是他所研究对象的一部分。因此，社会学研究者在研究过程中要像自然科学研究者那样保持一种客观的、超然的态度，就要困难得多。社会研究者所研究的对象的状况、处境、经历，以及行为、态度、价值取向，常常在社会研究者的心中产生某种“共鸣”或“印象”。而研究者主观上的这种情感体验，往往又会在不知不觉中影响到他对资料的反应和对研究结果的解释。

第三节　方法体系

社会研究是一种复杂的认识活动。在这种活动中，研究者将面临一系列问题，并要求其作出抉择。在研究中，解决这些问题需要研究者对社会研究方法的总体框架以及这个框架中的各个具体部分都十分了解和熟悉。

社会研究方法是一个有着不同层次和方面的综合的体系，这一体系中包括众多内容，它的各个部分之间有着紧密的联系。我们通常将社会研究的方法划分为三个不同的层次或部分，即方法论、研究方式、具体方法及技术。

一、方法论

社会研究的方法论所涉及的主要是社会研究过程的逻辑和研究的哲学基础，或者说方法论所涉及的是规范一门科学学科的原理、原则和方法的体系。社会研究的方法论所探讨的主要问题包括社会现象的性质及理解，社会研究的哲学基础及其假定，社会研究过程和结果的客观性问题，社会研究者的价值与研究之间的关系，社会研究中的不同范式及其应用，不同研究方式的内在逻辑等。

研究必须以一定的理论和方法为指导，但方法论并非统一的。方法论是与一定的哲学观点和学科理论相联系的。不同的理论学派有不同的方法论。例如，实证主义学派主张采用自然科学的实证方式解释客观的“社会事实”，并用精确的数量分析来发现社会现象之间的因果规律；而人文主义学派否认社会规律的存在，他们主张用阐释或理解等主观方法来说明具体的社会历史事件；马克思主义学派则强调要以辩证的、历史的、发展的、相互联系的观点分析社会，并揭示社会发展的一般规律。

不同的学科也有不同的方法论。例如，经济学提出“经济人”的假设，认为人的行为是理性的，是由其经济动机决定的；而社会学的基本假定之一是，人的行为是受社会结构或社会环境制约的。

在社会研究中应遵循何种方法论，是一个实践的问题，因为研究社会对象有各种可供选择的方法论、研究途径和判断标准，这就要对具体现象做具体分析。有些社会现象是适用于自然科学的数量化分析的，而有些社会现象目前还只能用历史、哲学或人类学的方法加以研究。因此，在做具体研究时，研究者一般是根据研究课题的性质来选择更适于这一课题的方法论和学科理论作为指导，或者是根据自己在理论、方法论方面的专业特长来选择适当的研究目的。

二、研究方式

研究方式是指贯穿于研究全过程的程序和操作方式，它表明研究的主要手段与步骤，研究方式包括研究法与研究设计类型。

各门学科常用的研究法可能有所不同，如自然科学多采用实验法、历史学则主要运用文献考据法、法学常用案例研究法，这是由于研究对象的不同所致。在社会研究中有四种主要的研究方式，即调查研究、实地研究、实验研究和文献研究。前两种属于调查研究方法，目前在社会研究特别是在社会学研究中，它们是最常用的研究法。

研究设计是对研究类型、研究程序和具体方法加以选择并制订详细的研究方案。不同的研究类型和不同的设计方案也决定了不同的研究方式。研究设计的类型可从各种角度来划分，其中主要有：

①从研究目的上可分为描述性研究、解释性研究和探索性研究。

②从研究的时间性上可分为横剖研究和纵贯研究。

③从调查的范围上可分为普查、抽样调查和个案调查。

④此外，还可划分为理论研究、宏观研究与微观研究等。

四种研究方式的概况和总结，见表1－1。

表1－1　四种研究方式的概况和总结

研究方式	子类型	资料收集方法	资料分析方法	研究的性质
调查研究	普遍调查 抽样调查	统计报表 自填式问卷 结构式问卷	统计分析	定量

表1－1(续)

研究方式	子类型	资料收集方法	资料分析方法	研究的性质
实验研究	实地实验 实验室实验	自填式问卷 结构式访问 结构式观察 量表测量	统计分析	定量
实地研究	参与观察 个案研究	无结构观察 自由式访问	定性分析	定性
文献研究	统计资料分析 二次分析 内容分析 历史比较分析	官方统计资料 他人原始数据 文字及声像文献 历史文献	统计分析 定性分析	定量/定性

三、具体方法及技术

具体方法及技术指的是研究过程中所使用的各种资料收集方法、资料分析方法，以及各种特定的操作程序和技术。资料收集和分析是社会研究过程中的两项重要任务，有四种不同的研究方式相对应，研究者可以采用多种不同的资料收集方法和分析方法。例如，亲自填问卷的方法、结构访问与无结构访问的方法、局外观察与参与观察的方法、随机抽样的方法、概念操作化的方法、问卷资料的编码方法、数据的统计分析方法，以及量表制作技术、变量测量技术等。它们处于社会研究方法体系的最具体层面，具有专门性、技术性、操作性的特点。

社会研究的三个层次是相互联系的，一般来说，方法论观点影响研究者对研究方式的选择，而一定的研究方式又规定了一套与其相应的具体方法和技术。例如，实证论者常采用调查研究或实验研究，这类研究是像自然科学那样建立研究假设，收集精确的数据资料，然后进行统计分析和检验；而人文学者则趋向于运用实地研究或文献研究的方法，他们多利用访问、观察和文献法收集资料，并依靠主观的理解和定性分析。对于从事社会研究的人来说，了解各种可供选择的方法论和研究方法是很有必要的，这不仅有助于在实际研究中有效地应用某种特定的方法，而且还能认清各种方法的特点、局限性及互补性。社会研究的三个层次，见表 1 –2。

表 1 –2　社会研究的三个层次

<table>
<tr><td rowspan="6">社会研究方法体系</td><td rowspan="2">方法论</td><td colspan="2">哲学与科学方法论</td></tr>
<tr><td colspan="2">学科方法论</td></tr>
<tr><td>研究方式</td><td colspan="2">调查研究、实验研究、实地研究、文献研究</td></tr>
<tr><td rowspan="3">具体方法及技术</td><td>资料收集方法</td><td>问卷法、访问法、观察法、量表法与测验、实验法、文献法</td></tr>
<tr><td>资料分析方法</td><td>统计分析、数理分析与模拟法、比较法、构造类型法、理论分析法</td></tr>
<tr><td colspan="2">其他技术手段</td></tr>
</table>

第四节　研究的过程

作为一种系统的、科学的认识活动，社会研究遵循着一套比较固定的程序。从大的方面看，我们可以将社会研究的过程分为以下五个阶段：

第一，确定研究课题并将其系统化；

第二，设计研究方案和准备研究工具；

第三，资料的收集；

第四，资料的处理与分析；

第五，结果的解释与报告。

一、研究的主要阶段

1. 选择问题阶段

对于社会研究者来说，选择一个合适的研究问题并非一件十分简单的事情。从程序上看，选择研究问题是一项社会研究活动的起点，是整个研究工作的第一步。研究问题一旦确定，整个研究活动的目标和方向就随之确定。有众多因素决定和制约着研究问题的选择。这些因素包括研究者的理论素养、生活阅历、观察角度、研究兴趣,也包括他所处的社会环境、他所具有的客观条件等。研究问题选择的如何,在一定程度上决定着整个研究工作的成败,决定着研究成果的优劣好坏。因此,应当对选题阶段的工作给予高度的重视。选题阶段的主要任务包括两个方面:一是选取研究主题,即从现实社会中存在的大量的现象、问题和领域中,根据研究者的兴趣、需要与动机确定一个研究主题,比如家庭关系、人口流动、企业制度等;二是形成研究问题,即进一步明确研究的范围,集中研究的焦点,将最初比较含糊、比较笼统、比较宽泛的研究领域或研究现象具体化和精确化,将其转化为既有价值又有新意,同时还切实可行的研究问题。一般来说,我们首先选取一个研究主题,然后在这一主题领域中,选择和形成一个研究问题。这一过程既是一种包含着从一般到特殊的"过滤"过程,也是一种从模糊到清晰的"聚焦"过程。

2. 研究设计阶段

如果说选择研究问题的意义在于确定研究的目标和方向,那么研究设计阶段的全部工作就可以理解成为实现研究的目标而进行的道路选择和工具准备。所谓道路选择,指的是为达到研究的目标而进行的研究设计工作,它涉及研究的思路、策略、方式、方法以及具体技术工具等各方面。从研究的目的、研究的用途、研究的方式、分析单位,直到具体的研究方案,就像实施一项工程之前必须进行工程设计一样,要保证一项社会研究的顺利进行,保证研究目标的完美实现,就必须进行周密的研究设计。所谓工具准备,主要指的是对研究所依赖的测量工具或信息收集工具如问卷、量表、实验手段等的准备。

3. 研究的实施阶段

这个阶段的主要任务就是具体贯彻研究设计中确定的思路和策略,按照研究设计中所确定的方式、方法和技术进行资料的收集工作,也可将此阶段称为资料收集阶段。这个阶段的主要特点是研究者往往要深入实地、要接触被研究者;或者要设计出实验环境,实施实验刺激和测量;或者要收集大量的文献资料。在这一阶段中所投入的人力也最多,遇到的实际问题也最多,因此需要很好的组织和管理。另外需要注意的是,由于社会现象的复杂性,或者由于现实条件的变化,我们事先所考虑的研究设计往往会在某些方面与现实之间存在一定的距离或偏差,这就需要我们根据实际情况进行修正和弥补,发挥研究者的灵活性和主动性。

4. 资料分析阶段

此阶段也可称为研究阶段。这一阶段的主要任务是，对研究所收集到的原始资料进行系统的审核、整理、归类、统计和分析。从现实社会中所得到的信息和资料需要经过研究者的各种“加工”和“处理”，才能变成研究的结果和结论。这里既有对原始数据资料的清理、转换和录入计算机等工作，也有对原始文字资料、图片资料、音像资料等的处理、分类和加工工作；既有对数据资料进行的各种定量分析，也有对定性资料进行的综合、归纳和解读分析。

5. 得出结果阶段

这一阶段的主要任务是撰写研究报告、评估研究质量、交流研究成果。研究报告是一种以文字和图表将整个研究工作所得到的结果系统地、集中地、规范地反映出来的形式。它是社会研究成果的集中体现。而撰写研究报告也可以说是对整个社会研究工作进行全面的总结。从研究的目的、方式到资料的收集、分析方法，再到研究的结论、研究成果的质量，都要在研究报告中进行总结和反映。同时，还要将社会研究的成果以不同的形式应用到社会实践中去，真正发挥社会研究在认识社会现象、探索社会规律中的巨大作用。

思　考　题

1. 简述社会研究的概念与特征。
2. 简述社会研究的目的与意义。
3. 社会研究的原则有哪些？
3. 社会研究的基本要素有哪些？
4. 简述社会研究方法。
5. 社会研究主要分为哪些阶段？
6. 简述社会研究各阶段的主要任务。

第二章　社会研究的主要类型

社会是一个复杂、烦琐的系统，因此，从事社会研究绝不是一件十分简单的事情。在实际的社会研究中，我们往往会根据研究的性质、目的、调查对象的范围、研究的方法和研究的时间尺度，将社会研究分为五种不同的类型。本章主要帮助学生认识各种类型的社会研究。

第一节　理论性研究和应用性研究

社会科学研究和自然科学研究一样，可以从性质上将研究划分为理论性研究和应用性研究。这两种研究是科学研究的基础，前者主要强调通过研究来发展知识，寻找社会运行的规律；后者则强调通过研究来直接帮助解决社会实践中的各种实际问题。在这一小节中，我们将要简单地学习一下理论性研究和应用性研究。

一、理论性研究

1. 理论性研究的含义

理论性研究，又叫作基础性研究，是探索自然规律，追求新发现、新发明，创立新学说，积累科学和知识，为认识世界、改造世界提供基础理论和方法的研究。换句话说，理论性研究是指那些以发展有关社会的基本知识为基本目标的社会研究，它主要关心社会现象及其规律“是什么”和“为什么”的问题。

理论性研究具有以下特点：

①以认识现象、发现和开拓新的知识领域为目的，即通过实验分析或理论性研究对事物的物性、结构和各种关系进行分析，加深对客观事物的认识，解释现象的本质，揭示物质

运动的规律，或者提出和验证各种设想、理论或定律。

②没有任何特定的应用或使用目的，在进行研究时，对其成果看不出、说不清有什么用处，或虽肯定会有什么用途但并不明确知道达到应用目的的技术途径和方法。

③研究结果通常具有一般或普遍的正确性，成果常表现为一般的原则、理论或规律，并以论文的形式在科学期刊上发表或学术会议上交流。

二、应用性研究

1. 应用性研究的定义

应用性研究，是指针对某一特定的实际目的或目标，主要为获得应用原理性新知识而进行的创造性研究。换句话说，应用性研究是指针对现实问题，旨在提出解决问题的方法的经验研究。应用性研究主要解决“如何做”的问题。一般来说，所谓应用性研究就是将理论发展成为实际运用的形式。应用性研究具有以下特点：

①具有特定的实际目的或应用目标，具体表现为：为了确定基础研究成果可能的用途，或是为达到预定的目标探索应采取的新方法或新途径。

②在围绕特定的实际目的或应用目标进行研究的过程中获取新的知识，为解决实际问题提供科学依据。

③研究结果一般只影响科学技术的有限范围，并具有专门的性质，针对具体的领域、问题或情况，其成果形式以科学论文、专著、原理性模型或发明专利为主。

2. 应用性研究与理论性研究的区别和联系

理论性研究与应用性研究的区别主要在于其研究目标的不同。这两种研究可以针对同一个研究对象，但由于其研究目标的不同，在研究过程中对问题的关注点也就不同。一般来说，理论性研究主要关注如何发展一般性的社会知识；应用性研究则更关注如何有效地解决现实社会问题。换言之，理论性研究主要关心社会现象及其规律“是什么”和“为什么”的问题，而应用性研究则要解决“如何做”的问题，即通过应用研究为实际部门提供一套可以操作的行动方案。

此外，理论性研究与应用性研究不是截然分开的，许多经验性的理论研究本身在社会实践中也有应用的价值，而应用性研究一般也并不排斥理论性研究。相反，应用性研究与理论性研究密切相连。一方面，应用性研究要应用一定的理论来指导研究，以便使其研究能沿着正确的方向进行;另一方面,在应用性研究中也要对所研究的问题进行理论分析,以便使其结论建立在可靠的和具有普遍意义的基础上。例如,一项以解决东北地区人口流失为题目的应用研究中,研究者不能一开始就直接讨论解决问题的方案,而是应该首先对当前的人口流失问题作出理论分析,找到导致人口流失的真正原因,并在理论的指导下预测人口流失问题发展的趋势,最后才能在此基础上提出解决人口流失问题的政策建议。从这个角度看,可以说应用性研究是理论性研究的延伸:在理论性研究得出关于某一社会问题的理论解释后,就可以在此基础上提出解决问题的政策建议和行动方案。在应用性研究中,对所研究问题理论分析越准确、越透彻,所提出的政策建议也将越可行,越具有广泛的应用价值。

3. 应用性研究的主要领域

应用性研究的主要类型包括社会生活状况研究、社会问题研究、社会政策研究、社会影响评估等,主要的研究领域包括人口管理、劳动就业、城市建设、公共交通、环境保护、公共卫生等。从目前我国的情况来看,社会学以及某些相关社会研究的研究者中,从事这类研究的比例大于从事理论性研究的比例。各级政府机构和许多实际工作部门所做的研究也基本上是这种类型的研究。此外,在社会经济、文化和社会生活的其他各个领域中也需要进行社会科学的应用性研究。例如,在管理领域中的市场研究、组织中的员工及组织行为研究、政治及公共事务中的满意度调查等领域的应用性研究。

应用性研究在发展过程中还开辟了一些新的领域,如政策评估研究和社会指标研究:前者是对政府制定的社会政策的效果或预期效果进行调查和预测,它可以在政策实施之前或之后进行;后者是通过社会调查建立一些综合性指标,以此来衡量社会生活各方面的状况和水平,为及时反映社会的发展和变化、为制订可行的社会发展计划、为有效地进行社会管理提供信息。这两种研究在我国也越来越多地加以运用,如我国许多地区都进行了幸福指数研究、生活满意度研究、小康社会指标体系研究等。

应用性研究常常来源于各级政府机构中涉及各种社会事务领域的工作部门,例如,各级政府的交通、卫生、公安、城乡建设、社会保障、人口管理等部门。这些政府部门在其制定政策和日常工作中有大量的问题需要进行研究,因此,系统内一般都设有研究机构,并且还常常委托大学和专门的研究机构进行应用性研究。除了政府机构以外,企业、各类非政府机构以及一些国际组织也常常是应用性研究的委托者和成果研究者。

第二节　探索性研究、描述性研究和解释性研究

社会研究在对各种特定现象进行研究时，其研究的具体目的是千差万别、各不相同的。但是，所有这些研究的目的，一般都可以归结为以下三种之一，即探索、描述和解释。当研究的目的不同时，整个社会研究就会在设计的要求、研究对象和研究方法的选择，以及在具体操作程序上都有所不同。本节就是从研究的目的着手，对三种不同的研究类型进行简单介绍。

一、探索性研究

1. 探索性研究的含义

探索性研究是指，在社会调查的过程中，对所研究的现象或问题进行初步了解，为今后的深入研究提供基础和方向的一种研究方法。多数社会研究都要探讨某个议题，并提出对该议题的初步认识。当研究者讨论某个陌生的议题时，或议题本身比较新时，尤其如此。

例如，假设很多国人由于钓鱼岛事件对日本政府强烈不满而爆发游行示威运动。对这个运动，也许我们想知道得更多：范围有多广？各个地区的支持程度如何？运动是如何组织起来的？什么样的人最活跃，最激进？事件造成了多大程度的影响？为了大致回答这些问题，我们要进行探索性的研究。我们必须查阅有关的资料，记录并访问有关的人来进行初步了解。

2. 探索性研究的目的

①满足研究者的好奇心和对某事物更加了解的欲望。

②探讨对某议题进行细致研究的可行性。

③发展后续研究中需要使用的方法。

3. 探索性研究的主要内容

探索性研究通常包括以下三个部分。

(1)实地考察

实地考察，即在正式调查前先去调查现场去观察、询问、走访，以便明确调查内容、确定调查方法、设计调查方案。例如，调查大城市的空气污染问题，研究者可以亲自上街观察，

也可以访问行人;调查大学生的上课出勤情况,可以到校园进行实地观察,也可以与学生老师交谈等。

(2)请教专家

请教专家,即请教对研究课题比较熟悉的人,包括有关学者、政府工作人员、熟悉情况和掌握资料的人员等。这样就可以全面地掌握研究课题的背景资料,为后面的正式研究奠定基础。

(3)查阅资料

查阅资料,即从已有的资料、文献中寻找对本课题有用的信息,从这些资料中可以知道其他人是从哪些角度、采用哪些方法研究这一课题的。这些资料对我们的研究具有借鉴意义。通过上述的探索性研究方法,研究者可以收集到大量的理论和实践资料,为后面的研究奠定良好的基础。

4. 探索性研究的优缺点

探索性研究的主要目的是要对所研究的问题和相关的社会现象进行初步的考察,从而获得对他们的初步了解,并为制订正式的研究方案提供指导和线索。通过探索性研究工作,可以获得相应的阶段性成果,主要包括对所研究的现象或问题提出初始命题或假设,试验并确定正是研究所采用的方法,以及探讨进行正式研究的可能性。探索性研究可以使研究者对所要研究的问题有一个基本的认识,包括可能的因果关系和理论假设。因此,探索性研究对正式的课题研究在探求因果关系、建立理论假设、探索研究方法等方面具有十分重要的意义。

探索性研究最主要的缺点就是很少能够圆满地回答研究问题,尽管它可以为获得答案和寻求确切答案的研究方法提供线索。探索性研究之所以不能提供确切的答案,是因为它仅仅停留在对事物现象观察的表面,而不能对事物的本质进行深入的剖析,或者说,它仅仅指点了获得答案的方向。

5. 探索性研究的方法特点

尽管探索性研究的方法比较简单,易于操作,但是,探索性研究也要采用科学的研究方法。探索性研究通常采用的收集资料的方法包括观察法(参与观察和非参与观察)、访谈法等,有时也要进行小规模的问卷调查,或者需要对一些个人、家庭、社区或组织等进行一些个案调查。在进行探索性研究的过程中,用来被选为调查对象的规模通常都比较小。因为探索性研究仅仅停留在对事物观察的表面，因此，研究的结果往往侧重于对事物现象的初步了解，因此，这种调查研究的结果并不能来推论总体。实际上，探索性研究一般也不用来检验某种理论假设，而主要是为提出理论假设提供初步的根据和线索。比如，研究某城市中的空气污染状况，研究者在探索研究阶段可以任意在该城市中找几个人作为研究对象，通过访谈、观察等方法对该城市的基本空气状况做初步的了解，从中可以发现问题，开阔视野，为下一步设计问卷做准备，或者在探索阶段对已设计的问卷进行试调查，以便对问卷做进一步的修改。

6. 探索性研究的意义

探索性研究的主要目的是对所要研究的问题和相关的社会现象进行初步的考察，获得对它们的初步了解，并在此基础上为制订正式研究方案提供指导和线索。通过探索性研究工作可以获得相应的阶段性成果，主要包括提出关于所研究现象或问题的初始命题或假设，试验并确定正式研究应采用的方法，以及探讨进行正式研究的可能性。探索性研究主要是一种先导性研究，通过这种先导性研究使研究者对所要研究的问题有一个基本的认识，包括可能的因果关系和理论假设。探索性研究对正式的课题研究在探求因果关系、建立理论假设、探索研究方法等方面具有重要意义。但它毕竟只是“探索”，其研究范围比较小，研究方法也不太严格，因此得出的结论只是下一步研究的参考。

二、描述性研究

1. 描述性研究的含义

社会研究的主要目的之一就是对社会现象的状况、背景、过程和特征等进行客观准确的描述，即描述社会现象是什么，是怎样发展的，其产生、发展的背景是什么，其特点和性质是什么。所谓描述性研究不仅仅包括应用研究，如人口普查、民意测验、市场调查等，还包括理论研究，如社会发展研究、社区建设研究、城市化研究等。19 世纪三四十年代，严景耀先生所做的《中国的犯罪问题与社会变迁的关系》，费孝通先生所做的《江村经济》，东北师范大学农村教育研究所所做的《我国欠发达地区农村职业教育问题研究》都是描述性研究。

2. 描述性研究的假设

描述性研究的对象是社会事实，而不是理论观点。而要想获得可观的社会事实，必须通过直接或间接、公开或隐蔽的度量而获得，因此，描述性研究一般没有明确的假设，而是直接从观察入手，但是，为了避免盲目的、无计划的研究，这就要求我们在进入观察之前必须拥有一个初步的假设。这些假设包括：

(1)研究的主题和内容

尽管我们在选题的时候已经明确了研究的方向，但是进一步的研究必须把主题明确化和具体化。比如，要研究高等教育问题，必须明确研究的到底是高等教育的哪一个方面，是研究高等教育的课程设置、师资队伍建设，还是高等教育的教学模式、学生的安全。一项研究可描述其中一个主题，也可选择多个主题。

(2)研究的时间范围

研究的时间范围，指以研究目的为标准，与研究对象有关的社会特征存在于变化的时间总长度，是社会事实的当前状态，还是它的历史状况或发展过程。在这里需要强调的是，描述的时间范围不是随意确定的，一般要考虑社会事实在这个时间范围的意义，即应该选择较佳意义的时间范围。如果是在同一时间内对某一个研究对象进行横断面的研究，那就是横向研究；如果是在不同时间较长时期内观察和研究，就是纵向研究。

(3)研究的空间范围

所谓研究的空间范围，是指社会事实在空间上的变化范围，根据研究对象而变化，如果是群体，那么涉及它的规模；如果是社会事件，一般是指它的涉及范围和参与人数；如果是指地理范围，那么是家庭、社区，还是城市乃至全国，研究的空间范围直接决定了研究的地点。

(4)研究的层次和角度

研究的层次和角度，主要指是在经验层次上描述具体现象，还是在抽象层次上概括事物的普遍意义。如可以具体描述青少年吸毒的成因、特征、后果，既可以从全社会的角度说明青少年吸毒的时代特点，家庭、学校、社会与青少年吸毒之间存在的关系，还可以从家庭结构、学校功能、社会传媒作用、社会观念变化等各个角度对青少年吸毒这一现象作出描述。到底该选择何种层次和角度，需要依研究的需要而定。

(5)调查对象的选择

所谓调查对象的选择，指是对研究范围内的所有调查对象进行调查，还是对研究范围的部分或个别对象进行调查，如果是后者，往往涉及调查对象如何选择的问题。

(6)调查的具体化与操作化

当研究主题确定之后,要对所有的概念进行操作化,选择合适的可操作的指标,通过对指标的经验观察反映概念的特征。

当然,以上六种只是在进入调查之前所进行的一些假设,这些假设不一定很明确、完善。描述性研究的特点就在于它不受假设的约束,可以在实际的调查过程中根据具体情况随时加以完善。

3. 描述性研究的基本要求

描述性研究的基本要求是指对社会现象的描述应该达到的基本标准,主要包括描述的准确性和概括性。所谓准确性,是指对社会现象的状况和基本特征等方方面面都要做到精确的描述和说明,这就要求有一个准确的指标体系。例如,描述大学生的人生观,首先要从理论上界定人生观的表现形式,然后从多方面设计出反映大学生人生观的指标体系。但是,社会现象的测量不可能像自然显现的测量那样准确,因此,这就要求研究者从多个角度设计指标,尽可能做到对社会现象的准确描述。描述的概括性则是指在社会研究中对社会现象的描述应当能反映出总体及各个组成部分的普遍现象,而不应该只是个别的或片面的现象。一般,描述的概括性包含两层含义:一是描述研究要反映总体状况的一般特征,二是描述研究也要对总体的各个组成部分做准确的概括。例如,研究某高校教职员工的工资水平,既要对所有教职工的总体状况,如平均年龄、职务等做一般的概括,也要对不同性别、不同年龄段、不同工作时长、不同职称的教职工的情况分别描述,人们对该高校教职员工的工资水平就会有一个比较完整和准确的掌握。

4. 描述性研究与探索性研究的区别

描述性研究与探索性研究一样都没有明确的假设,都是从基本的观察入手来研究社会现象和社会问题,但是两者却具有明显的区别。首先,描述性研究在研究的时间地点、内容、角度、研究对象的选择等方面比探索性研究更加具体。其次,描述性研究与探索性研究相比,在研究方法上也有着较大的差别,主要表现在:描述性研究比探索性研究更为系统和全面,有较强的结构性。描述性研究通常采用严格的随机抽样方法来选择研究对象,研究样本的规模要比探索性研究的规模大得多。描述性研究中,资料的收集主要采用以封闭式问题为主,以自填、邮寄或结构式访问等方式进行的问卷调查;描述性研究所得的资料必须进行统计处理,得出以数量形式为主的各种结果,并将这些结果和结论推论到总体。

总而言之，描述性研究在对社会现象进行认识上，比探索性研究前进了一大步。如果说探索性研究只是对现象的一种初步的“探测”的话，那么描述性研究就可以说是一种对现象的全面的“清查”和系统的反映。描述性研究往往是用来描述总体的面貌。

三、解释性研究

1. 解释性研究的含义

探索性研究的目的是发现问题，提出问题；描述性研究是来回答“是什么”的问题，那么科学研究往往还会研究“为什么”的问题，即科学研究的第三个目的是用来解释事物。所谓解释性研究就是用来解决“为什么”的一种研究方法，简单来说，解释性研究是指说明社会事实发生的原因，预测社会事实的发展趋势和结果，找出社会现象或事件之间因果关系的研究。在实际的社会研究中，研究及对社会现象和事件的认识不能只停留在探索性与描述性的层次上，还要说明社会现象及事件发生的原因，并预测其发展的后果，进而需要探讨社会现象之间的因果关系。例如，在研究吸毒问题时，研究者往往不只是要了解全社会的吸毒率有多高，或者各个地区或人群中的吸毒率的分布（是什么?），而且更重要的还是要了解导致吸毒发生的原因（为什么?）。社会研究者在认识到现象“是什么”以及其状况“怎么样”的基础上，还需要进一步弄清楚该现象“为什么”会这样。究其因果，既要知其然，又要知其所以然，这样的研究就是解释性研究。

2. 解释性研究的假设

解释性研究以客观事实为依据，运用科学和假设检验逻辑，用来说明社会现象的本质属性和现象之间的必然的、普遍的联系。相对于描述性研究来说，解释性研究在研究方法的设计上更为复杂、严谨，它一般是从严格的假设出发，对社会事实的原因和现象间的因果关系作出尝试性的说明，然后通过观察、调查来系统地检验假设。因此，解释性研究的方案设计首先是要明确提出研究假设。

（1）列出社会事实的原因和结果

根据两种模型来寻找假设：一是多因一果，二是一因多果。例如，对社会的贫富差距不断加大的问题进行研究，如果做一个多因一果的研究，那么假设导致贫富差距不断加大的因素有生活观念、文化程度、冒险精神、人际关系；如果做一个一因多果的研究，那么假设贫富差距不断加大将导致多种相关结果，比如阶级分层、分配不公、权力失衡等。根据理论和经验，我们找出了这么多的原因和结果，经过初步的探索性研究，然后筛选出几个主要的原因和结果，依此建立严格的假设体系。假设体系设计的好坏直接影响到研究的质量。

（2）详析变量间的关系

变量可以分为自变量和因变量（关于变量，在讲解实验法的时候会详细介绍）。自变量是对社会现象的一种刺激，是导致其他变量变化的变量；因变量是因其他变量的变化而变化的量。因此，自变量和因变量之间具有较强的因果关系，自变量是因，因变量是果。详析变量间的关系不是列出各种原因和结果，而是只确定导致因变量变化的那个最主要的自变量，建立两个变量之间的因果模型的假设，然后通过各种调查检验这一假设，并详细地分析这两个变量与其他变量之间的关系，即引入第三个变量来检验自变量与因变量之间的真实关系。例如，我们注意到生育子女数随着计划生育政策的实施而减少，我们把两个变量（生育子女数和计划生育）之间的因果联系作为一个假设，但除了计划生育，可能还有其他变量，如家庭观念、教育水平、职业状况等都可能对生育子女数有影响，此时，我们就可以把它们作为检验因素，待统计分析之后再确定它们之间的关系。

（3）对社会事实之间的因果关系的作用机制进行考察

社会现象是纷繁复杂的，它们之间存在着普遍的联系和相互作用，往往光靠一个一因多果和多因一果是无法解释的，这时我们需要引入中间变量，对导致事物原因和结果的多种机制进行考察。

建立假设以后，就可以用它来设计方案，然后收集资料来检验假设。

由于科学的最终目的是对现象作出普遍的因果解释和科学预测，人们期待解释的热情是人们从事社会研究的直接动力，所以我们的研究中多会选择解释性研究的设计，但往往为了使我们的研究更具说服力，也可先做描述性研究，再做解释性研究。

3. 解释性研究的因果模型

在定量的研究方法中，解释性研究通常首先提出研究的假设，然后从理论假设中出发，设计出调查方案，并采用各种方法去收集经验材料，最后通过对资料的分析来验证假设，达到对社会现象进行理论解释的目的。解释性研究的方案设计首先要明确提出所需检验的假设，并且其理论假设一般是一种因果模型，它一般包括以下几个层次的方式。

（1）列出现象的原因和后果

列出现象的原因和后果，即根据现有的理论，或依据日常经验或探索性调查的成果而初步找出某种社会现象各种可能的原因,然后从中挑选出几种主要的原因,建立关于因果关系的假设。

(2)提出某种社会现象的主要原因(或后果)和次要原因(或后果)

提出某种社会现象的主要原因(或后果)和次要原因(或后果),即对各种因果变量的关联强度提出理论假设。

(3)建立复杂的因果模型

社会现象是错综复杂、相互作用和相互联系的,因此社会研究者往往采用复杂的因果模型来反映社会现象之间复杂的因果关系。

4. 解释性研究与描述性研究的差别

描述性研究既要描述总体的一般状况,也要描述总体的各个组成部分的状况。而解释性研究在内容上往往不像描述性研究那样面面俱到,它一般是针对某一个具体问题提出假设,通过问卷的调查等方法来收集资料,最后验证假设。所以,解释性研究在内容上更加集中,更加具有针对性。

在分析方法上,解释性研究往往要建立理论模型,通过相关、回归等统计方法来分析模型中各因素之间的关联强度,从而达到检验理论模型的目的。

在研究假设上,描述性研究一般不需要假设,而解释性研究需要有明确的假设。

最后,需要说明的是,描述性研究和解释性研究的划分并不是绝对的,现实生活中的大多数社会研究往往是两者的综合,只是研究的侧重点有所不同而已。

5. 解释性研究的方法特点

由于解释性研究的目标是回答“为什么”,是解释社会现象的原因和说明社会现象之间的关系,因此,在解释性研究中所要求的方法更加严格和细致。解释性研究是在了解社会现象的一般状况和主要特征的基础上探求这一现象的原因与作用机制,解释性研究在研究方案的设计上,首先要对所涉及的社会现象进行描述性研究,即对有关的变量进行测量,然后在此基础上对变量之间的关系进行分析,以确定它们之间是否存在相关,进而判断它们之间是否存在因果关系。总之,解释性研究需要比描述性研究的程序更为复杂,方法更为精致、更为严谨,针对性也更强。

第三节　普查、抽样调查和个案调查

社会研究常常以整体或区域性的社会或其中的某些群体和组织为对象，但是，在进行实际的社会研究时，往往并不能将研究对象群体中的每一个个体都加以调查，而是选取其中的一部分人进行调查。至于究竟应该选择多少人数来接受研究，要依据研究的目的、要求以及相关的条件来决定。按照调查中被调查者的人数及其占总体中的比例，以及选取被调查者和实施调查方法的不同，可以将调查活动分为普查、抽样调查和个案调查。

一、普查

1. 普查的含义

普查，又称为普遍调查或整体调查，是为了掌握被研究对象的总体状况，在较大的范围内，对全部被研究对象逐一进行调查研究的一种方法。普查的目的是为了了解对象总体的基本情况，同时可以为认识事物全貌和整体规划提供可靠的依据。

2. 普查的特点

(1)调查对象总体与研究对象重合，调查对象总体与调查单位总数等同

例如，我们要对黑龙江省的民营企业进行普查，则这个省的所有民营企业都进入我们的调查范围。而全国的人口普查，就是对每一个中国公民都要进行调查。当然，调查对象总体与调查单位总数相同，只能是理论上讲的，实际的操作过程中，一般不大可能，尤其是规模相当大的普查，或多或少会有所遗漏。在这种情况下，一般我们需要进行抽样检查，用抽样的结果来补充与修正普查资料。

(2)所获得的资料比较全面，准确性高，但资料的内容有限

普查是对调查对象的全体逐一进行的调查，不需要推论总体，所以调查结果能准确地反映研究对象的面貌，误差很小。但是正是由于普查涉及的范围比较广，如果调查的内容与项目太多，不论是实际的调查过程还是后期的统计分析都会加大难度，反而会影响对主要事实的了解。例如，我国在 1953 年进行的第一次全国人口普查，只有姓名、与户主的关系、性别、年龄、民族、住址 6 个指标，1964 年增加了 3 个指标，1982 年第三次人口普查 19 个指标，1990 年 21 个指标，到 2000 年全国第五次人口普查才 40 个指标。实际上，普查的指

标越多,需要投入的调查员越多,误差就越高。普查不是一种深入的调查,只是对调查对象最基本情况的了解。

(3)普查有很强的时间性

首先,普查是指同一时点的社会现象,调查事件要求高度一致。所有普查都规定一个登记的标准时间,实际登记时间一般在标准时间之后,在标准时间之后登记时间之前发生的所有社会事实一律不在登记范围内。

如以2000年全国人口普查为例,规定在11月1日零时为标准时间,那么我们调查的就应该是11月1日零时的人口情况,若调查员入户登记的时间已经是11月4日,则此时出生的人口就不应该登记在册,因此,11月1日零时后出世的人不登记在册,而11月1日零时后死亡的人必须登记在册。其次,普查的时间性还强调调查必须同时进行,并尽可能在短的时间里完成。时间越短,收集到的资料越翔实。最后,普查应尽可能按一定的周期进行。普查需要花费巨大的人力、物力,周期性进行普查有利于普查资料的对比分析,提高普查资料的利用率和价值。例如,各国的人口普查几乎都是周期进行的:美国的人口普查始于1790年,以后每10年进行一次;英国的人口普查的周期也是10年;德国、法国的人口普查的周期是5年;联合国建议在逢零的年份举行人口普查,其目的就是为了方便进行国际性的人口资料汇总与比较。新中国成立后,我国于1953年、1964年、1982年、1990年、2000年、2010年进行过6次人口普查,除了"文化大革命"时期因种种原因被迫中断外,一直有序地、周期地进行着。在1987年制定的《统计法实施细则》规定,我国的人口普查每10年进行一次,即在年号末尾为0的年份进行。

(4)普查工作量大,人力、物力花费多

因为普查的调查范围广,调查员数量多,需要大量的人力和物力,协调组织起来也非常困难。

例如,在1982年我国全国人口普查时,共组织了109万普查指导员,518万普查员,1 000多万基层干部和群众积极配合,花费人民币4亿元,由联合国资助1 560万美元,并赠送30台大型电子计算机,共13万编码员,1982年开始调查,在1979年就开始准备工作,到1984年底正式公布数据,1985年扫尾工作结束,前后共历时6年才完成。

3. 普查的基本程序

(1)准备工作

在普查中准备工作占有相当重要的作用,它一般包括以下几个步骤:

①选择课题,进行概念的操作化,寻找指标,确立调查项目;

②建立统一、高效的调查领导和工作机构;

③制订与颁发普查方案、调查表及其说明;

④挑选并训练调查员;

⑤广泛宣传普查的意义,争取各方面的了解与合作;

⑥普查试点,反复修订普查表、普查方案。

(2)调查登记

调查登记是调查的实际操作阶段,主要包括:

①普查登记。可以由被调查者的登记站或调查员上门登记。

②复查核实。对于登记表中可识别的差错,由调查员根据专门编制的检查细则分组复查,发现错误立即改正。复查后,再在每个普查区随机抽取一定比例的调查对象作为样本,进行复核。

(3)汇总和分析普查资料

把普查所获得的资料按事先拟定的规则进行严格地编码,然后计算机进行汇总统计分析,最后公布普查结果提出建议。

二、抽样调查

1. 抽样调查的含义

抽样调查是非全面调查,是指按照一定的方法从研究对象的总体中抽取一部分个体作为样本来进行调查,并通过样本的统计量来推论总体情况的一种调查方法。它虽然是一种非全面调查,但它的目的却在于取得反映总体情况的信息资料,因此,也可以起到全面调查的作用。例如,要了解某高校毕业大学生的论文质量,研究者没有必要将学校所有毕业大学生的论文逐一进行调查,而只需随机抽取部分学生的论文进行调查就可以了。如果被调查的样本是采用科学的抽样方法从总体中抽取出来的,那么调查结果就能够较好地反映总体的状况,从而可以推论到总体。

根据选取样本的方法，抽样调查可以分为概率抽样和非概率抽样两类。本书将会在后面的章节对抽样方法进行比较详细的介绍。

2. 抽样调查的特点

①抽样调查从总体中抽选出来进行调查并用以推断总体的调查样本，是按照随机原则抽选出来的，由于不受任何主观意图的影响，因此总体中各个单位都有被抽中的可能性，能够保证被抽中的调查样本在总体中的合理、均匀分布，调查出现倾向性偏差的可能性是极小的，样本对总体的代表性很强。

②抽样调查是以抽选出的全部调查样本作为一个"代表团"来代表总体的，而不是用随意挑选出来的个别单位来代表总体，使调查样本具有充分的代表性。

③抽样调查所抽选的调查样本数量，是根据要调查的总体各个单位之间的差异程度和调查推断总体允许的误差大小，经过科学的计算确定的。由于在调查样本的数量上有可靠的保证，样本就会与总体实际十分接近。

④抽样调查中的样本误差，在调查前就可以根据调查样本数量和总体中各单位之间的差异程度进行计算，可以把样本误差控制在一定范围之内，调查结果的准确程度比较有把握。

⑤由于抽样调查只对总体中一定数量的个体进行调查，因此比普查更节省时间、人力和经费。

三、个案调查

1. 个案调查的含义

个案调查是对某个特定的单位或个体进行详尽调查的一种方法。它的主要作用是详细描述某一具体对象的全貌，了解事物发展、变化的全过程。个案可以是个人，也可以是家庭、企业、医院、学校、社区等。费孝通先生的《江村经济》就是以一个乡村为个案调查，当代很多社会学家和人类学领域中的很多学者也大量采用了个案调查的方法。

与抽样调查相比，个案调查不是无差异地描述样本中众多个体同一方面的特征，而是根据被调查者的具体情况而深入地发掘个案的独特性，从而发现比较有价值的资料，进而帮助研究者形成理论假设。在 19 世纪末和 20 世纪初期，人们在社会研究的过程中就广泛借鉴了个案调查法，研究者从工人、家民、贫民、乞丐、少数民族等社会单位中选取一些具体对象作为个案，详细而深入地了解人们的社会活动、生活方式、行为模式、价值观念、文化规范等。在这些个案研究中，发展了许多适用于社会研究的具体方法和手段，如参与观察、深度访谈、社区研究等。

2. 个案调查的特点

(1)调查的深入性

由于个案调查只需要选取少数的被调查者，因此，对每个对象调查的内容可以相当广泛和深入，有充足的时间去了解更多的问题和情况，从而有利于深入地了解调查对象多方面的内在特点和外部表现，进而能够更加直接、深入地理解调查对象行为的真实意义和原因，而不必像普查与抽样调查那样常常只能从调查对象的少数外部特征及其行为的外部表现去分析其行为的意义和原因。

(2)比较节省成本

因为个案调查的调查对象比较少，因此，不必像普查和抽样调查那样动用众多的调查员，而只需要由研究者或少数经过专门训练的调查人员进行调查，因此，人力、物力、经费都会节省很多。正是由于调查对象比较少，所以调查人员可以了解到更多的信息，调查的质量往往更高。

(3)对调查人员的要求很高

在个案调查中，由于调查对象比较少，调查人员需要深入了解被调查者的各种情况，因此，在这一过程中，调查者和被调查者往往会有较长时间深入的互动，调查者的主观态度和语言行为会对被调查者产生很大的影响。并且，研究者的主观性往往也会对调查资料的记录、整理和分析结果产生影响。因此，这种调查活动对调查人员的要求很高，一般需要由经过专门训练的有经验的调查人员来担当工作。

(4)不能按照统计学的原理将调查结果推论到总体

由于个案调查的调查对象很少，而且一般没有随机抽样的方法抽取调查对象，因此不能按照统计学的原理来将其调查结果推论到总体。当代社会变得越来越复杂，如果简单地将个案研究直接应用到总体，发生偏差的可能性也在增大。因此，在当代社会中，个案调查往往是研究者发现问题的工具，而不是证明理论的方法，并且越来越多的研究者愿意同时采用个案调查和抽样调查，以便能很好地利用二者的长处。

(5)调查的质量更高

个案调查一般不需要动员众多的调查员，只需要由研究者或少数经过专门训练的调查人员进行调查，因此调查的质量往往更高。

3. 个案调查与典型调查、重点调查

正像前面介绍的一样，个案调查不能按照统计学的原理将调查结果推论到总体，其被抽取的样本对总体的代表性较差，因此，为了克服这种缺点，研究者往往会依照主观判断来选取一些特殊的个案，以提高样本的代表性。典型调查和重点调查则能很好地解决这个问题。

典型调查是指研究者在对总体有所了解的基础上，根据自己的知识和已有的经验，选取少量具有代表意义的单位进行深入细致的调查，然后由此估计总体的一种方法。这是认识上的个别到一般的方法，也就是古人说的“一叶而知秋”。例如，要研究一个城市中居民的经济收入状况，按照典型调查的方式就应该从收入水平高、中、低等几个等级中分别选取一定的个案来调查。这些从各个不同群体中选取出来的个案具有其所在群体的特征(收入水平高、中、低)，因此，能够更好地代表其所在的群体。将这几类典型的个案做了调查以后，研究者就可以更好地把握全市居民的收入水平。典型调查是一种特殊的个案调查，和个案调查一样，它也具有节省调查成本、调查内容比较深入全面等特点，但典型调查与一般的个案调查也有明显的不同。典型调查要求调查对象具有典型性或代表性，它试图通过深入地“解剖麻雀”，以少量典型来概括或反映总体，从特殊中发现一般性，而个案调查往往不具备以上特点。

重点调查是指对某种社会现象比较集中、对全局具有决定性作用的一个或几个单位进行的调查。与典型调查不同的是，重点调查的对象不一定要有代表性，但必须在总体中含有重点的地位或比例。例如，通过对中石油、中石化公司等几个重点石油公司生产和销售情况的调查，就能掌握全国石油生产、销售的基本情况。重点调查中调查的单位不多，花费的力气不大，却能了解到对全局具有决定性影响的基本情况。

第四节 定性研究和定量研究

在社会调查研究的过程中，不同的研究者因为研究的逻辑和视角的不同，往往会对同一个社会现象产生不同的理解。一些研究者可能会注重人的主观能动性，通过深入地研究人的行为来认识社会事实；有的研究者则会从另一个视角去研究，即主张采用实证主义的研究逻辑，将社会事实看成是一个与自然界一样的客观事实。而任何事物本身都具有量和质两个方面，再加上研究者研究的逻辑和视角的不同，研究方法也分成了两类不同的方法体系，即定性研究和定量研究。

一、定性研究

1. 定性研究的含义

定性研究方法是根据社会现象或事物所具有的属性和在运动中的矛盾变化，从事物的内在规定性来研究事物的一种方法或角度。它以普遍承认的公理、一套演绎逻辑和大量的历史事实为分析基础，从事物的矛盾性出发，描述、阐释所研究的事物。进行定性研究，要依据一定的理论与经验，直接抓住事物特征的主要方面，将同质性在数量上的差异暂时略去。定性研究强调通过对个案的深入调查而直接深入到纷繁复杂的社会事务中进行深入的考察；在调查的过程中，强调通过人的主体性去理解研究对象行为及其环境的真实意义，从而直接探寻社会现象的内在本质特征，从个别的、典型的材料中得出普遍的结论。

2. 定性研究的特点

①定性研究把自然情境作为资料的直接源泉，而且研究者将自身作为收集资料的主要工具。研究者关心行为发生时的情境，认为只有在发生行为的情境中观察行为，才能更好地理解行为。因此，他们通常会深入到特定的情境中去，而且得到的结论也是独特的、受背景制约的。

②定性研究是描述性的。定性研究收集资料的方法主要有参与观察、深度访谈、实物分析等，资料的表达通常采用文字或图片的方式，研究中的描述主要依据是交谈记录的副本、现场笔记、照片、录像带等。

③定性研究关心的是过程，而不只是关心结果和产品。定性研究表现出对过程的敏

感性。

④定性研究倾向于对资料进行归纳分析：定性研究并不从一开始拟订详细的、可操作的研究计划，也不从一开始就提出研究假设，而是随着研究的进展不断调整研究计划、逐步提出研究假设。定性研究形成理论的方式是自下而上式或是归纳式的，研究者将抽象概括或理论假设建立在已经收集到的资料事实的基础上，提出理论来解释资料。

⑤定性研究中研究者与研究对象密切接触、互相影响，研究者通过与研究对象的交往互动，通过移情作用来获取资料信息。

二、定量研究

1. 定量研究的含义

定量研究，又称为量化研究，指的是采用统计、数学或计算技术等方法来对社会现象进行系统性的经验考察。这种研究的目标是发展及运用与社会现象有关的数学模型、理论或假设。定量研究中最重要的过程是测量的过程，因为这个过程从根本上连接了现象的"经验观察"与"数学表示"。量化数据包括以统计或百分比等数字形式呈现的各种资料。社会研究中的统计调查和实验研究属于定量研究。在定量研究中，研究者一般通过问卷调查、统计文献资料或实验等方式去收集有关调查对象的数据资料，然后对这些数据资料进行统计分析，以发现所研究的社会现象存在的状况和相应的因果关系。

2. 定量研究的特点

①定量研究者在实验室条件下进行研究，以便把研究目标以外的种种影响排斥在研究之外。

②定量研究主要应用量化的方法。定量研究收集资料的主要工具是"非人的手段"（如量表、问卷或实验），资料是可测量、可统计的。研究得出的结论是概括性的、普适性的、不受背景约束的。

③定量研究只关注事前与事后的测量。

④定量研究主要运用演绎法，自上而下的形成理论。在定量研究中，研究者在研究开始就具有明确的问题和研究假设，研究计划是结构性的、预先设计好的、阶段明确的计划。

⑤定量研究中研究者与研究对象相互独立，彼此分离。

三、定性研究与定量研究的比较

1. 定性研究和定量研究的不同

(1)理论基础不同

定量研究的理论基础是西方哲学史上发展了一百多年的实证主义哲学。而定性研究的理论基础则包括建构主义、后实证主义、解释学、现象学等各种理论流派,虽然这些理论流派之间的观点有着不同之处,但与实证主义有着本质的区别。这主要体现在以下三个方面:

①对本体论两者有着不同的前提假设。实证主义认为,现实事物是不以人们的意志为转移的,是客观存在的,不受主观价值因素的影响。主体和客体是两个截然分开的实体,主体可以通过对一套工具的操作而获得对客体的认识。在对客体的认识上,必须建立在经验的基础之上,社会现象可以被经验地感知,一切概念必须还原为直接的经验内容,理论的真理性必须由经验来验证。而以现象学为代表的哲学流派则认为,社会现实的本质并不是客观存在的,而是因不同的人在不同的时空赋予各不相同的意义。主体对客体的认识实际上是主体在和客体的互动关系中对客体的重新建构,主体和客体两者是一个互为主体的关系。

②在认识论上,实证主义极力推崇经验的作用,认为主体对客体的认识必须建立在经验的基础上,一切概念必须还原为直接的经验内容,理论的真理性必须由经验来验证,认为"知识"有其客观的规律,具有可重复性。研究者只要遵循一定的方法规范,就可以将研究的结果在更大的范围内推广。而以现象学为代表的哲学流派则否认事实与价值是相互独立的客体,他们认为对知识的认识不是唯一不变的,它是对具体社会文化情境的建构,是参与各方面通过互动而达到的一种暂时的共识。知识是一个重构的创造的问题,不存在带有普遍意义的、脱离具体情境的、抽象的知识。

③在方法论上,实证主义倾向于夸大科学方法的作用,视自然科学的方法论逻辑为科学理论合理性的依据,试图将自然科学的方法运用于包括哲学、人文科学和社会科学在内的一切研究领域。正是科学主义在教育研究领域的大力提倡,使人们误以为教育研究就是要提倡那种不以人的主观意志为转移的客观规律,强调对教育的研究应精确化、量化。而以现象学为代表的哲学流派则对此提出了猛烈的批评,他们认为人为万物的尺度,因此应

关注人生的价值、意义、态度与理解，关注价值世界，注重情感、创造性的智慧和对生命的感受。而这一切是无法用数学的语言、用数据的形式来表现的，只能通过描述性、解释性的语言来实现。用科学的方法去研究教育现象，只会导致对人的肢解和教育活动的僵化。

（2）研究者与被研究者关系不同

在定量研究中，为了对教育现象进行客观公正的研究，强调研究者必须与研究完全分开，以避免偏见。而事实上，在教育研究者对教育现象进行定量研究之前，他所提出的研究问题、建立假设的理论基础及其对教育事实的抽取和分析，都隐含着他的价值倾向。所以，试图把研究者与研究分开是不可能的。研究者无法把教育现象与自然孤立起来，他是参与在教育情境之中的，无论是有意识的还是无意识的。

定性研究注重从研究者本人内在的观点去了解他们所看到的世界。它强调在自然情境中做自然式探究，在自然的情境中收集现场发生的事件的资料，最主要的研究工具是研究者本人。他们在自然的情况下通过和参加者交谈，和被研究者做长期的接触，观看他们的日常生活，自然地、直接地接触被研究对象的内心世界，以期获得被研究者在自然情境中的第一手研究资料。

（3）研究方法不同

定量研究主要用观察、实验、调查、统计等方法研究教育现象，对研究的严密性、客观性、价值中立都提出了严格的要求，以求得到客观事实。定量研究通常采用数据的形式，对教育现象进行说明，通过演绎的方法来预见理论，然后通过收集资料和证据来评估或验证在研究之前预想的模型、假设或理论。定量研究是基于一种称为“先验理论”的基础研究，这种理论以研究者的先验想法为开端，这是一个自上而下的过程。

定性研究大多是采用参与观察和深度访谈而获得第一手研究资料，具体的方法主要有参与观察、行动研究、历史研究法等。其中参与观察，是定性研究中经常用到的一种方法。参与观察的优势在于，不仅能观察到被观察者采取行动的原因、态度、努力程度、行动决策依据，而且通过参与，研究者还能获得一个特定社会情景中一员的感受，因而能更全面地理解行动；然后通过对观察和访谈法等所获得的资料，采用归纳法，使其逐步由具体向抽象转化，以至形成理论。与定量研究相反，定性研究是基于“有根据的理论”为基础的。这种方式形成的理论，是从收集到的许多不同的证据之间相互联系中产生的，这是一个自下而上的过程。

(4)研究目的不同

定量研究是通过对社会事实的测量,从中发现教育规律,旨在确定它们之间的关系以及解释变化的原因,以指导教育实践。定性研究比较注重参与者的观点,旨在理解社会的现象,关注不同的人如何理解各自生活的意义,以揭示各种教育情境的内部动力和定量研究所忽视或舍弃了的人类经验中那些特性层面。

2. 定性分析和定量分析的优缺点

定性分析是对研究结果的"质"的分析。定性分析有两种含义:一种是专指作为研究方法的定性研究,如观察法和访谈法就是两种定性研究方法;另一种是作为研究结果的分析手段的定性分析和研究。与此相对应,还可以将定性分析划为两种不同的层次:一种是研究结果本身就是定性的描述材料,数字化的水平较低甚至没有数量化;另一种是与定量分析密切结合的定性分析。定性分析是建立在描述基础上的逻辑分析和推断。用于定性分析的资料,通常是描述性的资料(包括描述性的数量统计),如文字、图片等。为了使分析顺利进行,保证结论的正确性,研究资料必须要充分、全面,这就要求研究者在收集研究结果时应该把握尽可能多的信息。在丰富的资料背景下进行逻辑分析,才能准确地揭示各种现象的内在联系。

定量分析是依据统计数据,建立数学模型,并用数学模型计算出分析对象的各项指标及其数值的一种方法。定性分析则是主要凭分析者的直觉、经验,凭分析对象过去和现在的延续状况及最新的信息资料,对分析对象的性质、特点、发展变化规律作出判断的一种方法。

相比而言,定量分析更加科学,但需要较高深的数学知识,而定性分析虽然较为粗糙,但在数据资料不够充分或分析者数学基础较为薄弱时比较适用,更适合于一般的投资者与经济工作者。因此,本章以后几节所做的分析基本上以定性分析为主。但是必须指出,两种分析方法对数学知识的要求虽然有高有低,但并不能就此把定性分析与定量分析截然划分开来。事实上,现代定性分析方法同样要采用数学工具进行计算,而定量分析则必须建立在定性预测基础上,二者相辅相成,定性是定量的依据,定量是定性的具体化,二者结合起来灵活运用才能取得最佳效果。

第五节　横向研究与纵向研究

前面我们从不同的角度对社会研究进行了简单的分类，但是，我们在进行社会研究的过程中千万不要忽略时间这一重要的影响因素。无论是同一时期的不同事物还是同一事物的不同时期，所产生的变化都会对研究结果产生一定的影响。因此，既然时间因素如此重要，我们不妨站在时间的角度会更深入、全面、准确地进行社会研究，进一步从宏观上更好地理解事物的发展和变化。本章按照社会研究的时间跨度，将其分为横向研究和纵向研究。

一、横向研究

1. 横向研究的含义

横向研究，也叫横断研究或横剖研究，它指的是关于某类社会现象在一个时间点或时间段里的存在状况及其因果关系的研究。横向研究一般是在一个时间点或者是时间段上广泛地收集研究资料，并用以描述研究对象在这一时间点上的状况，或者探讨这一时间点上不同变量之间的关系。如果是在实验的过程中，那么横向研究则是对相匹配的实验组和对照组在同一时间内就有关变量进行分析比较的研究。社会研究的大多项目都是横向研究。例如，人口普查、市场调查、民意测验、大学生的心理研究等，都是横向研究的例子。我国第六次人口普查是调查在 2010 年 11 月 1 日零时这一时刻的人口状况，零时以后出生的人口不在调查范围之内，之所以做这样的规定，是为了减少调查误差，避免调查的重复或遗漏。不过，在多数情况下，横向研究的时间点并不会像人口普查那样严格，如民意测验的时间点可能是某一天或某几天，也可能是某几个星期或某几个月。

2. 横向研究的优缺点

横向研究是社会研究中最常见的一种形式，尤其是各种探索性研究和描述性研究中，基本上都是采用横向研究的形式进行的。横向研究的优点是比较节省时间和经费，易于实施；可以对较多的被试进行研究，因此被试的代表性往往比较强，研究所得的结果具有很好的概括性；时效性比较强，可以较快获得研究结果，同时避免结果流失。

横向研究并非只能静态地描述某种社会现象在特定时间点或时间段的状况，许多解释性研究也同样可以采用横向研究，并且横向研究还能够用于描述和解释社会变迁。

横向研究也有一些缺点，主要包括横向研究可能存在组群效应，即出生在一个特定的时间点或时间段对发展的影响；不适用于研究发展的稳定性问题和早期影响的作用等问题，例如在进行关于社会变迁的研究中，横向研究的资料只能对变迁进行间接的推测，而不能直接论证。

二、纵向研究

1. 纵向研究的含义

纵向研究主要分析一段时间某几个时间点总体的平均增长趋势和个体之间的差异，即纵向研究是在前后不同的时间里分别对某种或某些社会现象进行调查，收集该社会现象在当时的资料，将这些资料结合起来分析，以描述某种社会现象的发展变化，以及解释不同现象之间的联系。纵向研究主要用来解决两个问题，一个是用来描述整体的平均增长趋势，另一个是用来描述不同个体之间增长趋势的差异。

纵向研究最初是医学领域中用于研究疾病变化的情况和病因的研究方法。但有学者认为纵向研究的方法设计不够充分，测量工具不够准确，研究成果较低，研究代价昂贵。在种种质疑声中，纵向研究不断发展成熟，并且由于其在研究发展、变化和因果关系中具有其他方法所不可比拟的优势，纵向研究被普遍应用到社会学、心理学、教育学、经济学等领域。在社会学研究中，纵向研究可以应用的范围很广，如犯罪问题、人口问题、离婚问题等可以采用纵向研究的方式。

2. 纵向研究的分类

纵向研究主要有以下三种不同的类型。

(1)趋势研究

趋势研究是对某种社会现象随着时间转移而发生变化的研究。趋势研究的目的是要揭示某种社会现象的变化趋势或规律。对统一总体的趋势研究实际上相对于这一总体进行若干次同样的研究内容、同样研究方法的横向研究。例如，对于我国通过每个五年计划中国内生产总值数据的比较来分析我国经济发展变化的趋势和规律，通过对每次人口普查数据的比较来分析我国人口发展的趋势。

趋势研究的目的是通过对总体在不同时期的态度、行为或状况进行比较，以揭示和发现社会现象的变化趋势或规律。但是,趋势研究在不同的时间点上所进行的若干次横向研究必须是具有同样的研究内容,采用的是同样的测量方法,得到可比较的经验数据。也就是说,每次研究所问的问题应该是一样的,如果问题不同,历次的资料就无法进行比较。

(2)同期群研究

同期群研究,是对同一时期、同一类型的研究对象随时间推移而发生的变化的研究。所谓同期群,是指在相同时间内经历同种事件的人口群。现在,比较流行的80后、90后、00后都可以称之为同期群。如调查20世纪60年代结婚的妇女在不同时代的生活观念变化过程。在这次调查中,虽然每次调查的样本是有不同的人组成,但是这些样本都是来源于20世纪60年代结婚的妇女。同期群研究注重的是某一类型而不是某一个体的特征。所以,在不同时间可以调查不同的人,只要他们都属于同一类型。需要注意的是,每次调查的抽样都应当是随机的,以保证被调查到的样本可以代表这一类型的人。

(3)同组研究

同组研究,又称追踪研究,是指在比较长的时间内对相同对象进行有系统的定期研究,或者从时间的发展过程中考察研究对象的研究方案。例如,要研究不同发展阶段儿童气质与智能发育的具体联系,研究者可以选取50例健康出生儿作为研究对象,纵向追踪到学龄阶段(8岁)。在婴儿8个月、学前期3岁和学龄期8岁分别进行同组研究,看看儿童气质是否与智能发育有关系。

同组研究与同期群研究比较相似,二者的区别在于:同组研究每次调查所用的都是同一个样本,而同期群研究中样本没有如此严格的要求,只要被调查者来源于同一时期的人群就可以。

总之,纵向研究能够更好地了解社会现象的发展过程,能够比较不同时期的变化。由于各种变量的时间顺序清楚,纵向研究比横向研究更容易作出逻辑上的因果判断。但是,纵向研究需要比横向研究付出更多的时间和经费,因此不能被广泛应用。另外,由于同组研究是在比较长的时间内对相同对象进行的定期研究,因此,在相当长的时间内,由于被调查者死亡、失联等多种原因,将会对同组研究的效果造成很大的影响。

思 考 题

1. 简述理论性研究和应用性研究的特点。
2. 简述探索性、描述性、解释性研究的特点意义及方法。
3. 简述普查、抽样调查和个案调查各自的特点、意义及主要方法。
4. 简述一般个案调查与典型调查及其重点调查的异同。
5. 简述定性研究和定量研究的特点。
6. 简述横向研究与纵向研究的优缺点。
7. 简述纵向研究中几种具体方法的特点及其优缺点。

第三章　选题与研究设计

在社会研究的最初阶段，选题和研究设计是最主要的工作。进行社会研究，首先要选择一定的题目。本章通过两节内容介绍了社会研究中选题和研究设计这两个环节，为整个研究过程的后续研究奠定重要的基础。

第一节　选　　题

在社会研究的最初阶段中，选题和研究设计是其最主要的工作。进行社会研究，首先要选择一定的题目。在题目确定以后，需要设计研究方案。一项社会研究的选题和研究设计为后续的研究过程奠定着重要的基础，对整个研究工作产生着重要的影响。

一、选题的含义

选题是任何一个社会研究展开的第一步。所谓选题，是指社会研究者根据客观需要和自身的研究兴趣及条件等因素来确定研究题目的过程。所谓研究题目，是指一项社会研究所要回答或解决的问题。社会研究的选题过程一般从几个方面去确定研究题目：一是确定研究题目的内容，即要研究什么问题；二是要确定研究的角度，即从什么角度或什么方面去研究该问题；三是要确定题目的层次，是宏观的、中观的还是微观的题目；四是要确定研究的目标，是主要解决理论问题还是主要解决实际问题，或者二者皆有。

二、选题的意义

选题过程对整个研究工作有重要意义。首先，从研究工作的社会意义上看，一个合理的选题过程可以使有限的研究资源有效地集中在急需解决的问题上，从而使研究资源得以合理的利用。其次，从研究过程来看，选题规定着研究工作的总体目标和整个研究工作的具体内容。从研究实践上来看，后面各个阶段的研究工作都在不同程度上是按照选题阶段所确定的研究目标、研究视角及研究方向而进行的。因此，社会研究中的选题过程往往是研究者对一个研究项目进行总体规划的过程,选题过程的质量对一项研究工作的整体质量具有举足轻重的影响。

社会研究的第一步是选题,选题是一项具体社会研究工作的灵魂。以后的许多步骤,一系列工作都是围绕着完成社会研究的这个题目来做的。选题本身就是要使整个研究活动有一个明确的目的和对象。选题的确立也就是确立社会研究工作的中心和范围。

三、选题的标准

在实践中,人们通常采用下列几条标准来作为选择研究问题的依据,即重要性、创造性、可行性和合适性。

1. 重要性

重要性是指研究问题所具有的意义和价值。通俗地说就是指一项研究问题所具有的用途或用处。我们所从事的任何一项研究问题,首先必须具有某种意义和价值,或者说,首先必须是“值得去做”的。当然,对于不同的研究问题来说,这种意义或价值会有大有小。同时,它既可以是理论方面的,也可以是实践方面的,或者是理论与实践两方面兼而有之的。

理论方面的意义或价值主要体现在研究问题对一门学科的发展、对某种理论的形成或检验、对社会规律的认识、对社会现象的解释所能作出的贡献上;而实践方面的意义或价值,则主要体现在研究问题对现实社会生活所提出的各种具体问题能否进行科学的回答和能否提供合理的解决办法上。

在众多可供选择的研究问题面前,要思考或评价一项社会研究问题是否具有重要性,就先问问自己:做这项研究问题有没有用处?有什么用处?有多大的用处?无论是在提高人们对社会现象、社会过程、社会规律的认识和理解方面,还是在促进解决社会问题、改善社会管理、提出社会政策方面,越有用处的问题越是好问题,用处越多的问题越是好问题,用处越大的问题越是好问题,因而也是值得去做的问题。

2. 创造性

创造性也可称为创新性或独特性,它指的是研究问题应该具有某种新的东西,具有某种与众不同的地方,具有自己独特的特点。作为一种科学的认识活动,我们的每一项具体研究必须能够在某些方面增加人们对现实世界的认识,能够为人们了解、理解、熟悉和掌握现实社会生活中的各种现象、各种问题、各种规律提供新的东西，而不能总是在同一领域、同一范围、同一层次上重复别人的研究，重提已有的理论。

最具创造性的问题当然是那种全新的、前人从没有做过的问题，这也就是人们常说的属于“填补空白”的问题。然而，要找到一个这样的问题也最为困难。因为无论在哪个领域中，完全无人涉足的现象或问题已几乎不存在，世上已基本没了那种“尚未开垦的处女地”。所以，对于大多数研究者来说，与前人的研究要有所不同，要有自己独到的、新颖的地方。选择问题时的“与众不同”要有明确的目标，要根据理论上或实践上的价值和需要，而不能单纯地为不同而不同。

3. 可行性

可行性指的是研究者是否具备进行或完成某一项课题的主观、客观条件。换句话说就是指研究者在现有的主观、客观条件下去从事这项研究行不行得通。在许多情况下，越是具有重要价值和创新性的研究课题，它所受到的主观、客观限制往往也越多，这也就是说，它的可行性往往就越差。要进行或完成这样的研究常常十分困难，有时甚至是完全不可能进行的。

主观限制是指研究者自身条件方面的限制。它包括研究者在生活经历、知识结构、研究经验、组织能力、操作技术等方面的限制。如果一个不懂少数民族语言和风俗习惯的研究者选择一个以少数民族成员为研究对象的研究问题，显然是不可行的。

客观限制是指进行一项研究时受到的外在环境或条件的限制。如研究时间不够、研究经费不足、有关文献资料不能取得、所涉及的对象、单位和部门不能给予必要的支持和合作、研究问题违反国家有关政策法令，或者违反社会伦理道德，或者与被研究者的生活习俗、宗教信仰相违背等，都是导致一项研究问题无法进行的客观障碍。

因此，在进行选择研究问题时，仅考虑前面两条标准是远远不够的，我们还必须把可行性这条标准放到非常重要的地位。一项不具备可行性的研究课题，无论其多么有价值，多么有新意，最多也只能是一项“伟大的空想”。

4. 合适性

合适性则指的是所选择的研究问题最适合研究者的个人特点。这种个人特点主要包括研究者对该研究问题的兴趣、研究者对与研究问题相关的社会生活领域的熟悉程度、研究者与所研究的对象之间的相似程度，以及研究者所具有的各种资源、条件与该问题的要求相符合的程度等。

合适性与可行性不同,可行性解决的是研究的“可能性”问题,而合适性所涉及的则是研究的“最佳性”问题。这也就是说,可行性是关于这项研究“能不能做”的问题,而合适性则是关于这项研究对于研究者来说“是不是最好”的问题。通过了可行性标准的问题也许会有很多,但对于某个具体的研究者来说,最适合他的问题则往往只有一个。也就是说,可行的问题不一定是合适的问题,而合适的问题首先必须是可行的问题。

个人兴趣虽然不应该是影响问题选择的决定因素,但我们却可以说它是帮助和促使研究者选择好问题的一个重要因素。在其他条件相同的情况下,研究者应该首先选择自己最感兴趣的问题。类似地,研究者对该问题相关的社会生活领域的熟悉程度,也是影响到研究课题能否顺利进行的一个重要因素。在可能的条件下,研究者应尽量选择与自己所熟悉的社会生活领域相关的研究问题,而不要选择自己比较陌生的领域中的问题。对于研究者与研究对象的相似性问题,虽然有不同的看法,但是,在大多数情况下,二者之间的相似程度越高,越有利于研究的进行,也有利于研究者对研究资料的分析和理解。

在选题时我们通常遵循这四条标准,它们之间存在着某种层次上的联系,即重要性是最基本的标准,独特性则是在它的基础上提出的新的标准,可行性在某种意义上可以说是问题选择中的决定性标准,而合适性则是在前三条标准的基础上提出的更进一步的标准。这四条标准层层深入,从几个不同的侧面,将一个理想的研究问题,从最初众多不成熟的想法、思路和思维雏形中,逐渐分离出来。

四、题目的来源及选择方式

1. 题目的来源

社会研究的题目主要来源于社会实践和理论的发展。

首先,社会实践是研究题目的来源。在社会实践的各个领域中有大量的问题需要研究。社会越是处于快速发展的阶段,需要研究的问题也就越多。社会发展的各个阶段和各个领域中都有一些问题会对当前的社会运行及发展产生深远的影响,因此,社会实践各个领域中的决策者和研究者要密切注意该领域中社会实践的变化,通过直接参与社会实践和总结实际部门的工作经验,以及通过密切观察和体验社会生活而及时发现存在的问题,尤其是要注意把握当前的全局和对未来长期发展有重大的影响。

其次，社会科学各个领域的理论发展也是社会研究题目的重要来源。在很多情况下，社会研究中选题的来源并不局限于当前社会实践的需要，可以是来自于理论研究中所发现的问题。研究和解决理论发展中的各种问题，不仅会对理论发展起到直接的推动作用，并且最终会有利于解决社会实践中的各种具体问题。对于社会理论的研究者来说，应该密切关注理论发展的动态，及时发现其中值得研究的问题。

2. 选题方式

在具体的社会研究中，研究者们往往通过各种不同的方式选择研究题目。可以大致地将选题方式分为研究者选题、实际工作部门定题和学术界选题等几大类。

(1)研究者选题

研究者选题的基本方式是研究者按照自己对社会研究实践及理论发展的理解，根据自己的研究兴趣、学术发展的需要以及其他的相关条件而选择一定的研究题目。研究者选题又分“纯自主选题”和“申报研究课题”两种不同的方式。

①纯自主选题。研究者的纯自主选题是指完全由研究者自己选定研究题目，不受任何组织和个人的影响。在纯自主选题的方式中，研究者的自主性和学术兴趣能够得到很好的体现，但却往往与实际工作部门的关联程度较低，并且由于缺少研究经费而难以支持较大型的研究项目。因此，纯自主选题一般只用于一些教学性的研究项目和纯粹按照个人学术兴趣出发的项目。

②申报研究课题。申报研究课题是社会科学研究中较常用的选题方式。申报研究课题是由研究者根据研究基金组织或一些实际工作部门的要求拟定研究题目，并向研究基金组织或有关实际部门申请立项和经费。在研究课题申报的方式中，研究基金组织或实际部门一般会以“申请课题指南”等方式对申请者的选题范围作出一定的限定，但研究者在具体的题目和研究内容方面一般也有一定的自主权。

(2)实际工作部门定题

实际工作部门定题的基本方式是由各类从事实际工作的部门根据其业务工作和组织发展的需要而拟定研究课题，并且以各种方式让研究者来承担这些课题的工作。实际工作部门定题也分为各种不同的方式。

①上级定题。上级定题是指由研究组织的领导或其上级组织拟定研究题目，要求研究者按规定完成研究任务。这类选题方式一般用在专门的研究机构中。研究机构往往会按

照上级部门的计划安排和本单位学术发展的需要而拟定一些题目,然后作为研究任务而分派给一定的研究人员。这种选题方式的优点在于选题可以较好地符合上级部门的意图,并且选题过程比较简单,比较适合于一些时效性较强的研究项目。在我国计划经济时代,很多研究题目是以这种方式而选定的,目前,在一些研究机构中仍然在一定程度上采用这种定题方式。

②委托研究课题。所谓"委托研究课题",是指由实际工作部门(政府或企业等组织)委托研究机构和研究者承担前者的研究项目。许多实际工作部门在其业务工作和组织发展中都有大量的问题需要研究,但由于其自身的研究能力有限,因此,常常需要委托有关的研究机构及研究者代为从事课题研究。在这种情况下,实际工作部门常常是自己根据需要而拟定一些研究题目,直接委托给有关的研究机构或研究者,或者通过招标的方式去选定研究机构和研究者。

(3)学术界选题

学术界选题是指通过学术界有关学科领域中学者们的共同商讨来确定研究题目。学术界选题是集中有关学科领域中学者们的意见,通过学术界的集体智慧来确定研究题目。这类选题的基本方式是先由一些在一个领域中比较权威的学者们共同讨论确定一些研究题目,然后邀请研究者按照定好的研究题目来申请承担这些研究课题。

学术界选题有不同的具体形式。首先,学术界在拟定研究题目中自主性程度不同。一种形式是完全性的学术界选题,即完全由学术组织来召集有关学者讨论研究选题;另一种形式是政府引导下的学术界选题,由各级政府或其职能部门的社会科学研究管理部门来召集有关学者讨论研究选题,并在此过程中,政府及其职能部门要对研究选题的基本原则和方向作出规定。其次,学术界所拟定研究题目的具体化程度也不同。有时学术界集体拟定的研究题目比较粗略,只确定一个大致的研究方向(例如只是制定一个"课题指南"),而申报承担这些研究课题的研究者可以根据"课题指南"的基本方向和原则去设计一些具体的研究题目。但有时学术界集体拟定的题目也可能很具体、很严格,要求申请者完全按照事先拟定好的研究题目去"投标"。

五、选题过程

由于社会研究的选题是从众多需要研究的问题中选择最急需、最值得研究和最具有研究可行性的研究题目,因此,选题往往是一个比较复杂的过程,尤其是比较大型的研究课题的选题过程就更为复杂。社会研究的选题过程如下。

1. 了解社会实践和理论发展中需要解决的问题

社会研究的题目来自于社会实践和理论发展,因此,在社会研究的选题过程中,选题者首先要了解具体的社会实践和相关的理论发展动态,在选题的前期阶段要做一些探索性调查或者大量收集和分析有关的文献资料,以更广泛地了解有关的实践和理论发展状况及其当中值得研究的问题。

2. 初步选择研究题目

选题的第二步是初步选择研究题目,即按照对社会实践和理论发展中各种问题的分析,找出最为重要和新颖的问题,并将其初步设为研究题目。在提出一个研究题目时,研究者往往需要认真地对各种问题的重要性和新颖性进行比较,以找出最值得研究的问题。

3. 论证研究题目的意义

论证研究题目的意义的目的一方面是为了使研究者更加明确其研究的目的和价值;另一方面是为了使上级领导和研究资助者明白该题目的意义,以使研究工作获得更多的社会支持。在申报研究课题和课题招标项目中,一般都要求申请者和投标人对课题的意义作出论证,以确定研究者对该研究项目是否有较深入的了解。

4. 确定研究的范围、层次和内容

所谓研究的范围,是指研究工作所涉及的范围,即在相关的调查工作中所涉及对象的范围。所谓研究的层次,是指研究工作分析的单位层次是个人还是社区或组织。所谓研究的内容,是指研究项目所包含的具体研究事项。研究的内容一般按照研究主题的要求而展开。一般来说,一个研究题目往往可以从多个不同的角度去展开研究,因此,一个题目可能有多方面的研究内容。

5. 论证研究项目的可行性

在上述步骤完成后,还需要认真论证完成该研究项目的可行性,可行性比较低的研究题目应该去掉。可行性论证,一方面是为了帮助研究者进一步理解研究项目及其所需要的方法,为下一步的研究工作作出准备;而另一方面则是为了获得上级的支持和有关机构的经费支持。

第二节 研究设计

研究设计是指对整个研究过程进行规划,制定出探索社会现象或事物的具体策略,确定研究的最佳途径,选择恰当的研究方法。同时它还包含制定详细的操作步骤及研究方案等方面的内容。研究设计在整个研究过程中扮演着十分重要的角色。因为研究课题的确立,实际上只是对整个研究工作提出了所要达到的目标。然而,如何去实现这一目标,则是研究设计阶段所要完成的任务。在社会研究中,当研究课题确定后,接下来的工作并不是马上深入到社会生活实际中去收集资料,而是要为顺利达到研究课题所确立的目标进行认真、周密的规划和设计工作。

一、明确研究目的与研究性质

1. 确定研究目的

社会研究者在对各种特定对象进行研究时,其研究的具体目的是千差万别、各不相同的。但是,所有这些研究的更为一般性的目的,都可以归结到以下三种之一,即探索、描述和解释。当研究的目的不同时,整个社会研究就会在设计的要求、研究对象和研究方法的选择,以及在具体操作程序上都会有所不同。

一般来说,在研究设计阶段需要从两方面去明确研究目的。

首先,确定研究目的的层次。社会研究的目的正如上面所说,分为探索、描述和解释三种。每项具体的社会研究项目的目的可以定位在某一层次上。社会研究项目以描述性研究和解释性研究为多,但有些大型研究项目的先导性研究项目的目标往往也定位在探索性研究的层次。一般来说,较高层次的研究目标往往包含了较低层次的研究目标。一个以解释性研究为目标的项目往往同时也要进行探索性研究和解释性研究。此外,在有些社会研究项目中还具有超出这几个层次之外的目标。

其次,在对研究目的层次作出了明确定位以后,研究者还需要对研究项目的具体目的作出分析和陈述。在明确具体的研究目的时,研究者一方面需要对一项社会研究所要解决哪些具体问题作出分析和陈述,另一方面需要对预期的研究成果及其应用情况作出设计和预测。在明确具体研究目的时研究者应注意两点:一是由于社会研究项目的具体目的千差万别，每个特定项目的研究者都应该根据自己的具体情况去突出自身的特点；二是研究者应该对研究目的作出专门的分析和清楚的表述，以便使所有参与研究项目的人员都能明确地了解该项目的研究目的。

2. 确定研究性质

在明确了研究目的之后，还要明确研究的性质。如同自然科学中存在着两类性质不同的研究类型一样，社会研究也可以从性质上划分为理论性研究与应用性研究两大类，二者又分别称为基础研究与应用研究。这两类研究之间的差别实际上是如何运用社会研究的差别。简单地说，一类关注于运用研究来发展知识；而另一类则关注于运用研究来解决实际问题。

二、确定分析单位与具体的研究对象

确定分析单位和研究对象是研究设计的又一项重要任务。任何一个社会研究项目都有特定的研究对象，并且特定研究对象在某种程度上决定着采用特定的研究方法。一项社会研究在设计具体的研究方法之前，需要明确其研究对象。确定研究对象首先要确定分析单位，然后确定具体的研究对象。

1. 确定分析单位

确定分析单位是确定研究对象中的重要环节。分析单位简单说就是研究中将被分析和描述的对象。例如，个人就常常是各种社会研究的分析单位。社会研究中的分析单位并不仅仅限于个人，它还有一些其他类型，例如家庭、学校、公司、企业、城镇等。一般来说，分析单位主要有五种类型，即个人、群体、组织、社区、社区产品。例如，一个来自农村的大学生，或者一个有着高收入父亲的大学生，就是对单个的大学生赋予了“农村”和“有着高收入父亲”等群体特征。同样的，作为分析单位的群体或组织也可以通过成员获得某种特征。例如，一个有着高文化程度家长的家庭，或者只有一个孩子的家庭等。分析单位的选择和确定是研究设计中的一项重要内容。

2. 确定具体的研究对象

在确定了分析单位以后，研究者需要确定具体的研究对象。每项社会研究都有其特定的研究对象。在研究设计阶段，研究者应该按照社会研究目的、研究内容的要求而对具体的研究对象作出明确的界定。有些社会研究还具有多个研究对象。例如，在一个“人口老

龄化及其社会影响”的研究项目中，其研究对象既可以包括老年人群体，也可以包括家庭、社区和整体社会。

3. 确定调查对象

由于研究对象和调查对象往往不一致，因此，在确定了研究对象以后，还需要确定调查对象。在很多情况下，对调查对象有多种选择，研究者可以根据研究对象的情况，以及调查方法的有效性、可行性和简捷性等方面的要求而灵活选择不同的调查对象。例如，在一项对企业管理的研究中，既可以通过收集和分析企业管理中的规章制度、企业的组织机构安排等企业层次的数据来分析其管理状况，也可以通过向企业员工进行问卷调查和个案访谈来了解企业管理的情况。

三、确定研究方式和具体的研究方法

在研究设计中最后需要解决的问题是进行研究方法的设计，其中包括以下几方面。

1. 确定研究方式

选择研究方法的第一步是选择研究方式，在社会研究中，研究者可以选择的研究方式有四种，即调查研究、实验研究、文献研究和实地研究。由于每一种研究方式的内在逻辑、它所能回答的问题类型，以及我们应用它们来研究社会现象及人们的行为时所具有的优点和局限性各不相同，因而在具体应用上也应有所选择。

(1) 调查研究

调查研究的方式指的是采用自填式问卷或结构式访问的方法，系统地、直接地从一个取自总体的样本那里收集量化资料，并通过对这些资料的统计分析来认识社会现象及其规律的社会研究方式。这是社会学者在实际研究中采用的最多的一种研究方式，它在整个社会研究方法体系中占有非常重要的地位。概括地说，研究内容的广泛性、资料获取的及时性、描述的全面性和概括性、实际应用的普遍性等，是调查研究方式的主要特征。

(2) 实验研究

实验是在一种高度控制的条件下，通过操纵某些因素来研究变量之间因果关系的方法。在实验过程中，研究者通过引入、控制或操作某个变量，同时观察另一个变量所发生的变化，以此来探讨不同现象之间的因果关系。实验研究方式的本质特征在于对研究的控制。

(3)文献研究

文献研究是一种与其他几种方式在策略、思路、材料等方面都风格迥异的研究方式。这种方式的最大特征是不接触研究对象,它主要利用第二手资料进行研究,因而具有很明显的间接性、无干扰性和无反应性。这种方式既可以单独使用,也可以与其他研究方式配合使用。

(4)实地研究

所谓实地研究,是指研究者深入到研究对象的生活或工作环境之中,通过与他们的密切接触而理解他们的语言和行为,并通过观察、深入访谈等方法而获得第一手的研究资料。实地研究方式最大的优点就是能够获得比较复杂和深入的研究资料。实地研究的目标更多的是构建理论,而不是去检验理论。

每种研究方式都有其特点,研究者可以根据研究的目的、内容和条件而选择一定的研究方式。在有些研究项目中可以选择一种研究方式,或者以一种研究方式为主,而在另外一些研究项目中,尤其是在一些比较大型的研究项目中常常同时采用两种或两种以上的研究方式。

2. 选择资料收集方案

在确定了研究方式以后,就要选择资料收集方案。资料收集方案是指收集资料的内容和各种收集资料具体方法的总和。收集资料的具体方法包括各种抽样方法、问卷调查方法、访谈法、观察法、实验技术、文献选择及文献收集技术等。资料收集方法有不同的形式,每一种具体的资料收集方法都有其特定的优点和不足,它们分别适用于各种不同的条件和场合。研究者的任务就是要根据自己所从事的研究课题的具体情况,从中进行选择,以达到最好的研究效果。

3. 设计资料分析方案

在选择了资料分析方法以后,应该根据收集资料的方法来设计资料分析方案。

资料分析方案包括资料分析的内容、方法及技术。资料分析的内容是指在收集到的资料中需要进行各种分析的内容。在现实的社会研究中,资料收集的内容范围往往大于资料分析的内容范围。资料分析的方法和技术首先根据资料的类别、定量资料和定性资料有不同的分析方法,文献资料和调查资料也有不同的分析方法。对于同样的调查资料也可以采用不同的分析方法和技术。此外,资料分析方案的设计可以在资料收集工作之前也可以在资料收集工作之后进行。无论选取何种方法分析收集到的资料,最终都是尽可能将其转化为可用的信息。典型的问卷调查资料的处理包括将书写的答案分类和编码。

思考题

1. 社会研究确定研究题目的方式有哪些?
2. 简述选题的意义与标准。
3. 简述题目的来源及选题方式。
4. 简述选题的一般过程。
5. 研究设计的主要内容是什么?
6. 社会研究设计者研究方式的确定有哪些?

第四章　理论建构与理论检验

社会研究的目的在于增加人们对社会世界的认识和理解，这种认识和理解的基础是对现象的准确描述，而对现象发生的原因的正确解释则是这种认识和理解的关键所在。为了理解与解释，我们需要理论。因此，社会理论是社会研究进行的基础，发展社会理论是社会研究的重要目标之一。在理论性的社会研究中，研究者的注意力主要集中在如何通过研究去提出一个新的理论或修改一个有缺陷的理论上。而社会理论归根结底来自于人们对于社会现象的经验观察。“实践是检验真理的唯一标准”，因此，理论往往也是从实践中归纳总结出来的。但是，由于人们只能观察到有限的社会现象，因而无法通过简单的归纳而得到普遍性的理论命题。因此，在社会研究中，研究者设计了理论建构和理论检验的方法，以便从有限的经验观察中得到普遍性的理论命题。本章主要介绍社会研究中的理论构建和理论检验方法。

第一节　社会理论概述

社会理论是社会研究进行的基础，了解社会现象，需要理论。因此，在学习构建社会理论之前，我们首先必须要了解什么是理论？它都有什么特点？理论的层次是什么？理论在社会研究和社会实践中的意义以及基本形式等方面的内容。

一、什么是理论

1. 理论的含义

理论是一个有着广泛含义的概念。在不同的场合、不同的背景、不同的学科中，理论的概念具有十分不同的内涵。在社会研究中，“理论”的含义也与在其他场合出现的理论有所不同。因而，有必要对“理论”的含义略做说明，以便于我们更好地理解理论，更好地将理论与社会研究联系起来。

先看看两种对理论的定义。我国《现代汉语词典》中“理论”一词的定义是：“人们由实践概括出来的关于自然界和社会的知识的有系统的结论。"美国《哈珀柯林斯社会学词典》中的定义是:"由逻辑的或数学的陈述所连接的一组假设命题,它对经验现实的某一领域或某一类现象提出解释。在不太严格的意义上,有关现实某一领域的任何抽象的、一般性的陈述都可称为理论,它通常包括对一般性概念的详细阐述。"

在社会研究中,为了更好地理解,我们还可以这样定义"理论":它是科学文献和社会生活中经常使用的一个概念。社会理论是人对客观社会现实的反映。从其内容上看,社会理论是人们对客观社会现实的实质和规律的认识;从形式上看,社会理论是人们在社会实践中认识和反映客观现实的一种方式,是以一种系统化的方式将经验世界中某些被挑选的方面概念化并组织起来的一组内在相关的命题,是对现实世界各种现象的抽象概括。

总之,概括起来,理论具有以下一些特点:

①理论来源于经验的实践;

②理论是一种抽象的、系统的认识,能够反映一类社会现象的共同特点;

③理论的目标是对经验现实作出解释。

2. 理论抽象与理论概括

所谓"理论抽象",是指研究者在一次研究中抓住社会现象的一种特征,并且在考虑这一特征时暂时忽略其他特征。所谓"理论概括",是指在思维中按照抽象出来的特征对社会现象进行的归类表述。研究者之所以要进行理论抽象和理论概括,主要是因为其研究目的是为了在杂乱的社会现象中寻找带有普遍性的规律,并且要透过社会事件的表面现象而看到事物的实质。通过理论的抽象和概括以后,原来杂乱的社会现象在研究者的思维和语言里就变得有序了,而这种有序的思维和语言就是"理论"。因此,所谓"社会理论",就是社会研究者通过高度的抽象概括而对社会现象的规律和实质作出的反映。

3. 社会理论的社会功能

从社会研究的角度看,理论之所以重要,主要是因为可以用它去解释和预测各种社会现象。一旦建立了某种理论以后,研究者就会用它去解释和预测现实社会中的各种现象。研究者一般相信,只要理论是按科学的方法建造起来的,它就具有普遍的适用性,不仅可以解释此时此地的社会现象,而且可以解释和预测彼时彼地的社会现象。此外,从社会实践的角度看,由于社会理论具有解释和预测的功能,它常常被用于指导人们的各种社会实践。

二、理论的层次

理论是一个具有不同层次的命题体系。有的理论十分抽象、具有很强的一般性；有的理论又相对具体、具有较强的特殊性。在社会研究中，研究者通常将理论划分为三个层次，即宏观理论、中观理论（中层理论）和微观理论。

1. 宏观理论

宏观理论即一般性理论，往往以全部社会现象或各种社会行为为对象，提供一种高度概括的解释框架。它的体系通常十分庞大，结构十分复杂，概念十分抽象，因此，宏观理论有时也被称为“巨型理论”。比如马克思主义理论、邓小平理论、进化论、结构功能主义理论、交换理论、冲突理论等。通常这种宏观理论并不直接与具体的、经验的社会研究发生关系，它们更多的是作为研究者观察问题、分析问题时所采取的一种理论视角或背景。

2. 中观理论

中观理论是以某一方面的社会现象或某一类型的社会行为为对象，提供一种相对具体的分析框架。它由有限的几组假定所组成，通过逻辑推导可以从这些假定中产生能接受经验研究证实或伪证的具体假设。它一般只涉及有限的社会现象。比如社会学中常见的社会流动理论、社会分层理论、角色理论、参照群体理论等，都是这种中观理论的例子。

3. 微观理论

微观理论是由一组陈述若干概念之间的关系、并在逻辑上相互联系的命题，其中一些命题可以经过经验检验。这种理论具有以下三个重要特征：

①它是由一组命题组成的；

②这些命题在逻辑上是相互联系的；

③这些命题中的一部分是可以通过经验来检验的。

在具体的社会研究中，大多数理论都是属于这种形式的理论。一个陈述两个变量之间关系的命题就是一个理论。比如，城市化导致人际关系疏远、酒驾会造成交通事故。

需要强调的是，研究者在一些具体研究中往往只能掌握数量非常有限的变量。因此，他们在社会研究中所涉及的，通常并不是上述宏观意义上的理论，而是那种相对简单、具体、小型的理论，以及那些中观层次的理论。

三、判断理论优劣的标准

对于同一现象,我们可以有多种不同的解释。有时,这并不意味着这些理论中有真有假,而只是说明这些理论对于某些具体现象的解释有的相对来说好一些,有的相对来说差一些。一般来说,在其他的条件相同的情况下,判断理论优劣的标准有三条:

①解释范围越广泛的理论越是好的理论;

②解释越精确的理论越是好的理论;

③结构越简单的理论越是好的理论。

这三条标准决定了理论的解释力。第一条标准反映的是理论的影响面或概括范围。当一种理论的解释范围越大,说明它对多种不同的社会现象都具有解释能力,即它可以用来解释不同时间、地点的现象,我们也可以从中导出预测,并在不同的环境中进行检验。这种理论无疑比那种仅仅只对某一具体的现象有解释力的理论作用更大,因而其应用范围更广。第二条标准反映的是理论的效果或精确程度。如果对于同一种社会现象同时适用于多个理论,那么,其中对社会的解释和说明最为精确的那种理论具有更大的解释力。这种理论的逻辑性强,概念确切,具有内在一致性;精确性越高的理论,对社会现象的解释和说明更为令人信服。第三条标准反映的是理论的效率,就像前面所说的,理论的复杂程度、抽象程度各不相同。对于同样的社会现象,哪种理论所用的解释变量最少,所附加的条件最少,理论本身的结构最简单,那么这种理论就最好。

需要强调的是,由于这三条标准所强调的侧重点不同,因此,在实际的研究中对几种不同的理论进行比较时,有可能出现不同理论在不同标准上优劣不同的情况。比如,可能一种理论在解释范围方面占据优势,但是其精确性不够;另一种理论则正好相反,或者是某种理论解释的精确程度很高,解释的范围也很广,但结构却十分复杂。因此,我们在进行社会研究时,应该保留这些理论,直到我们找到某一些在所有方面都优于其他理论的理论。

四、理论在社会研究中的意义

社会理论在社会研究中具有重要的意义,其意义主要表现在以下几个方面:

1. 社会理论是社会研究课题的重要来源之一

社会研究课题往往有两个方面的来源:一是来自于社会实践,二是来自理论的发展。

在理论发展过程中提出的理论问题是许多社会研究课题的重要来源。

2. 社会理论是社会研究的主要目的之一

许多社会研究课题不仅来源于理论发展，而且其研究的目的也是为了修改、加深和完善理论体系，进而促进理论的发展。

3. 理论可以为社会研究提供指导

在社会研究过程中始终需要一定的理论来提供指导：一方面，理论可以引导研究的方向，也可以指导社会研究中收集资料的方向；另一方面，理论可以为社会研究提供一定的概念和分析框架。

4. 社会理论可以为分析资料提供解释

在对定量研究资料的分析中研究者可以得到各个变量之间的相关关系，而这些相关关系是否代表着现实世界中社会事物之间的因果关系，则需要通过理论分析加以解释。在定性研究中，研究者所获得的资料也往往是少数个案的情况，而这些少数个案的资料能否代表普遍的情况，也需要通过理论性的分析加以确认。

第二节　理论的构成要素及基本形式

科学家的任务是从经验的观察中得出理论上的解释。了解理论的构成要素，有利于研究者在实际的研究中运用理论和建构理论。不管各种理论在具体含义和层次上如何不同，它们都是由一些基本的要素构成的。这些基本要素包括概念、变量、命题和假设。

一、理论的构成要素

1. 概念

(1) 概念的含义

概念是对现象的一种抽象，它是一类事物的属性在人们主观上的反映，是人们在思维和表达中对客观事物与现象本质特征的反映。在社会研究中会大量使用概念来概括和表达同类社会现象。比如，“桌子”是一个很简单的概念。当说到桌子时，不同的人头脑中会出现不同特征的“桌子”：材质有木头的、塑料的、铁的；形状有方形的，也有的是圆形的；颜色有红的、黄的、黑的等。尽管这些桌子不完全一样，但是它们却具有某些共同的特征：由若干条腿支撑着一个供人放东西的平面。这一共同特征可以说是"桌子"这一概念的内涵。概念在形式上常常是用字、词或词组来表示,因而有的学者把概念定义为"表达某种思想的文字或符号"。

概念是由定义构成。这种定义通常以语言的,有时也可以以数字或者符号的形式来指明或限定概念所指称的对象。只有在作出定义后,概念才有意义。研究者正是根据概念的定义来理解和想象该概念所指示的现象的。概念既可以用来表示社会生活中各种有形事物或现象,比如电脑、手表、书等;还可以表示社会生活中许多不能直接观察的事物或现象,比如歧视、同情心等。现实世界中不同事物和现象的类型不同、结构不同、复杂程度不同,所以概念的抽象程度也有高和低。比如,歧视、同情心、社会地位这样的概念,其抽象层次就比苹果、电脑、书这类概念的抽象层次高。而概念的抽象层次越高,就越难以进行直接的观察和描述。这是因为概念的抽象层次越高,其涵盖面就越大,特征也就越含糊。相反,一个概念的抽象层次越低,其涵盖面也就越小,特征也越明确。

(2)概念的功能

概念在科学中的功能是提供一种观察或勾画那些无法直接观察到的事物的方式。概念的抽象性对于理论有着重要的作用。从牛顿发现重力的事例中,我们可以看到这一点。许多世纪以来,人们经常看到苹果从树上掉下来,但却不能真正理解这一现象发生的原因。直到抽象的"重力"概念的发现,人们才找到答案。同时,它还使许多类似的现象在重力概念的范围内得到了说明。另一方面,概念的发展为研究者提供了一种思想的网络,它将各种单个的研究成果相互连接,并且使得不同时期的经验得以组织和再组织。正是这种由概念所形成的思想网络,指引着各个领域的具体研究。

概念作用的大小主要取决于以下三个方面的考虑:

①概念所指的现象至少是潜在可观察的。这并不是说有用的概念必须指称那些可以直接观察的事物,社会科学中一些十分有用的概念所指称的都是我们所不能直接观察的事物。潜在可观察的含义是指可以被直接或间接观察到。

②有用的概念必须是精确的。它们必须是指称现象的一组且仅一组性质。当我们运用一个概念来描述一个对象时,我们必须能够确切地知道我们所谈的是什么。

③有用的概念是具有理论重要性的概念。所谓具有理论重要性,指的是它与理论中的其他一些概念相互联系,并且在解释现象上扮演着最基础的角色。

(3)概念的应用

一门科学发展的重要标志之一，是这一科学共同体中的成员相互之间具有某种共同的语言，即具有作为交流媒介的科学概念和术语。在自然科学中，这一特征尤其明显。比如物理学中的“密度”概念，被明确地定义为“物体的质量与其体积的比率”；“速度”的概念则被明确地定义为“物体在某个特定方向上移动的距离与所用的时间的比率”。并且，这一类概念常常可以用数学公式表示。如：

$$\rho(\text{密度}) = M(\text{质量})/V(\text{体积})$$

$$V(\text{速度}) = S(\text{距离})/t(\text{时间})$$

这种用数学公式来表示科学概念的能力，意味着研究者在科学研究中所用语言的含糊性将减少到最低限度。而在社会研究中，往往不存在自然科学中那样精确的概念，因此，社会研究往往比自然科学研究更为复杂。因此，在实际的研究中很难避免这样一种现象：同一个概念对于不同的研究者来说，其含义不太一样。或者说，同一概念在不同的研究者那里所指称的现象不同。所以，在社会研究中，研究者必须对他所使用的概念加以明确界定，如何恰当地运用概念，或者如何合理地形成概念，是体现一项经验研究所具有的理论色彩和理论深度的关键一环。各种具体的现象、事实和材料也许是人们司空见惯的，但是，一旦我们从这些现象、事实和材料中抽象出、提炼出某种概念，即将他们冠以某种新的“概念标签”，这些现象、事实和材料也许就十分珍贵、大有价值，且令人耳目一新。在实际研究中，这种提炼的工作有两种基本的方式：一是从理论文献中借用概念，二是从经验材料中抽出概念。

2. 变量

(1)变量的含义

社会研究的目的是要把握各种社会现象在现实社会中发生的程度和原因，因此，研究者不仅需要理解各种概念在社会研究中的真实含义，还要把握它们在现实中表现的程度。也就是说，概念不仅有质的含义，也有量的含义。所谓变量，就是具有一个以上不同取值（不同的子范畴、不同的属性，或不同的亚概念）的概念。而那些只有一个固定不变的取值的概念，则叫作常量。根据这一定义，“性别”就是一个包括工人、干部、教师、医生等多个取值的变量；“文化程度”是一个包括文盲、小学、初中、高中、大专以上五个取值的变量；“收入”则是一个包括从零到几千元或者是上万元不断变化的各种取值的变量。

(2)变量的分类

根据变量取值的性质不同,我们可以把变量分为类别变量、顺序变量、间距变量和比率变量四种类型。

根据变量之间的关系,我们又可以把变量分为自变量、因变量以及中介变量。我们把那种引起其他变量变化的变量叫作“自变量”,并用 x 来表示;把那种由于其他变量的变化而导致自身变化的变量叫做“因变量”,并用 y 来表示。而用“→”表示“引起”或“导致”。当一个变量影响另一个变量,或者说一个变量的变化“引起”或“导致”另一个变量变化时,就形成了某种因果关系。用符号来表示即是:$x \rightarrow y$。比如,“酒后驾车会造成交通事故”“砍伐森林会造成水土流失”,这些说法都是用一种因果关系把两个变量联系起来。在实际研究中,自变量是实验者主动操纵其变动的变量,即实验刺激;因变量则是受实验刺激影响而变动的变量。在调查研究中,自变量多为属性变量,比如性别、年龄、民族等;而因变量多为行为或态度变量。

在实际社会研究中,我们绝不能忽略这种情况的发生,即同一个变量在不同的关系中既可能是自变量也可能是因变量。比如,在“砍伐森林会造成水土流失”这一变量中,“砍伐森林”是“水土流失”的自变量;但在“对纸张的大量需求会造成砍伐森林”这一关系中,“砍伐森林”又成为因变量了。究竟一个变量是作为自变量还是作为因变量,或者作为中介变量,要根据研究的理论框架和理论分析来决定。

一项基本的因果关系只需要一个自变量和一个因变量。中介变量则是出现在更为复杂一些的因果关系链中的第三个变量。它在自变量与因变量的联系中处于二者之间的位置,标明自变量影响因变量的一种方式或途径。一项基本的因果关系如图 4 – 1 所示。

图 4 – 1　一项基本的因果关系示意图

在同一个因果关系中,中介变量既可以是相对于自变量来说的因变量,又可以是相对于因变量来说的自变量。原来两个变量之间的因果关系是通过中介变量而相连接的。比如,迪尔克姆在研究自杀现象时,提出了一种理论来说明“婚姻状况”与“自杀率”之间的关系。他发现了结了婚的人比那些单身的人较少自杀。他认为,这主要是因为结了婚的人具有更高的社会整合程度,即具有某种群体或家庭的归属感。而有一类自杀现象的主要原因则是人们缺乏这种归属感。因此,他的理论就与三个变量有关:婚姻状况、社会整合程度、自杀率。其中,婚姻状况是自变量,自杀率是因变量,而社会整合程度则是中介变量。因此,婚姻状况是通过社会整合程度影响到自杀率的。这种对因果链的说明使得理论中的变量联系更为清楚,同时也能帮助研究者去检验复杂的解释。因果链如图 4 –2 所示。

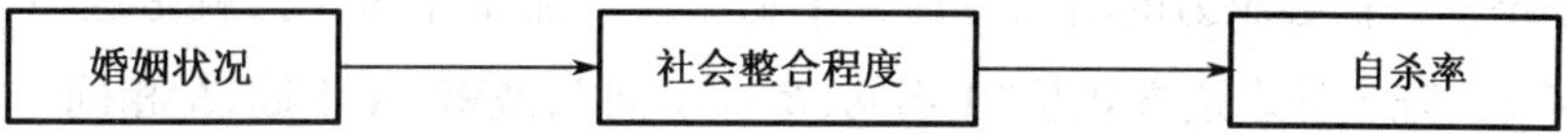

图 4 –2　因果链示意图

对于中介变量的理解,还有一种更进一步的看法。这种看法把中介变量定义成与"可观察变量"相对应的一种"不能经由人类的感官(无论借助仪器与否)而觉知其质和量的变量"。比如动机、压力、偏见、态度等。环境及生理因素影响中介变量,而中介变量又影响行为。中介变量既是环境和生理因素的结果,又是行为的原因。比如,可以从学习成绩来推断学习态度或学习动机,从攻击行为来测量敌意的强弱等。因此,我们可以将这种意义上的中介变量看作中介变量的一种特定类型,或者说,许多中介变量具有这种"无法直接观察"的特征。

(3)变量的相关关系

所谓"相关关系"是指两个或多个变量在多个测量对象上的测量结果发生有规律的共同变化的关系,即当一个变量的测量结果不断上升时,另一个变量的测量结果也较多地随之而上升(或下降)。例如,当我们对一群人的受教育程度和收入水平进行测量时,如果受教育程度低的人收入也普遍较低,而受教育程度高的人收入也普遍较高,那么就是说在对一群人的测量中,这两个变量之间具有相关关系。

(4)假设

假设是运用思维、想象,对所研究的事物的本质或规律的初步设想或推测,是对研究的课题提出的可能的答案或尝试性理解,或者说是一种可以用经验事实检验的命题。假设和变量一样,也是命题的一种特殊形式。这种特殊性体现在两个方面:一是命题中的基本元素是抽象的概念,而假设中的基本元素则是相对具体的变量;二是假设中的变量关系应该是经验可测的,即可以通过经验的观察进行检验的。

在进行社会研究中,研究者更多的是与假设而不是与命题打交道。因此,可以说假设是抽象的理论和经验的研究之间重要的结合部。在大量的社会研究中,研究者常常需要提出和检验假设,以便探讨两个或多个变量之间的关系。一般而言,假设具有三种陈述方式,即条件式陈述、差异式陈述和函数式陈述。

条件式陈述的表达方式是“如果 A,则 B”。例如,“大部分的农村 60 岁以上的老人不愿意在养老院养老”“社会压力的增加与青少年犯罪的增加相伴随”等,就是这种条件式假设的例子。差异式陈述的表达方式是“A 不同,B 也不同”,或者“A 不同,B 相同”。例如,“学历层次不同的人,生活方式也不同,”或者“学历层次不同的人,生活方式上没有差别。”函数式陈述的表达方式是“A 是 B 的函数:$A=f(B)$”。这种形式的假设实际上是在陈述变量 A 与变量 B 之间存在的某种关系,在社会研究中,这种形式相对应的假设通常是“本研究的目的在于探讨 A 与 B 之间的关系”。

实际研究中的假设通常来源于下述几个方面,即常识、个人预感或猜测、现有调查资料、现有理论。常识来自于人们对现实生活现象的经验总结,它经常直接涉及两种或多种不同现象之间的关系。当研究者关注于此,且能从中抽出具有一定理论意义的变量时,就可以形成研究的假设。个人的情感或猜测也可能产生研究的假设。而在社会研究中,现有调查资料和现有理论更经常地成为假设的重要来源,因为调查资料通常来自于科学的和系统的经验研究,它所提供的信息比起常识和个人经历往往更为全面、更为系统,其变量定义更为明确,发现和建立变量之间关系更为容易。理论本身包含着众多抽象的命题,只要经过合适的逻辑演绎,经过恰当的操作化,这些来自理论的命题都可以转化为探讨变量之间关系的经验假设。

二、理论的基本形式

1. 理论命题

社会理论的目的一是要描述各种社会现象存在和表现的程度,二是要解释各种社会现象之间以及多种社会现象之间的关系,三是要在描述和解释的基础上对未来和未知的领域作出预测。所有这些理论都必须用科学的理论命题来反映。

所谓理论命题,是指研究者用来说明各个概念(变量)存在及表现的程度,以及各个概念(变量)之间的关系和发展趋势的科学语句。例如,“近年来青少年犯罪率不断提高”“农村平均收入水平明显低于城市”“受教育程度和收入水平之间存在正相关”等，都是社会研究中理论命题的形式。

根据各种命题所表述的理论类型的不同，可以将其分为简单描述性命题、比较性命题、解释性命题和预测性命题。这些命题之间的差异，一方面反映出社会研究层次的不同；另一方面也表明它们所包含的概念和反映的社会现象之间的关系不同。四种命题之间的差异见表 4 – 1。

表 4 – 1　四种命题之间的差异

命题类型	所包含的概念或反映的现象	概念之间的关系	研究层次
简单描述性命题	单一概念或单一现象		描述性研究
比较性命题	多个概念或多个现象	平行比较	比较性研究
解释性命题	多个概念或多个现象	因果关系	解释性研究
预测性命题	多个概念或多个现象	预测关系	预测性研究

2. 理论模型

当研究所涉及的要素和关系较多时，所需要的理论与假设就会变得很复杂。为了将理论表达得更清楚，社会研究与其他科学研究一样，也普遍地采用各种理论模型来概括较为复杂的社会现象及其各种影响因素，进而能够将社会现象中各种复杂因素之间的关系尽可能真实地反映出来。

所谓“理论模型”，是指人们在抽象思维的领域中对外部客观现实的各种要素特征及其关系的再现。在社会科学研究中，建立理论模型的思路来自于工程设计中构筑模型的做法。通过工程模型可以将各个重点部分的结构和关系表现出来，从而便于设计和施工。而社会研究中理论模型的原型是客观的社会现象。通过建立模型，研究者可以将多个理论命题有机地整合到一个模型中，从而较全面、清楚和直观地把握与表达所要研究的社会现象中的多因素复杂关系。理论模型有多种表达方式，其中常用的有变量结构图示法、坐标图示法和公式法。

(1)变量结构图示法

变量结构图示法是首先找出所要研究问题中涉及的各种概念或变量，并用文字或其他符号来表达它们，然后按照它们之间可能的关系将各个变量区分为自变量、因变量和中介变量，最后按照它们之间的关系结构将各个概念或变量排列起来，从而形成理论模型图。这种理论模型的变量结构图示如图 4－3 所示。

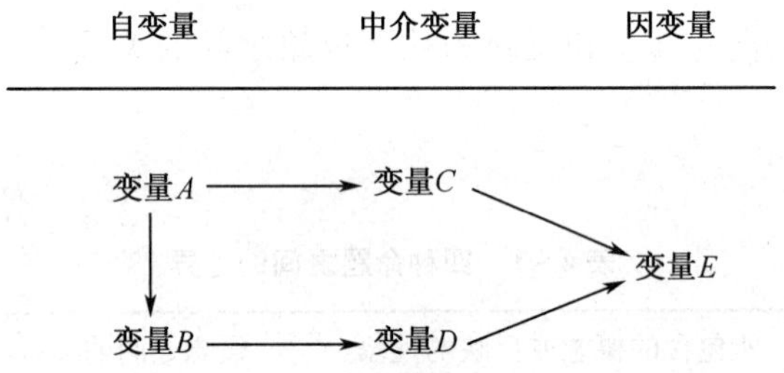

图 4－3　理论模型的变量结构图示

理论模型变量结构图示法的优点：首先，它可以包含许多变量，当涉及的变量较多时，常采用这种表达方式；其次，这种表达方式能够较清楚地表示出各个变量之间复杂的因果和影响关系。这种表达方式的主要缺点在于，它难以表示出各个变量之间的非线性关系。

（2）坐标图示法

坐标图示法是用坐标图的方式表述各个变量之间的关系。坐标法的最大优点是，它能够表示出变量之间的非线性关系以及变量随时间的变化情况。但它只能包含少数几个变量，而无法表述众多变量之间的复杂关系。因此，当所涉及的变量较少，变量之间具有非线性关系或随时间变化的特征时，常采用这种表述方式。

（3）公式法

公式法是用数学公式的方式来表达各个变量之间的关系，从而形成理论模型。公式法的基本形式为

$$Y = f(X)$$

式中　X——自变量；

　　　Y——因变量。

公式法的主要优点是，它可以较精确地反映各个变量之间的数量关系，从而有助于精确的定量分析。它的缺点是，往往只能包含少量的变量。因为在实际研究中难以将众多变量之间精确的数量关系表示清楚，同时变量太多也会影响一个数量模型的可计算性。

第三节　理论建构与理论检验

在理论性研究中,研究者的任务不仅仅是去收集各种资料,其最终目的是要得到理论性的结论,因此,如何从经验材料中得到理论命题是整个研究工作的主线。社会研究的过程是一种包含观察、解释、进一步的观察、对解释的进一步修正……不断循环往复的过程。从理论建构到理论检验,是研究过程中不可缺少的十分重要的一个环节。

理论建构过程是以观察为起点,然后通过归纳推理,得出解释这些观察的理论。而理论的过程则是以理论作为起点,通过演绎推理,作出预言或预测,并通过对实际事物的观察来检验预言的正确性。如果观察与现实不符,那么不是我们的理论不对,就是我们的预言没有合乎逻辑地从理论中导出。

一、社会研究的科学逻辑

1. 归纳与演绎

与自然科学一样,现代社会科学也是建立在经验归纳基础上的。所谓"经验归纳",是指人们通过对特定自然现象或社会现象进行大量经验观察的资料累积中总结出关于该现象的普遍性命题。在日常生活和社会实践中,人们自发地运用着归纳原则去认识自然和社会现象。例如,人们从每天观察到太阳东升西落的现象中总结出"太阳每天从东方升起,从西方落下"的普遍性命题。在社会研究的过程中,也强调对社会的认识应该建立在对社会事实进行经验归纳的基础上,即通过大量具体个案的经验观察并进行归纳得出对社会现象的普遍性概括。在社会研究中遵循归纳原则的最大的好处是保证研究结论能够为建立普遍性的命题打下基础,但是在现实的研究过程中,研究者常常无法观察到某一自然现象或社会现象的所有情况。例如,在一项"学历对个人收入水平的影响"为题的研究中,如果采用归纳法的话,应该首先收集所有不同学历层次的人和他们的收入水平的经验资料,然后对其加以归纳。但事实上,在社会研究的过程中很难做到这一点。因此,仅靠归纳法来得出对某一社会现象的普遍性概括是具有缺陷的。

演绎推理是指从一般性的前提出发,通过推导即"演绎",得出具体陈述或个别结论的过程。换句话说,演绎推理就是按照人们的思维逻辑从一个(或多个)命题推导出另一个新的命题。例如,我们可以从“所有的人都要经历生老病死”和“小明是人”这两个真实的命题来推导出“小明也会经历生老病死”的新命题。在演绎推理的过程中,新命题的真实性(即是否符合客观事实)是由原有命题真实性来保证的。在社会研究中,演绎推理主要应用两个过程中:其一是在对一个比较抽象的理论命题中进行检验之前,需要从这个抽象命题推演出一个或多个能够在经验中加以检验的命题;其二是将经过检验为真的普遍性理论推演到具体的事例上,以致使社会研究的结论能够指导具体工作。然而,演绎法并不能保证一个命题的真实性,也不能检验一个命题的真实性程度。因此,在社会研究中要同时采用归纳法和演绎法。通过归纳法去检验命题的真实性,而通过演绎法去提供对普遍性命题进行经验检验的条件,并且将经过检验的命题扩展到更广泛和具体的应用领域。关于归纳法和演绎法,如图 4-4 所示。

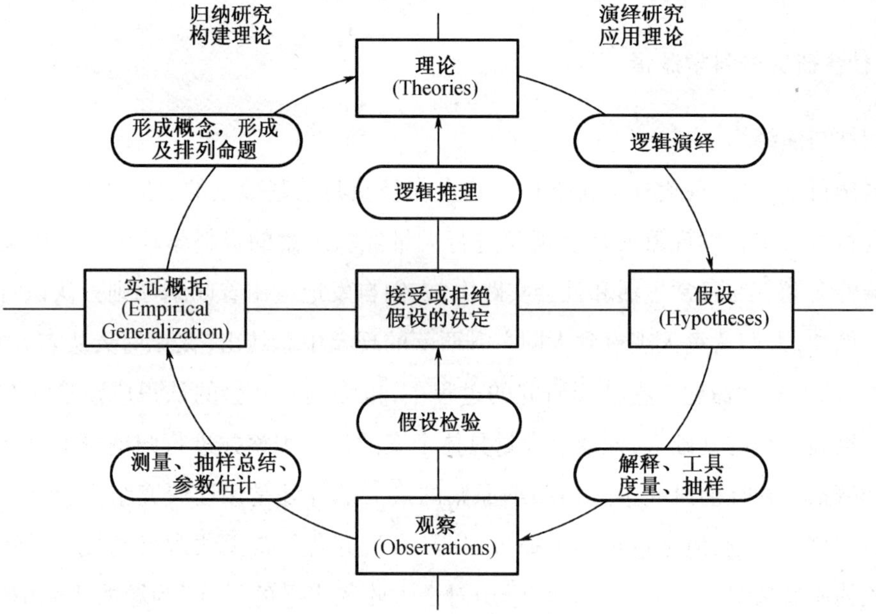

图 4-4　归纳法和演绎法示意图

2. 假设 – 检验原则

我们所研究的社会现象常常是很复杂的，因此，一般很难做到通过对研究对象进行直接的经验归纳而得出普遍性的结论。例如，在一项研究“消费差别”的社会项目中，由于可能有相当多的因素影响着人们的消费差别，如果研究者要采用直接的经验归纳的话，就必须对大量的变量进行经验调查，这将使一个项目耗费相当大的人力、财力和时间，而这在现实的社会调查中常常是做不到的。

因此，现代社会研究一般采用假设 – 检验方法。所谓假设 – 检验方法，是指研究者先经过有限的前期调查研究而提出关于所研究问题的理论假设，然后，通过收集相关的经验资料去验证这一理论假设，从而得到关于这一问题的理论解释。这里所讲的“理论假设”是指一种有待于经验验证的理论雏形。其形式和内容上都已经是一个理论命题或多个理论命题的复杂的理论模型，但是其真实性的程度尚待通过足够的经验调查资料去检验。

理论假设之后，研究者将围绕着它去收集有关的经验资料，并通过经验资料去验证它的真实性。对理论假设的检验，可以用证实和证伪两种研究逻辑。证实的逻辑是通过收集正面的资料去证明一个理论假设为实，从而接受该假设的命题或命题组。只有在经验调查中收集到了足够多的正面资料，才可以证明该假设为真，才能将该假设上升为正式的理论。证伪的逻辑是通过证明一个理论假设为假的过程去验证该假设。只有在经验调查中发现了足够多的负面资料，即与一个理论假设不相符合的资料，才能证明该假设命题是不真实的，从而否定这一假设命题，否则该理论假设就会被接纳为真实性命题。在现实的社会研究过程中比较多地采用证实的逻辑。例如，在消费差别的研究中，研究者提出了“人们的收入水平对消费水平有正向的影响”的理论假设，采用证实的逻辑，研究者将根据在实际调查资料中是否有足够大比例的人符合这种情况，从而决定能否证实这一理论假设。

3. 统计性原则

所谓“统计性原则”，是指在社会研究中要发现社会运行的统计性规律。所谓“统计性规律”，是指某类社会现象发生和发展变化的概率度。因为社会现象的发生、发展变化以及它们之间的因果关系都是具有一定概率性的，因此，社会规律常常是一种统计性的规律。因此，社会研究是要把握某种社会现象在特定条件下发生、发展的概率度，以及各种社会现象之间相互影响的程度。

4. 抽样－推论原则

社会研究中的抽样－推论原则，是指在社会研究中要通过部分成员的调查结果去推论总体的情况。社会研究的目标是要把握某种社会现象的发生和发展的普遍性规律，然而在实际的社会研究中，由于种种条件的限制，我们无法或不必将某类群体的总体都加以调查，而往往只能或只需要调查其中的部分成员，然后用被调查的部分成员的情况去推论出总体的情况。例如，我们要研究某高校的毕业生论文质量是否达标，由于条件的限制，我们不能对每一个毕业生的论文都进行审查，而只能从中随机抽取部分毕业生的论文加以审查，然后用这些毕业生的审查结果去推论该高校所有毕业生的论文质量情况。在社会研究中，之所以用个案的情况去推论总体，其依据在于个体与总体之间存在着一定的统计性关系。必须强调的是，个体（样本）与总体情况相一致的概率主要受三个因素影响，即总体的同质性程度、抽样的随机性程度以及样本量。当总体的同质性较高时，研究者只需要随意地选取少数个案加以调查；当总体同质性较低时，则需要采用科学的抽样方法抽取调查样本，也可以使样本情况与总体相一致的概率较高。

二、理论建构

1. 理论建构的含义

社会理论来源于社会实践，是通过对人们实践中的经验概括进行理论性加工形成的。也就是说，在理论形成的过程中要经历一个从经验观察到经验概括，再从经验概括上升到理论的过程，但是从经验概括到理论却需要通过专门的理论建构程序来实现。所谓理论建构，就是指研究者根据经验观察和经验概括而建构理论假设的过程。

2. 理论建构的过程

（1）从经验观察到经验概括

理论建构起始于对经验现象的观察。这种观察既可以是定量的，也可以是定性的。比如采用调查研究方法，收集大量的资料，然后通过描述统计，概括出样本的特征和规律，并以此推断总体的结构和特征。这就是定量观察的一个例子。而其对观察结果的概括通常是以“调查结果表明，大部分农村60岁以上的老人，不愿意生活在养老院”这样的形式来表述。同时，研究者也可以采取定性研究的方法，逐步地、具体地、深入地进行观察，并运用分类、综合等手段，抽取出现象的内涵，形成对各个具体现象的具体描述。比如，他可以采用实地研究的方法，深入到某个研究地点，与当地居民交谈，详细记录他所得到的答案和访问对象的各种特征。然后，通过对访问资料的综合、比较、归纳和分析，他也可以概括出60岁以上的老人们是否愿意居住在养老院及其与之相关的各种因素。无论是定性还是定量，研究者都要完成从具体的观察结果到对现象的经验概括这一提升过程。

所谓经验概括，指的是从事实出发，以对个别事物的观察陈述作为基础，从而上升为普遍性的认识，即由个体特征的认识上升为对个体所属的种的特性的认识。它是对现象反复出现的规律或特征的总结，或者是对变量之间反复出现的某种相互关系的一种说明，是对一种由经验数据证实了的变量特征或者变量间关系的一般性阐述。它适用于所研究的整个一类变量，而不是其中的某一种具体情况，而且它所阐述的是整个一类变量的或然性而非必然性。比如，“城市化水平高，会影响人的人际关系”就是经验概括的一个例子，它是我们通过观察一个个具体的对象所得到的一种综合印象。它表明，在“城市化水平”和“人际关系”这两个变量之间存在着某种关系，但是，它并不能代表这种现象和这两种变量之间的必然关系。

(2)从经验概括到理论

在实际的研究中，理论建构的第一阶段目标(从经验观察到经验概括)相对比较容易达到。然而，要真正建构起某种社会理论，还必须完成从经验概括到理论解释的第二次飞跃。应该说，这是较之于第一阶段归纳工作更为困难但意义更大的一步。

在我们将大量的、个别的、具体的现象上升为一般性的经验概括时，我们已经舍弃了存在于每个特定个案身上的特殊性，而集中了它们身上所存在的共性特征。正是这种特征向我们展示了现象的某种规律。比如，当我们从几十个、上百个访问对象身上概括出“城市化水平越高，人们的人际关系越疏远”这样的经验概括时，或者当我们通过一项大规模抽样调查，得出“大部分农村60岁以上的老人不愿意在养老院养老”这样的经验概括时，我们对现象的认识已经有了很大的提高。但是，它仍然没有向我们揭露出为什么人们的人际关系会随着城市化水平的提高而疏远。

因此,要进一步提高人们对现象的认识,需要对我们所观察的现象寻找一种似乎有理的解释。当我们试图对某种事物或现象提出一种解释时,我们就是在发展理论。我们思考"城市化水平"与"人际关系疏远"相互关系的内涵,从而进一步从经验概括中抽象出来某种具有内在逻辑结构的概念间关系,形成我们对这一现象及其背景的更为一般性的命题。这样,我们又一次地深入发掘了我们在第一阶段大量具体观察中所得到的资料的意义,初步建立了解释和说明这一现象的理论。理论建构的方式,如图 4 –5 所示。

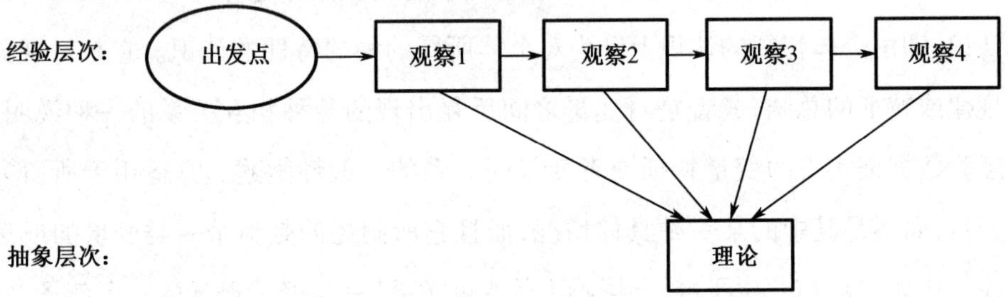

图 4 –5 理论建构方式图

三、理论检验

1. 理论检验的含义

在形成了理论假设以后,就可以进入理论检验的阶段。所谓理论检验,是指研究者通过收集和分析经验资料去论证社会研究中提出的理论假设是否符合社会实际情况。符合社会实际情况的理论假设就会被接受为真实性命题。经过理论验证假设就可以上升为理论。

2. 理论检验的过程

1. 竞争解释和理论检验的需要

在理论建构阶段我们所得到的理论或者理论解释是一种"扎根理论",一种"事后的解释"。扎根理论是一种定性研究的方式, 其主要宗旨是从经验资料的基础上建立理论。研究者在研究开始之前一般没有理论假设，直接从实际观察入手，从原始资料中归纳出经验概括，然后上升到系统的理论。这是一种从下往上建立实质理论的方法，即在系统性收集资料的基础上寻找反映事物现象本质的核心概念，然后通过这些概念之间的联系建构相关的社会理论。扎根理论一定要有经验证据的支持，但是它的主要特点不在其经验性，而在于它从经验事实中抽象出了新的概念和思想。需要强调的是，这种理论并不是我们解释过程的终点，因为我们在世界现实中观察到的每一种现象，都可能会得到不止一种这样的理论解释，它们都在某种程度上或者在某些方面与我们所观察到的事实相符。我们需要以某种方式来判定这些相互竞争的解释中，哪一种最好。

例如，在许多国家所进行的若干研究都一致地发现，在所有的测量结果中，妇女比男人的宗教信仰程度要高。对于这一来自观察的经验概括，不同的研究者发展出各种不同的理论解释来进行说明。例如：

（1）负罪理论

这种理论解释认为，妇女之所以比男人对宗教的信仰程度更高，这主要是由于宗教具有减轻负罪感的功能。而在现实社会生活中，妇女的负罪感要比男人严重，因此，妇女信仰宗教的程度要比男人高。

（2）弗洛伊德理论

这种理论解释认为，人们具有与自己性别不同的父母认同甚至发生崇拜的倾向，这就是弗洛伊德所说的“恋父（母）情结”。而上帝的化身是男人——特别是作为父亲的象征，因此，妇女正是被这个男性的、父亲般的上帝吸引到宗教中来。这一理论解释同样也适用于人们在天主教中所发现的与此不同的事实：在天主教中，妇女与男人信仰宗教的程度是一样的。这是因为，天主教中，教徒信奉的既有圣父，又有圣母玛利亚——男人们是被圣母玛利亚吸引到宗教中来的。

（3）剥夺理论

这种理论解释认为，由于社会生活中妇女所受到的剥夺比男人更多，被剥夺的程度也更深，而宗教具有某种安抚人们的心灵的作用，因此，正是这些在社会中遭受更多剥夺的妇女将自己投向宗教，以便从宗教中得到某种精神上、心灵上的安慰。

(4)社会学习理论

这种理论解释认为,女孩在社会化的过程中往往被教导成为那种具有温柔、顺从、富于情感、被动和谦恭特点的人。而宗教正好也鼓励这些特征和品质,因此,妇女们比男人们更容易感到宗教所具有的吸引力。

(5)角色理论

这种理论解释认为,妇女的基本职责是抚养儿女,而在西方国家儿童的很多活动都与教堂相伴随。由于教堂十分看重家庭,同时教堂在道德教育中扮演者十分重要的角色,因此,母亲的角色加上教堂的作用,就使得妇女被他们的孩子拉到教堂里来了。

当然,除了上述五种理论解释以外,我们还可能会有其他的解释。问题是哪一种理论解释更科学、更可信? 这是这些通过对观察到的事实进行归纳所得到的理论无法回答的问题,也是这种理论建构的研究所无法回答的问题。这一现实提示我们:有必要对这些看起来都似乎有根据且都与事实相符合的理论解释进行进一步的检验,以判别它们的真伪。

2. 理论检验的步骤

(1)详细地说明待检验的理论

例如,“由于流动和熟练劳动力的需要,工业化是扩大家庭减少和核心家庭增加的主要原因”。

(2)由理论导出(演绎出)一组概念化的命题

比如,根据上述理论,可以逻辑地推导出下列一组命题:

第一,一个国家工业化越发达,其家庭结构就越倾向于核心家庭化。

第二,在任何国家中,农村地区扩大式家庭结构的特征强于工业化的城市地区。

第三,因工作而迁移的人,比那些没有迁移的人,与扩大式家庭的联系更弱。

(3)用可检验的命题形式即假设的形式重述概念化命题

这一步即是将命题“操作化”为假设。如前所述,假设是有关变量间关系的尝试性陈述,这些变量是经验可测的。理论检验的这一步包括操作化的全部任务,即决定如何把抽象的概念“翻译成”具体的、可直接观察的事物。只有这样,我们才能用可检验的词句重述这些命题,我们才能清楚地知道需要观察什么。例如,将“工业化操作”化为“汽车产量”

“每百部电话拥有量”等。

(4)收集有关资料

收集有关资料,即根据操作化以后的命题,采用调查、实验、观察或访问的方法,收集所需的资料。比如,对于上述的假设,我们就可以采用抽样调查的方法收集资料。

(5)分析资料

分析资料,即看有多少证据支持可检验的命题,有多少证据支持概念化的命题,又有多少证据支持原来的理论。

(6)评价理论

研究完全支持原始理论的情况很少,研究结果通常是含糊的和冲突的。理论在某些方面得到支持,而在另一些方面却没有得到。正是这些含糊和冲突促使我们去思考、修正和发展我们原来的理论,从而不断取得进步。当我们企图理解这些与原始理论不一致的事物时,我们实际上又一次开始了理论建构的工作,即我们从已经取得的观察中重新概括出与原始理论不同的新的理论(即修正的理论)。而要确认这种修正的理论,同样需要接受严格的检验。理论检验的方式如图 4－6 所示。

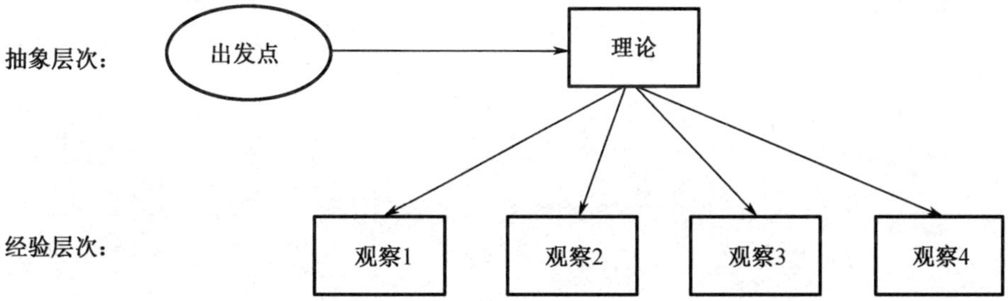

图 4－6　理论检验的方式示意图

从社会研究的整个过程来看,理论建构是发展一种好的理论解释的第一阶段,而理论检验则是紧随其后并对前一阶段所得出的尝试性理论解释进行严格检验的过程。在实际社会研究中,通常包含着建构理论与检验理论这两者之间的不断相互作用。研究者很少进行纯粹的理论建构研究或者纯粹的理论检验研究。

思 考 题

1. 简述宏观社会理论、中观社会理论与微观社会理论。

2. 社会理论的特点和意义是什么？

3. 社会理论的基本要素有哪些？

4. 简述社会研究中的理论模型及其表达方式。

5. 简述社会研究中理论的层次划分及各个层次的特点。

6. 简述社会研究的科学逻辑。

7. 归纳和演绎在社会研究中的意义是什么？

8. 假设－检验方法在社会研究中的意义是什么？

9. 社会研究中理论检验过程的一般步骤包括哪些？

第五章　抽　　样

本章将就抽样的基本概念、原理、方法与程序等进行简单介绍。应当指出的是，抽样是一个复杂的过程，涉及数学理论、时间问题等。要进行一个科学、实际的抽样，还需要查阅关于抽样的专业书籍以及案例。

第一节　抽样概述

一、抽样及其相关概念

1. 总体

总体通常是指构成它的所有元素的集合，而元素则是构成整体的最基本单位。在社会研究中，最常见的总体是由社会中的某些个人组成的，这些个人便是构成总体的元素。

2. 样本

样本就是从总体中按一定方式抽取出的一部分元素的集合。样本是总体的一个子集。在社会研究中，资料的收集工作往往是在样本中完成的。

3. 抽样

所谓抽样是指从组成某个总体的所有元素的集合中，按照一定的方式选择或抽取一部分元素的过程。

4. 抽样调查

抽样调查是一种非全面调查，它是按一定程序从所研究对象的总体中抽取一部分单位为样本进行调查，获取数据，并以此对总体作出推断。

5. 抽样单位

抽样单位是指一次直接的抽样所使用的基本单位，抽样单位与构成总体的元素可以是相同的，也可以是不同的。

6. 抽样框

抽样框又被称为抽样范围，指的是一次直接抽样时总体中所有抽样单位的名单。

7. 参数值

参数值也被称为总体值，是关于总体中某一变量的综合描述，或者说是总体中所有元素的某种特征的综合数量表现。在统计中，最常见的总体值是平均值。

8. 统计值

统计值也称为样本值，是关于样本中某一变量的综合描述，或是样本中所有元素的某种特征的综合数量表现。它是从样本的所有元素中计算出来的，是相应的总体值的估量。

二、抽样的基本程序

在抽取样本时，总要尽可能使样本具有代表性，如果样本的统计值近似总体的参数值，则这个样本可以称为代表性样本。如何可以减少误差，抽取代表性样本呢？虽然不同的抽样方法具有不同的操作要求，但通常要依据如下几个步骤。

1. 界定总体

界定总体是达到良好抽样效果的前提条件，是指在具体抽样前，对从中抽取样本的总体范围与界限做明确的界定。例如，要探讨哈尔滨师范大学大学生的消费态度，则可以界定总体的范围如下：2016 年哈尔滨师范大学大一至大四的在校本科大学生。界定总体要有理论依据，若想探讨女大学生的消费态度，就不能去调查男大学生的状况。

2. 确定抽样框

这一步骤的任务就是依据明确的总体范围，收集总体中全部抽样单位的名单，并通过对名单进行统一编号，使其既不相互重叠，又能合成总体，再将其编制成表，即抽样框。例如，调查哈尔滨师范大学大学生的消费态度，界定总体的范围是 2016 年哈尔滨师范大学大一至大四的在校本科大学生。在制定样本框这一步，要收集该校各个专业所有本科生的花名册，并按照一定的顺序将全部花名册的名单统一编号，形成抽样框。

3. 设计和选取样本

设计包含确定样本的大小和选择具体的抽样方法两个步骤。这两个步骤对样本代表性有着重大影响。确定样本的大小时，必须考虑抽样误差和研究代价，如抽样框中有五万大学生，从实际来说，不可能全部调查，这就需要我们根据具体的情况，确定采用哪种抽样的方法。

在样本大小和抽样方法确定以后，就要开始进行抽样。选取样本的工作要严格按照选定的抽样方法，从抽样框中抽取一个个的抽样单位，构成调查的样本。依据抽样方法的不同，以及依据抽样框是否可以事先得到等因素，选择抽样的工作既可能在实地调查前就完成，也可能需要到实地调查后才能完成，即先确定好抽样样本，再对预先抽好的调查对象进行调查，也可以一边抽样一边调查。

4. 对样本进行评估

所谓的样本评估，就是对样本的质量、代表性、偏差等进行初步的检查和衡量。其目的是初步检查样本对于总体的代表性，以剔除那些偏差太大的样本，重新抽样，防止样本误差过大导致调查失败。

衡量样本质量主要从样本的精确性和准确性进行衡量。对样本的评估分为两个阶段，即正式调查前和调查结束后，后者主要是计算抽样误差并由样本统计值推论总体的参数值。

三、抽样的类型

根据抽取对象的具体方式，我们把抽样分为各种不同的类型，简单来说有概率抽样和非概率抽样两大类。概率抽样是依据概率论的基本原理，按照随机原则进行的抽样，能够避免人为误差，保障样本的代表性；非概率抽样主要是依据研究者的主观意愿、判断或者是否方便等因素来抽取对象，不考虑抽样中的等概率原则，存在较大的误差，难以保障样本的代表性。

在概率抽样和非概率抽样中，还可以细分出若干的不同形式。抽样的类型如图 5－1 所示。

在本章内容中，着重介绍概率抽样，因为它是目前应用最多、用处最大的抽样类型。

- 抽样方法
  - 概率抽样
    - 简单随机抽样
    - 系统抽样
    - 分层抽样
    - 整群抽样
    - 多段抽样
  - 非概率抽样
    - 偶遇抽样
    - 判断抽样
    - 定额抽样
    - 雪球抽样

图 5－1　抽样的类型图

第二节　非概率抽样

非概率抽样主要是依据研究者的主观意愿、判断或者是否方便等因素来抽取对象，不考虑抽样中的等概率原则，存在较大的误差，难以保障样本的代表性，因此在大规模的调查研究中，很少采用非概率抽样，常常只是在探索性研究中采用。非概率抽样有如下几种。

一、偶遇抽样

偶遇抽样又称为便利抽样，是指研究者根据实际情况，为方便开展工作，选择偶然遇到的人作为调查对象，或者仅仅选择那些离得最近的、最容易找到的人作为调查对象。例如，在商场选择对来往顾客进行调查。

偶遇抽样技术简便易行，可以及时取得所需的资料，节约时间和费用。这种方法适用于探测性调查，或调查前的准备工作。一般在调查总体中每一个体都是同质时，才能采用此类方法。但是，实践中并非所有总体中每一个体都是相同的，所以抽样结果偏差较大，可信程度较低，它的样本没有足够的代表性。

二、判断抽样

判断抽样又称立意抽样，是指根据调查人员的主观经验从总体样本中选择那些被判断为最能代表总体的单位做样本的抽样方法。

判断抽样法具有简便易行，符合调查目的和特殊需要，可以充分利用调查样本的已知资料，被调查者配合较好，资料回收率高等优点。

判断抽样适用于总体的构成单位极不相同而样本数很小，同时设计调查者对总体的有关特征具有相当的了解（明白研究的具体指向）的情况下，适合特殊类型的研究（如产品口味测试等）；操作成本低，方便快捷，在商业性调研中较多用。

该类抽样结果受研究人员的倾向性影响大，一旦主观判断偏差，则很易引起抽样偏差，不能直接对调查总体进行推断。

基于这种情况，要充分发挥判断抽样法的积极作用，对总体的基本特征必须相当清楚，做到心中有数。这样，才可能使所选定的样本具有代表性、典型性，从而才可能透过对所选样本的调查研究，了解、掌握整个总体的情况。

三、定额抽样

定额抽样又称配额抽样，是按市场调查对象总体单位的某种特征，将总体分为若干类，按一定比例在各类中分配样本单位数额，并按各类数额任意或主观抽样。其抽样时并不遵循随机的原则。

首先研究者要给总体分层或分类；其次再分别找出各层（类）中成员在总体中所占的比例；最后决定在每个层次、类别中抽取的样本，样本在各层（类）中所占的比例与它们在总体中所占的比例相同。

在定额抽样中，如果研究者对总体的性质了解不充分，分层时只考虑几种属性，新的变化信息又不易得到的情况下，样本的代表性会受到严重的影响，因此要慎用定额抽样的方法。

四、滚雪球抽样

滚雪球抽样是指先随机选择一些被访者并对其实施访问，再请他们提供另外一些属于研究目标总体的调查对象,根据所形成的线索选择此后的调查对象。例如,要研究退休老人的生活,可以清晨到公园去结识几位散步老人,再通过他们结识其朋友,不用很久,就可以交上一大批老年朋友。但是这种方法偏误也很大,那些不好活动、不爱去公园、不爱和别人交往、喜欢一个人在家里活动的老人,就很难把雪球滚到他们那里去,而他们却代表着另外一种退休后的生活方式。

在滚雪球抽样中,先选择一组调查对象,通常是随机选取的。访问这些被调查者之后,再请他们提供另外一些属于所研究的目标总体的调查对象,根据所提供的线索,选择此后的调查对象。这一过程会继续下去,形成滚雪球的效果。尽管最初选择调查对象时采用的是随机抽样,但是最后的样本都是非概率样本,被推荐或安排的被调查者比随机抽取的被调查者将在人口和心理特征方面更类似于推荐他们的那些人。

滚雪球抽样的主要优点是可以大大地增加接触总体中所需群体的可能性。可以根据某些样本特征对样本进行控制,适用寻找一些在总体中十分稀少的人物。

调查费用大大减少,然而这种成本的节约是以调查质量的降低为代价的。整个样本很可能出现偏差,因为那些个体的名单来源于那些最初调查过的人,而他们之间可能十分相似,因此,样本可能不能很好地代表整个总体。另外,如果被调查者不愿意提供人员来接受调查,那么这种方法就会受阻。

如果总体不大,那么有时用不了几次就会接近饱和状况,即后来访问的人再介绍的都是已经访问过的人。但是很可能最后仍有许多个体无法找到,还有些个体因某些原因被提供者故意漏掉不提,这两者都可能具有某些值得注意的性质,因而可能产生偏误,不能保证代表性。滚雪球抽样是在特定总体的成员难以寻找的时候最适用的一种抽样方法,譬如对获得无家可归者、流动劳工及非法移民等的样本就十分适用。

第三节　概 率 抽 样

概率抽样又称随机抽样。概率抽样是以概率理论和随机原则为依据来抽取样本的抽样,是使总体中的每一个单位都有一个事先已知的非零概率被抽中的抽样。总体单位被抽中的概率可以通过样本设计来规定,通过某种随机化操作来实现。虽然随机样本一般不会与总体完全一致,但它所依据的是大数定律,而且能计算和控制抽样误差,因此可以正确地说明样本的统计值在多大程度上适合于总体，根据样本调查的结果可以从数量上推断总体，也可以在一定程度上说明总体的性质、特征。概率抽样主要分为简单随机抽样、系统抽样、分层抽样、整群抽样、多段抽样等类型。现实生活中绝大多数抽样调查都采用概率抽样的方法来抽取样本，概率抽样通常有如下几种类型。

一、简单随机抽样

简单随机抽样是一种广为使用的概率抽样方法，是最完全的概率抽样。如前面提到的，随机抽样就是总体中每个单位在抽选时有相等的被抽中的机会。

在简单随机抽样条件下，抽样概率公式为

$$抽样概率 = 样本单位数\ n\ /\ 总体单位数\ N$$

【例 5-1】 如果总体单位数为 10 000，样本单位数为 400，那么抽样概率为 4 %。

1. 简单随机抽样的特点

每个样本单位被抽中的概率相等，样本的每个单位完全独立，彼此间无一定的关联性和排斥性。

①简单随机抽样要求被抽取的样本的总体单位数 N 是有限的；

②简单随机样本单位数 n 小于等于样本总体单位数 N；

③简单随机样本是从总体中逐个抽取的；

④简单随机抽样是一种不放回的抽样；

⑤系统抽样的每个个体入样的可能性均为 n/N。

2. 简单随机抽样的步骤

①先取得一份总体所有元素的名单（即抽样框）；

②将总体所有元素一一按顺序编号；

③根据总体规模是几位数来确定从随机数表选取数码作为抽样工具；

④以总体的规模为准，对随机数表中的数码进行衡量并决定取舍；

⑤根据样本规模的要求选择出足够的数码个数；

⑥依据随机数表中选出的数码，到抽样框中找出它所对应的元素。

【例 5-2】 为了检验某种产品的质量，决定从 40 件产品中抽取 10 件进行检查，在利用随机数表抽取这个样本时，可以按下面的步骤进行：

第一步,先将 40 件产品编号,可以编为 00,01,02,…,38,39。

第二步,在随机数表中任选一个数作为开始,例如从第 8 行第 5 列数 59 开始,为便于说明,我们将第 6 行至第 10 行摘录如下。

16 22 77 94 39 49 54 43 54 82 17 37 93 23 78 87 35 20 96 43 84 26 34 91 64
84 42 17 53 31 57 24 55 06 88 77 04 74 47 67 21 76 33 50 25 83 92 12 06 76
63 01 63 78 59 16 95 55 67 19 98 10 50 71 75 12 86 73 58 07 44 39 52 38 79
33 21 12 34 29 78 64 56 07 82 52 42 07 44 38 15 51 00 13 42 99 66 02 79 54
57 60 86 32 44 09 47 27 96 54 49 17 46 09 62 90 52 84 77 27 08 02 73 43 28

第三步,从选定的数 59 开始向右读下去,得到一个两位数字号码 59,由于 59 > 39,将它去掉;继续向右读,得到 16,将它取出;继续下去,又得到 19,10,12,07,39,38,33,21,随后的两位数字号码是 12,由于它在前面已经取出,将它去掉,再继续下去,得到 34。至此,10 个样本号码已经取满,于是,所要抽取的样本号码是

16 19 10 12 07 39 38 33 21 34

注:将总体中的 N 个个体编号时可以从 0 开始,例如 $N = 100$ 时编号可以是 00,01,02,…,99,这样总体中的所有个体均可用两位数字号码表示,便于运用随机数表。

当随机地选定开始读数的数后,读数的方向可以向右,也可以向左、向上、向下等。

在上面每两位、每两位地读数过程中,得到一串两位数字号码,在去掉其中不合要求和与前面重复的号码后,其中依次出现的号码可以看成是依次从总体中抽取的各个个体的号码。由于随机数表中每个位置上出现哪一个数字是等概率的,每次读到哪一个两位数字号码,即从总体中抽到哪一个个体的号码也是等概率的。因而利用随机数表抽取样本保证了各个个体被抽取的概率相等。

3. 简单随机抽样方法的缺点

只适用于总体单位数量有限的情况,否则编号工作繁重;对于复杂的总体,样本的代表性难以保证;不能利用总体的已知信息等。在市场调研范围有限,或调查对象情况不明、难以分类,或总体单位之间特性差异程度小时采用此法效果较好。

4. 简单随机抽样是其他抽样方法的基础

因为它在理论上最容易处理,而且当总体单位数 N 不太大时,实施起来并不困难。但在实际中,若总体单位数 N 相当大时,简单随机抽样就不是很容易办到的。首先它要求有

一个包含全部 N 个单位的抽样框；其次用这种抽样得到的样本单位较为分散，调查不容易实施。因此，在实际的社会研究中直接采用简单随机抽样的并不多。

二、系统抽样

系统抽样也叫等距抽样或机械抽样，是将总体各单位按一定标志或次序排列成为图形或一览表式（也就是通常所说的排队），然后按相等的距离或间隔抽取样本单位。

1. 系统抽样的基本步骤

①给总体中的每一个个体按顺序编号，即制定出抽样框。

②计算出抽样间距。计算方法是利用总体规模除以样本规模，即

$$K_{(\text{抽样间距})} = \frac{N_{(\text{总体规模})}}{n_{(\text{样本规模})}}$$

③在最前面的 K 个个体中，采用简单随机抽样的方法抽取一个个体，记下这个个体的编号（A），称为随机的起点。

④在抽样框中，自 A 开始，每隔 K 个个体抽取一个个体，即所抽取的个体的编号分别为 $A, A+K, A+2K, \cdots, A+(n-1)K$。

⑤将这 n 个个体结合起来，构成该总体的一个样本。

【例 5-3】 要在哈尔滨师范大学 3 000 名学生中，抽取一个容量为 100 的大学生样本，按照系统抽样，如下操作：

$$K = 3\ 000/100 = 30$$

在 1～30 中随机抽取一个数字，假如为 15，那么就以 15 为第一个号码，每隔 30 个再抽取一个数字，这样就是 15，45，75，…，2 985 总共这 100 个号码，我们再根据这 100 个号码，找出所对应的这 100 个学生，构成本次的一个样本。

2. 系统抽样最主要的优点

系统抽样最主要的优点是简便易行，且当对总体结构有一定了解时，充分利用已有信息对总体单位进行排队后再抽样，则可提高抽样效率。

3. 系统抽样的一个重要的前提条件

系统抽样的一个重要的前提条件就是总体中个体的排列，相对于研究的变量来说是随机的，即不存在某种与研究变量相关的规则分布，否则，结果会产生很大的误差。

三、分层抽样

分层抽样是先将总体的单位按某种特征分为若干次级总体(层),然后再从每一层内进行单纯随机抽样,组成一个样本。

1. 步骤

先将总体的单位按某种特征分为若干次级总体(层),然后再从每一层内进行单纯随机抽样,组成一个样本的方法。

一般地,在抽样时,将总体分成互不交叉的层,然后按一定的比例,从各层次独立地抽取一定数量的个体,将各层次取出的个体合在一起作为样本,这种抽样方法是一种分层抽样。

【例 5-4】 一个单位的职工有 500 人,其中不到 35 岁的有 125 人,35~49 岁的有 280 人,50 岁以上的有 95 人。为了了解这个单位职工与身体状况有关的某项指标,要从中抽取一个容量为 100 的样本,由于职工年龄与这项指标有关,决定采用分层抽样方法进行抽取。因为样本容量与总体的个数的比为 1∶5,所以在各年龄段抽取的个数依次为 125/5,280/5,95/5,即 25,56,19。

2. 分层抽样方法的运用

分层抽样尽量利用事先掌握的信息,并充分考虑了保持样本结构和总体结构的一致性,这对提高样本的代表性是很重要的。当总体是由差异明显的几部分组成时,往往选择分层抽样的方法。

四、整群抽样

整群抽样又称聚类抽样,是将总体中各单位归并成若干个互不交叉、互不重复的集合,称之为群,然后以群为抽样单位抽取样本的一种抽样方式。

应用整群抽样时,要求各群有较好的代表性,即群内各单位的差异要大,群间差异要小。

1. 整群抽样的步骤

①先将总体分为 i 个群,然后从 i 个群中随即抽取若干个群,对这些群内所有个体或单元均进行调查;

②确定分群的标注；

③将总体(N)分成若干个互不重叠的部分，每个部分为一个群；

④据各样本量，确定应该抽取的群数；

⑤采用简单随机抽样或系统抽样方法，从 i 个群中抽取确定的群数。

2. 整群抽样的优点

整群抽样的优点是实施方便、节省经费；整群抽样的缺点是往往由于不同群之间的差异较大，由此而引起的抽样误差往往大于简单随机抽样。

3. 整群抽样方法的运用

整群抽样方法的运用，需要与分层抽样方法区别。当某个总体是由若干个有着自然界限和区分的子群(或类别、层次)所组成，同时，不同子群相互之间差异很大、而每个子群内部的差异不大时，则适合于分层抽样的方法；反之，当不同子群之间差别不大，而每个子群内部的异质性比较大时，则特别适合于采用整群抽样的方法。

五、多段抽样

多段抽样又称多段随机抽样，就是把从调查总体中抽取样本的过程，分成两个或两个以上阶段进行的抽样方法。

1. 多段抽样的具体步骤

①先将调查总体各单位按一定标志分成若干集体，作为抽样的第一级单位。然后将第一级单位又分成若干小的集体，作为抽样的第二级单位。依此类推，还可分为第三级、第四级单位。

②依照随机原则，先在第一级单位中抽出若干单位作为第一级样本，然后再在第一级样本中抽出第二级样本，依此类推，还可抽出第三级样本、第四级样本。调查对象至第二级样本者，为两段随机抽样；至第三级、第四级样本者，为三段或四段随机抽样。

2. 多段抽样方法的运用

多段抽样的方法适用于总体范围特别大、对象的层次特别多的社会研究。由于它不需要总体的全部名单，各阶段的抽样单位数一般较少，因而抽样比较容易进行。但由于每级抽样时都会产生误差，所以这种抽样方法的误差比较大，在运用多段抽样方法时，要注意在类别和个体之间保持平衡，或者说合适的比例。

第四节　样本规模

在社会研究中进行抽样，节约成本是重要的原因之一。毫无疑问，样本规模越大，即抽样对象越多，花的成本也就越大。那么，在社会研究中，如何才能做到在不降低精度的前提下，尽可能减少样本规模？这一节将介绍影响样本规模的因素以及样本规模的估算方法。

一、影响样本规模的因素

如果先不考虑经费问题，那么样本规模主要取决于抽样精度和总体标准差。一般来说，抽样希望达到的精确度越高，总体的异质性程度越大，所需的样本规模就越大。

首先，抽样精度是指抽样中希望达到的精确度，其实就是能够容忍的抽样误差 e。抽样误差是样本统计量与总体参数值之间的偏差，这种偏差是由于样本与总体不一致造成的。一般来说，样本规模越小，样本统计值与总体偏差就可能越大，因此，误差也越大。由此可以推论，研究中能够容忍的抽样误差越小，即要求的抽样精度越高，则样本规模也应该越大。

其次，总体标准差是反映总体元素之间异质性程度的指标。一般来说，在给定抽样精度后，总体异质性程度越小，所需样本规模也越小；反之亦然。这是因为异质性越小，总体参数的分布越集中，波动性越小，这时只需要有一个较小的样本就可以较好地代表总体。

二、样本规模的估算方法

在概率抽样中，可以根据统计方法得出估算样本规模的公式。下面结合一个实例来讲解。

在简单随机抽样中，推论总体平均数的样本规模计算公式为

$$n = \frac{t^2 p(1-p)}{e^2}$$

式中　t——置信度所对应的临界值；

p——总体的成数或百分比；

e——抽样误差。

假设某市场调查公司接受委托，调查该市居民5年内购买私人轿车的意向。从成本考虑，公司首先要与客户商讨样本规模。客户要求要有95%的把握肯定调查结果是可靠的，同时抽样误差不能超过3%。由于没有居民总体的构成资料，公司为慎重起见，将成数 p 定为50%。

根据以上数据可知，置信度为95%，查正态分布表可知 t 值为1.96，抽样误差 e 为0.03，带入总体平均数的样本规模计算公式，可得 $n=1\ 067$。

调查中发现，12%的居民有购买私人轿车的意向，于是公司告知客户，他们有95%的把握确定，该市有9%～15%的居民在5年内有购车的打算。

思　考　题

1. 简述抽样的相关概念。
2. 抽样的基本程序包括哪些？
3. 非概率抽样的类型有哪些？
4. 概率抽样的类型有哪些？
5. 影响样本规模的因素有哪些？
6. 样本规模的估算方法有哪些？

第二篇

社会研究资料的收集方法

第六章　社会研究中的测量

本章将介绍社会研究中的测量，即把某个研究设想转化为可认知、可测量的概念和指标。在社会研究中，测量是一个关键的技术，本章所讲述的内容并不涉及与测量有关的数学理论和方法论基础，本章的重点是使初学者对测量的概念、过程等有一定的了解。

第一节　测量的概念及操作化

一、测量的概念及要素

所谓测量，就是根据一定的法则，将某种物体或现象所具有的属性或特征用数字或符号表示出来的过程。测量的主要作用是在于确定一个特定分析单位的特定属性的类别或水平，能够对事物的属性做定性和定量的测量。测量有四个要素，即测量的客体、测量的内容、测量的法则、数字和符号。

1. 测量客体

测量客体就是测量的对象，是客观世界所存在的事物或现象，是需要用数字或符号来进行表达、解释和说明的现象。在社会学研究中，测量客体通常是各种各样的人，以及由若干个人所组成的各种社会群体、社会组织等。测量客体回答“测量谁”的问题。

2. 测量内容

测量内容，即测量客体的某种属性特征。比如，测量的客体是桌子，我们无法测量桌子本身，而是桌子的特征，如他的高度、面积等。测量内容回答“测量什么”的问题。

3. 测量法则

测量法测，即用数字和符号表达事物各种属性或特征的操作规则。它是某种具体的操作程序和区分不同特征或属性的标准。测量法则回答“怎么测”的问题。

4. 数字和符号

数字和符号，即用来表示测量结果的工具，比如 11 米，240 元等。在数字和符号回答“如何表示”的问题。

二、测量的层次

由于社会研究所涉及的现象具有各种不同的性质和特征，因而对它们的测量也就具有不同的层次和标准，现在所广泛采用的测量层次分类法是史蒂文斯在 1951 年所创立的，他将测量层次分为如下四种。

1. 定类测量

定类测量是测量层次中最低的一种。其在本质上是一种分类体系，即将研究对象的不同属性或特征加以区分，标以不同的名称或符号，确定其分类。如社会中性别有男女，职业有工人、企业家、公务员等。

定类测量具有两种属性，即对称性和传递性。

所谓对称性，是指甲对乙的关系也就是乙对甲的关系。

所谓传递性，是指如果甲和乙是同类，而乙和丙是同类，那么可以确定甲和丙也是同类。

在社会现象的测量中，大量的测量是定类测量，分类更是最基本的目标和最经常性的操作，运用好定类测量，发挥其作用，是社会研究人员的一项重要任务。

2. 定序测量

社会测量中由对测量对象数量化程度的高低决定的测量水平。定序测量的取值可以按照某种逻辑顺序将研究对象排列出高低或大小，确定其等级及次序。定序测量可以按照某种特征或标准将对象区分为强度、程度或等级不同的序列。例如，文化程度可以划分为文盲、半文盲、小学、初中、高中、大专、大学等。

定序测量不仅能够将不同的事物区分为不同的类别，而且还能反映事物或现象在高低、大小、先后、强弱等序列上的差异。它的数学特征是大于或小于，它比定类测量高一个层次。

3. 定距测量

对测量对象之间真实差距的鉴别。定距测量不仅能够将社会现象或事物区分为不同的类别、不同的等级，而且可以确定它们相互之间不同等级的间隔距离和数量差距。比如王某的工资是 3 600 元，李某的工资是 4 500 元，那么他们之间的工资差距是 4 500 − 3 600 = 900 元。

4. 定比测量

确立测量对象之间的比率。它是最高层次的测量，除具有定类测量、定序测量和定距测量的特征外，还要求具有实在意义的真正零点。如可用定比尺度测量年龄，其真正零点就是刚出生的瞬间，因此可以说 20 岁是 10 岁的 2 倍；但温度就不能进行定比测量，因为 0 ℃并不是没有温度，温度没有真正的零点，所以不能说 20 ℃是 10 ℃的 2 倍，只能说 20 ℃比 10 ℃高 10 ℃。定比尺度的数值可进行加减乘除 4 种数学运算，运算结果都有实在意义。

以上四种测量层次数学特性的总结，见表 6－1。

表 6－1　四种测量层次数学特性的总结

	定类测量	定序测量	定距测量	定比测量
类别区分（＝，≠）	有	有	有	有
次序区分（＞，＜）		有	有	有
距离区分（＋，－）			有	有
比例区分（×，÷）				有

三、测量过程

一般来说，测量过程包括三个步骤：第一步，要把测量对象以概念的形式表现出来，或者说对测量对象形成概念化认识，这就是“概念化”过程；第二步，针对需要测量的概念，构造相应的测量工具,这属于"操作化"的内容;第三步,用测量工具对测量对象进行经验观察,这是"资料收集"的任务。

在社会测量过程的第一步是对测量对象形成一定的概念。在定量测量中,研究者形成研究问题和设计研究计划时就要提出所要采用的概念,而后面的测量过程主要是围绕着这些概念而开展。因此,在提出和分析概念时,不仅要考虑它们在分析框架中的位置,而且应该给这些概念赋予清晰的定义,并认真考虑所使用的概念是否可以再此次经验研究中加以测量以及如何测量。

社会测量过程的第二步是对概念进行操作化加工,将它们变为可测量的变量。在操作化过程中,同时也就构造出有效的测量工具。测量的操作化步骤,又可以具体分为两步来完成,先是将概念操作化成指标,然后再将指标设计成在调查中可以用语言表达的提问。其中,构造指标是关键的一步,有了指标之后才能在经验层次上进行观察。但是指标还不能直接用到调查过程中,还需要将它们转化为能够直接与被调查者交流的问题。构造提问属于问卷设计的内容,这部分的具体内容将会在本书的第八章问卷法详细讲解。

在测量过程中,对测量质量进行评估是一项重要的内容。所谓测量质量,就是根据一些标准来判断社会现象的测量是否成功。在测量的每一步,不论是概念化还是操作化都需要对测量质量进行判断。测量质量的成功与否,还是要靠信度和效度两项技术性指标来评判。所谓信度是指使用相同测量工具重复测量同一个对象时,得到相同研究结果的可能性,指的是测量的可靠性;而效度则是指测量工具在多大程度上反映了概念的真实含义,指的是测量的准确性。需要指出的是测量的准确性与精确性是不同的,后者代表了测量变量属性的精确性程度,在测量中通过测量层次表现出来。

第二节　指数与量表

一、指数和量表的概念

指数是指由多个不同的回答所构成的一个简单累加的分数,它是由一组有关事物的态度或看法的陈述构成,回答者分别对这些陈述发表同意或不同意的意见,然后按照某种标准将回答者在全部陈述上的得分加起来,就得到了该回答者对这一事物态度的量化结果。

二孩生育意愿量表,见表6－2。

表6－2　二孩生育意愿量表

	同意	不同意
1. 结婚的目的在于生孩子	1	0
2. 妇女的人生不能没有孩子	1	0
3. 只生一个孩子是错误的	1	0
4. 两种性别的孩子比一种性别的孩子好	1	0
5. 没有孩子的夫妇很可怜	1	0
6. 尽管家庭条件不允许也要生二孩	1	0

二、建立指数

指数的建立包括以下几项技术:首先,选取指标的方法,这需要对指标进行表面效度检验和相关性分析;其次,对指标分支进行加权的技术;最后,处理缺失值的方法。下面对每一具体步骤进行介绍。

1. 指标的选取

建立指数的第一步是选取符合标准的指标。首先,要尽可能挑选表面效度较高的指标;其次,要对不同指标建立进行相关性检验,检验两个指标之间的相关关系,如果某个指标与其他指标都不相关,那么就应该将这个指标排除掉。

2. 指标的加权

在按照一定标准确定指标后,要进一步考虑每个指标在指数构成中的权重如何。加权是给指数中的某些重要指标赋以特殊的分量。在通常情况下,各个指标的权数应该是一样的。如果某个指标对要测量的变量有较大的影响,那么可以赋予其较大的权重。

3. 缺失值的处理

无论是何种方法收集到的资料,都会出现缺失的情况。数据缺失对建立指数的影响较大,因为指数是多个指标综合而成,只要有一个指标缺失,都会对整个指数产生影响。下面是集中处理缺失的常用方法:

第一，如果数据中缺失值占的比例不大，在3% ~5%，可以考虑删除这些数据。在这里需要考虑的问题，一方面是剩下的数据是否能满足统计的需要；另一方面是在删除一些数据之后，是否会使样本代表性产生偏差，从而影响到整个结果的分析。

第二，如果有多个指标，是否可以考虑用已有数据的平均值来代替缺失值。值得注意的是，在指标较少时，此方法不适用。

第三，在大样本和指标较多的情况下，还可以用随机方法给缺失值赋值。虽然从个别采访者的角度看，随机值可能与实际情况有较大的出入，但相对于调查总体而言，这种无序的偏差基本会自我抵消。但如果在统计分析过程中还要对变量进行相关性分析，那么此种方法不适用。

三、量表的类型

1. 李克特量表

李克特量表是属评分加总式量表最常用的一种，属同一概念的这些项目是用加总方式来计分，单独或个别项目是无意义的。它是由美国社会心理学家李克特于1932年在原有的总加量表基础上改进而成的。该量表由一组陈述组成，每一陈述有"非常同意""同意""不一定""不同意""非常不同意"五种回答，分别记为5分、4分、3分、2分、1分。每个被调查者的态度总分就是他对各道题的回答所得分数的加总，这一总分可说明他的态度强弱或他在这一量表上的不同状态。

基本步骤：

①收集大量(50 ~100)与测量的概念相关的陈述语句。

②有研究人员根据测量的概念将每个测量的项目划分为"有利"或"不利"两类，一般测量的项目中有利的或不利的项目都应有一定的数量。

③选择部分受测者对全部项目进行预先测试，要求受测者指出每个项目是有利的或不利的，并在下面的方向－强度描述语中进行选择，一般采用所谓"五点"量表：

a. 非常同意　b. 同意　c. 无所谓(不确定)　d. 不同意　e. 非常不同意

④对每个回答给一个分数，如从非常同意到非常不同意的有利项目分别为5分、4分、3分、2分、1分，对不利项目的分数就为1，2，3，4，5。

⑤根据受测者的各个项目的分数计算代数和，得到个人态度总得分，并依据总分多少

将受测者划分为高分组和低分组。

⑥选出若干条在高分组和低分组之间有较大区分能力的项目，构成一个李克特量表。如可以计算每个项目在高分组和低分组中的平均得分，选择那些在高分组平均得分较高并且在低分组平均得分较低的项目。

表6－3为李克特量表，请你对下列事件发表意见，在选择的答案处画√。

表6－3　李克特量表

	非常同意	同意	无所谓	不同意	非常不同意
1. 结婚是两个人的事					
2. 有钱也不应该大操大办婚礼					
3. 没钱借钱也要办像样子的婚礼					
4. 结婚是大事，必须隆重					

对以上四种看法的赋值，见表6－4。

表6－4　李克特赋值表

	非常同意	同意	无所谓	不同意	非常不同意
看法1	1	2	3	4	5
看法2	5	4	3	2	1
看法3	1	2	3	4	5
看法4	5	4	3	2	1

分辨力的计算方法是先根据受测对象全体的总分排序；然后取出总分最高的25%和总分最低的25%的人，并取得两部分人在每一条陈述上的平均分；将这两个平均分相减，所得的就是这一条陈述的分辨力系数。该系数的绝对值越大，说明这一陈述分辨力越高。

2. 语义差异量表

语义差异量表又叫语义分化量表，这是美国心理学家（奥斯古德、萨奇、泰尼邦 Osgood，Suci，Tannenbaum，1957）发展的一种态度测量技术。在20世纪50年代后发展起来，是一次性集中测量被测者所理解的某个单词或概念含义的测量手段。针对这样的词或概念设计出一系列双向形容词量表,请被测者根据对词或概念的感受、理解,在量表上选定相应的位置。

使用方法:

①确定每一片段的维度供受访者判断。

②界定两个相反的术语代表每一维度的两极(为防止回答偏差,最好将彼此有关系的项目位置加以变化)。

③做出语义差异的计分表。

可以对语义差别量表中的不同项目根据受访者的回答进行打分,可采用的值,也可采用的数值。结果数据可用来分析不同测量对象、不同受访者的相同点和不同点。还可将各项目的得分加总,用以比较不同测量对象整体形象的偏好等级。以下是语义差异量表的实例。

你对离婚的看法如何?

不好的 - - - - - - - 好的

深刻的 - - - - - - - 肤浅的

脆弱的 - - - - - - - 强烈的

公平的 - - - - - - - 不公平的

简单的 - - - - - - - 复杂的

由于功能的多样性,语义差别量表被广泛地用于市场研究,用于比较不同品牌商品,产商的形象,以及帮助制定广告等战略、促销战略和新产品开发计划。

在社会学、社会心理学和心理学研究中,语义差别量表被广泛用于文化的比较研究,个人及群体间差异的比较研究,以及人们对周围环境或事物的态度、看法的研究等。语义差别量表以形容词的正反意义为基础,标准的语义差别量表包含一系列形容词和它们的反义词,在每一个形容词和反义词之间有 7 ~ 11 个区间,我们对观念、事物或人的感觉可以通过我们所选择的两个相反形容词之间的区间反映出来,它要求人们记下对性质完全相反的不同词汇的反应强度。

3. 罗森伯格量表

罗森伯格量表也叫自尊量表(SELF - ESTEEM SCALE,SES),由 ROSENBERG 于 1965 年编制,最初用以评定青少年关于自我价值和自我接纳的总体感受,目前是我国心理学界使用最多的自尊测量工具。

该量表由 5 个正向计分和 5 个反向计分的条目组成。设计中充分考虑了测定的方便,受试者直接报告这些描述是否符合他们自己。

1. 我认为自己是个有价值的人,至少与别人不相上下。

(1)非常同意　(2)同意　(3)不同意　(4)非常不同意

2. 我觉得我有许多优点。

(1)非常同意　(2)同意　(3)不同意　(4)非常不同意

3. 总的来说,我倾向于认为自己是一个失败者。

(1)非常同意　(2)同意　(3)不同意　(4)非常不同意

4. 我做事可以做得和大多数人一样好。

(1)非常同意　(2)同意　(3)不同意　(4)非常不同意

5. 我觉得自己没有什么值得自豪的地方。

(1)非常同意　(2)同意　(3)不同意　(4)非常不同意

6. 我对自己持有一种肯定的态度。

(1)非常同意　(2)同意　(3)不同意　(4)非常不同意

7. 整体而言,我对自己觉得很满意。

(1)非常同意　(2)同意　(3)不同意　(4)非常不同意

8. 我要是能更看得起自己就好了。

(1)非常同意　(2)同意　(3)不同意　(4)非常不同意

9. 有时我的确感到自己很没用。

(1)非常同意　(2)同意　(3)不同意　(4)非常不同意

10. 有时我觉得自己一无是处。

(1)非常同意　(2)同意　(3)不同意　(4)非常不同意

罗森伯格量表分四级评分,“非常同意”计 4 分,“同意”计 3 分,“不同意”计 2 分,“非常不同意”计 1 分,1,2,4,6,7 是正向记分,3,5,8,9,10 题反向记分,总分范围是 10 ~ 40 分,分值越高，自尊程度越高。

第三节　概念化的操作

一、概念、变量与指标

1. 概念

概念是对现行的抽象，是一类事物属性在人们主观上的反映。概念的抽象程度有高有低，抽象层次高的概念往往包含多个抽象层次低的概念，并且它往往是难以直接观察和描述的。这是因为概念的抽象层次越高，其涵盖面越大，特征也就越模糊。

2. 变量

所谓变量，是指具有一个以上取值的概念，也就是包括一个以上范畴的概念。只有一个固定不变的值的概念，叫作常量。

3. 指标

把表示一个概念或变量含义的一组可观察到的事物，称作这一概念或变量的一组指标。

概念是抽象的，指标是具体的；概念往往是人们的主观印象，而指标则是客观存在的事物，因此，概念只能想象，而指标则是可以观察和辨认的。

二、操作化的含义与作用

操作化，也称具体化或分解化。所谓操作化是指在社会调查研究中，将抽象的概念和命题逐步分解为可测量的指标与可被实际调查资料检验命题的过程。它是对复杂的社会现象进行定量研究的一种方法，此种方法在现代社会调查研究中被广泛地应用。

1. 作用

操作化的作用之一，在于使概念或命题具体化，使调查研究得以进行；操作化的作用之二，在于使概念或命题量化，对社会现象的分析，从定性、定量两个方面进行，避免了对社会现象的分析的片面性；操作化的作用之三，对社会现象的分析是建立在量的基础上，使定性分析即结论建立在科学的基础上，而不是一种主观的臆断。

2. 概念和命题的操作化步骤

①明确概念的确切含义；

②进行探索性研究确定概念操作化的框架；

③对概念或命题进行分解，所谓分解就是将整体分解为部分，将复杂的事物或命题分解为简单的要素，然后对各个部分或要素进行研究的一种方法；

④确定命题的评价体系，就是指在设计操作化框架中，确定各部分或各因素在整体框架中所占的地位或权重，也就是把命题分解为若干部分或若干因素之后还需确定每一部分或因素在整体中所占的地位。

3. 在进行操作化时要注意的问题

在进行操作化时，要注意确切弄清概念的哪些维度是研究所真正需要的。有些概念往往存在很多维度，如“政治态度”这一概念就有激进与保守的程度、对执政党的支持程度、对政治活动的参与程度等不同维度。研究者必须事先确定自己感兴趣的维度，否则可能出现本来要测量某一维度而实际测量的却是另一维度的现象。

操作化的程序是否能够成功地对人类行为进行有效的测量，仍然是一个有争议的问题。有些社会学家对操作化持反对意见，认为过于坚持操作化会把社会学研究弄得机械和僵化，使概念凝固。还有的社会学家认为确定操作定义、选择指标等操作，并没有如实地提供一幅社会世界的图景，而是歪曲了它。

第四节　测量的信度与效度

一、信度

信度主要是指测量结果的可靠性、一致性和稳定性，即测验结果是否反映了被测者的稳定的、一贯性的真实特征。和信度相关的一个概念是效度，信度是效度的前提条件。信度只受随机误差的影响，随机误差越大，信度越低。

大部分信度指标都以相关系数(r)来表示，有以下几种类型。

1. 重测信度

重测信度又称为稳定性系数，它的计量方法是采用重测法，即用同一测验，在不同时间对同一群体施测两次，这两次测量分数的相关系数即为重测系数。

重测信度所考察的误差来源是时间的变化所带来的随机影响。在评估重测信度时，必须注意重测间隔的时间。对于人格测验，重测间隔在两周到6个月之间比较合适。

在进行重测信度的评估时，还应注意以下两个重要问题：

①重测信度一般只反映由随机因素导致的变化，而不反映被试行为的长久变化；

②不同的行为受随机误差影响不同。

2. 复本信度

复本信度是以两个测验复本来测量同一群体，然后求得应试者在这两个测验上得分的相关系数。复本信度的高低反映了这两个测验复本在内容上的等值性程度。两个等值的测验互为复本。

计算复本信度的主要目的在于考察两个测验复本的题目取样或内容取样是否等值，复本信度也考虑两个复本实施的时间间隔。

复本信度的主要优点在于，能够避免重测信度的一些问题，如记忆效果、练习效应等；适用于进行长期追踪研究或调查某些干涉变量对测验成绩的影响；减少了辅导或作弊的可能性。

复本信度的局限性在于，如果测量的行为易受练习的影响，则复本信度只能减少而不能消除这种影响；有些测验的性质会由于重复而发生改变；有些测验很难找到合适的复本。

3. 分半信度

分半信度系数是通过将测验分成两半，计算这两半测验之间的相关性而获得的信度系数。测验愈长，信度系数愈高。修正公式是斯皮尔曼－布朗公式。斯皮尔曼－布朗公式为校正分半信度的经验公式，它的假设是两半测验分数的变异数相等。当假设不成立时，可以采用弗朗那根公式或卢伦公式，直接求得测验的信度系数。

4. 同质性信度

同质性信度是指测验内部的各题目在多大程度上考察了同一内容。同质性信度低时，即使各个测试题看起来似乎是测量同一特质，但测验实际上是异质的，即测验测量了不止一种特质。同质性分析与项目分析中的内部一致性分析相类似。计算同质性信度的公式有库德－理查逊公式、克伦巴赫 α 系数。对于一些复杂的、异质的心理学变量，采用单一的同质性测验是不行的，因而常常采用若干个相对异质的分测验。

5. 评分者信度

评分者信度是指不同评分者对同样对象进行评定时的一致性。最简单的估计方法就是随机抽取若干份答卷,由两个独立的评分者打分,再求每份答卷两个评判分数的相关系数。这种相关系数的计算可以用积差相关方法,也可以采用斯皮尔曼等级相关方法。

二、效度

效度,即有效性,它是指测量工具或手段能够准确测出所需测量的事物的程度。效度是指所测量到的结果反映所想要考察内容的程度,测量结果与要考察的内容越吻合,则效度越高;反之,则效度越低。效度类型如下。

1. 内容效度

内容效度指的是测验题目对有关内容或行为取样的适用性,从而确定测验是否是所欲测量的行为领域的代表性取样。

内容效度的特性:内容效度经常与表面效度混淆。表面效度是由外行对测验做表面上的检查确定的,它不反映测验实际测量的东西,只是指测验表面上看来好像是测量所要测的东西;内容效度是由够资格的判断者(专家)详尽地、系统地对测验做评价而建立的。

2. 结构效度

结构效度又称构想效度,结构效度是指一个测验实际测到所要测量的理论结构和特质的程度,或者说它是指测验分数能够说明心理学理论的某种结构或特质的程度;是指实验与理论之间的一致性,即实验是否真正测量到假设(构造)的理论。

结构效度的特点如下:

①结构效度的大小首先取决于事先假定的心理特质理论。要使得关于某一特质测验的结构效度的研究结果可以进行比较,则对于该特质的假设和定义就应该相同。否则,不能进行比较。

②由于有可能出现理论假设不成立,或该试验设计不能对该假设作出适当的检验等情况,因此当实际测量的资料无法证实我们的理论假设时,并不一定就表明该测验结构效度不高。

③结构效度是通过测量什么和不测量什么的证据累加起来给以确定的,因而不可能有单一的数量指标来描述结构效度。

④结构效度主要用于智力测验、人格测验等一些心理测验方面。

3. 准则效度

准则效度也称为实用效度，是指用一种不同以往的测量方式或指标对同一事物或变量进行测量时，将原有的一种测量方式或指标作为准则，用新的方式或指标所得到的测量结果与原有准则的测量结果做比较，如果新的测量方式或指标与原有的作为准则的测量方式或指标具有相同的效果，那么，我们就说这种新的测量方式或指标具有准则效度。

三、信度与效度的关系

信度与效度是评估测量质量的两个标准。

信度是效度的必要条件，但不是效度的充分条件。没有信度就不可能有效度，但有了信度不一定有效度。

首先，有效的测量，一定是可信的；其次，不可信的测量，一定是无效的；再次，可信的测量，不一定都是有效的。

思　考　题

1. 简述测量的概念与过程。
2. 简述指标与量表的差异。
3. 简述测量的四种层次。
4. 简述概念化的原因。
5. 简述李克特量表与罗森伯格量表。
6. 简述信度、效度的概念及其关系。

第七章　访　谈　法

本章对访谈法进行了介绍，首先对访谈法的含义、类型和特点等进行了简单概括，着重讲解了访谈的过程和技巧以及访谈员的选择与训练，最后对无结构式访谈的几种类型以及座谈法进行了简要介绍。

第一节　访谈法的含义及类型

访谈法是最普遍的社会研究调查方法之一，是收集资料的最基本方法之一，是社会工作者必须掌握的一种工作方法和基本技能。它是通过访谈者与访谈对象的交谈这一互动方式获得调查资料，了解社会情况的基本社会调查方法。

一、访谈法的含义

访谈法，也称访问法或谈话法。它是访问者有计划地通过与被访问者交谈等方式来收集调查资料与信息的一种社会调查方法。访谈法一般都是访问者向被访问者做的面对面的直接调查，大多通过口头交流方式获得信息。它可以在调查中作为主要的调查方法去收集所需资料，也可以作为调查方法的一种辅助方法去补充调查内容或者去验证某些资料。访谈法是认识社会、了解社会的一种最常见的方法。

访谈是一种特殊的人际沟通，是了解人们过去和现在的经历或动机与看法的科学方法。要注意访谈与日常人们交谈的不同之处。访谈一般都具有很强的计划性，它要有调查研究的主题，还要有准备好的调查提纲。而交谈大多是无意识地进行，计划性不强。访谈具有预定的计划，有专门的主题，还有一定的工具和辅助手段，它是人们日常交流信息的方法。

二、访谈法的类型

根据不同的标准可以将访谈法分为不同的类型。

1. 根据访谈内容划分

根据访谈内容的不同，可分为标准化访谈和非标准化访谈，或根据对访谈过程的控制程度分为结构式访谈和无结构式访谈。

所谓标准化访谈就是按照统一设计的、有一定结构的调查表或访谈提纲的内容所进行的访谈，它也叫作结构式访谈。这种访谈的特点是访谈的内容大多已在调查表中做了精密的安排，访谈员根据设计好的调查表，逐项向访谈对象提问，并将访谈对象的回答填入调查表中。这种访谈法在访问中所提出的问题、提问的方式和顺序以及对被访问者回答的记录方式都是统一的，甚至连访谈的时间、地点、周围环境等外部条件也力求保持基本一致。访问者严格按照调查表上的顺序提问题，自己不能对问题作出任何解释。

非标准化访谈亦称无结构式访谈，就是按照一个粗线条的访问提纲较自由地进行访谈。这种访谈不要求严格按照设计好的访问提纲进行，它可以根据访谈时的实际情况做必要的调整。灵活地变换提问的顺序和方式，对于被调查者不理解的地方加以解释说明，对回答中出现的重要问题及时加以追问。对于提问的方式和顺序、回答的记录、访谈时的外部环境等，都不做统一的规定和要求，而由访问者根据具体情况灵活处理。

2. 根据方谈方式划分

根据访谈方式的不同，可分为直接访谈和间接访谈。

直接访谈就是访问者和被访问者之间进行面对面的交谈。这种方式分为两种：一是访问者到被访问者中进行实地访谈；二是邀请被访问者到访问者安排的地方进行访谈。

直接访谈的优点是能够问较多的问题，得到间接访谈所得不到的资料，它能比较直观地了解被访问者的行为、特征、动机等。其缺点是访问者容易影响被访问者，使被访问者感到访问者的压迫，不能回答出其真实想法。

间接访谈就是访问者借助于某种工具，而不面对面地对被访问者进行访谈。比如电话访谈。它费时少、费用省、保密性强，但只能询问比较简单的问题。总的来说，间接访谈省时省力，被访问者有充足的时间考虑，但它的适用范围较窄。

3. 根据访谈对象划分

根据访谈对象的不同，可以分为个别访谈和集体访谈。

个别访谈是对单个访问对象进行的访谈。这种访谈一般只限于访问者与被访问者之间，他们通过交谈进行消息传递，不会受访谈外第三者的影响。访问者只要控制好谈话内容与环境，就能使被访问者畅所欲言。

集体访谈是访问者请多个被访问者在一起通过集体座谈的方式进行的访谈。这是社会调查常用的一种方法，也叫作开座谈会。集体访谈实质上是个别访谈的一种扩展形式。

三、访谈法的优缺点

1. 访谈法的优点

(1) 信息是双向导通的

与问卷法比，问卷法中调查员发出的询问和被调查人的回答，是通过问卷做中间传递介质的，二者之间没有直接的、面对面的联系。在访问中，由于双方直接交谈，被调查人可以对不懂的问题要求解释，调查员可以及时发现误解而作出纠正，信息在二者之间是双向传导，能够随时纠正干扰造成的失真，保证了信息的传导疏通。

(2) 环境是可控制的

由于面对面接触可以了解被调查人提出信息的环境，而问卷法做不到这一点。访问法可以选择安静的地点，可以避开或引开旁人的注意，并且可以保证与抽中的人交谈，不会使代表性受影响。

(3) 回收率有保证

由于是面对面地打交道，可以施加种种影响使对话开展起来，取得预期效果，这要比回收问卷有把握得多。在许多文化水平较低的人群中，他们更乐于使用谈话的方式，而对于问卷的文字回答则感到困难和生疏。

(4) 回答有效、深刻

通过单独接触，不但能听到回答，看到表情，往往还可以确定回答是认真的还是敷衍的，是自愿的还是迫不得已的，这样对判断回答是否真实有效是有帮助的。

(5) 方式方法较灵活

在非标准化访谈时，可以根据被访人的特点，选择提问顺序、提问方式与措辞。当然这样做虽然有利于信息的获得，但回答的规范性就要差一些。

2. 访谈法的缺点

(1) 费时间、人力、物力

由于必须找到被访人，而他们可能在一个很大的区域里，访问时还必须选择适于访谈的时间和环境。因此,为了完成一次访谈,用于寻找的时间有可能大大超过访谈时间。

(2)受调查员的影响较大

由于调查员与被访人员是面对面的交往关系,因此,调查员的性别、年龄、外貌都会对访谈造成影响。

(3)被访者缺乏思考的机会

调查访问是以问答形式出现的,被访者对问题的思考往往受时间限制而不充分,有时也没有机会去核对事实,同时在接受访问时容易疲劳,不像回答问卷那样可以自由安排时间。

(4)匿名性差

在不具姓名的问卷回答中,调查对象没有精神压力,可以畅所欲言。但是在访问中,由于面对面谈话,对于敏感性问题,被访人往往回避,回答模棱两可,或者干脆拒绝回答。

第二节　访谈的程序与技巧

访谈法是一种十分常见而且实用的调查方法,访谈是一种社会交往过程,访谈中调查者与被调查者之间形成了一种社会互动关系,访谈资料正是通过这种社会互动得到的。因此,访谈能否取得预期效果,收集到真实、详尽的资料,取决于访谈调查的组织、准备;取决于访谈者对被访谈者是否建立起相互相信、相互理解的人际关系;取决于访谈者的个人素质。一般来说,访谈大体可以分为访谈准备、进入访谈、访谈过程的控制、结束访谈和访谈记录整理。下面结合每一个阶段的特点,介绍具体的访问技巧。

一、访谈准备

1. 按照研究目的确定访谈类型和访谈提纲

选择适当的调查类型是做好访谈调查的基础,因此,如果是进行探索性研究,需广泛征求各界的建议和意见,则一般选择无结构式访谈;若研究目的是验证某种假设或要迅速获得多数人的态度,则一般选择结构式访谈。在调查类型确定后,要根据研究目的与访谈方法制作相应的调查表或访谈调查提纲,学习与调查有关的各种知识。访问提纲或调查表有两种形式,一种是标准化的访谈提纲,实际是调查人员提问并填写的调查问卷,要求调查的背景、条件、内容过程大致相同,以提高访谈速度和效果;另一种是非标准化的访问提纲,提纲只列出调查人员要了解的主要问题,并具体化为几个方面的问题,给访问过程提供一个思路。准备好访谈提纲是进行访谈工作的首要工作,还需要对人文环境、社会文化传统、风俗习惯等内容的了解。

2. 要明确访谈对象,并尽可能充分地了解被访谈者

访谈对象的选择要服从访谈内容的需要。要选择最了解情况,而且兼顾各个层次各种身份的人,以收集来自不同方面的信息,全面了解情况。同时还要考虑到不同的年龄层次。选准访谈对象后,要在可能的条件下对被访者的性别、年龄、职业、文化程度、工作经历、性格、习惯、兴趣、爱好,特别是当前的思想状况和精神状态等基本情况,尽可能多地了解,这对于正确选择访谈方法和灵活运用访谈技巧具有重要意义。

3. 要选好访谈时间和访谈地点

访谈的时间和地点也直接影响调查对象的思想、情绪和访谈效果。最佳访谈时间是被访问者工作、劳动、家务不太繁忙而且心情比较舒畅的时候。访谈时间一般要求尽量照顾调查对象的工作、学习、娱乐的方便,以免被访者产生厌倦心理。在访谈地点上,尽量安排在被调查对象不受干扰的住所或工作点附近,以有利于被访者准确回答问题和畅所欲言为原则。

总之,访谈时间和地点的选择,都应有利于访谈的顺利进行,有利于访谈调查的质量和效率。

4. 拟定访谈实施程序表

在完成上述准备工作之后,应对拟定访谈实施程序表,对要进行的工作与时间全面安排,这种程序表应包括访问前应阅读的文献材料、对有关访问工作文件或资料事先准备、取得被访者的联系资料、约定访问时间及地点、对访问过程的控制、对访问可能出现的问题事先作出假设,并提出防范措施。

5. 准备访谈工作

在临赴现场访问前的最后一道工作是准备工具。工具分为两类:一类是普通工具,如笔、记录本、稿纸、工具包等;另一类是专用工具,如调查表格、文件资料、调查说明书、问卷、照相机、录音机、计算器等,此外还应有调查机关所发文件、介绍信和有关证件。

二、进入访谈

在实地调查之前，有必要与访谈对象所在的当地政府或其他组织机构取得联系，征得他们的允许和支持，这对开展工作大有裨益。建立良好的人际关系，接近被访问者是访问工作的开端，开好头起好步对后面的访谈至关重要。

当研究对象是一个社区或社会组织时，通常都是先和其领导人洽谈，以争取他们的合作，如果是规模较大涉及面较宽的调查，有可能的话，最好在调查前召开群众大会，请地区或单位负责人召集主持，向群众阐明调查的目的和意义，调查与群众的利害关系及对群众的要求，这样做能使调查获得很好的配合。

“进入访谈”是访谈的开始，它是由请求及第一批问题组成，目的是实现：

①回答者产生回答问题的动机；

②做好回答问题的准备。

开始访问是一种真正的艺术，全部资料的可靠性在很大程度上取决于访谈者在这方面的表现。

访问者在接近被访问者时，首先要进行自我介绍，然后说明来访目的及为什么要进行此项研究，请求他的支持与合作。此外，还要告诉被访者，他是如何被选出来的，这一阶段的主要任务是与调查对象建立融洽的关系，消除其顾虑，使他们产生参与研究的动机。在这一阶段，最容易出现陌生感，它使双方拘束无言，也可能出现调查对象以各种原因拒绝受访的现象。因此，为了创造有利于访问的氛围，除对访问对象表示礼貌外，为打破僵局，正式对话前可以谈谈调查对象具备或熟悉的方面，从而消除拘束感。有了利于访问的气氛后，就可以详细说明要调查的内容，提出第一批问题，因为这时被访者的意识尚未转向问题题目，他必须有一个预先心理上的酝酿过程，因此开始切忌提出一些大而复杂的问题。经验证明，开始回答问题顺利能使被访者信心增强，双方互动协调到这时才可以进行深度访问。

三、访谈过程的控制

访谈的过程是访谈者提问的过程，因此提问成功与否是访问能否顺利进行的一个关键。但访问时对调查对象施加影响的，并不只是提问本身，调查者的音容笑貌、举止动作都会影响到调查对象的情绪，关系到访谈是否顺利进行。因此，提问与表情动作是控制访谈的两个主要手段。

1.提问控制

提问是访谈法的主要手段和环节，在整个访谈过程中占有重要地位，从一定意义上说，访谈技巧首先是提问的技巧。

(1)题目的转换

访谈过程提出的问题可分为两大类，即实质性问题和功能性问题。所谓实质性问题是指为了掌握访问调查所要了解的实际内容而提出的问题，有四类实质性问题：①事实方面的问题，例如，被访者的姓名、年龄等；②行为方面的问题，例如，"你是否出过国?"；③观念方面的问题，例如，"您认为当今社会老年人最迫切的要求是什么?"；④感情、态度方面的问题，例如，"你对现在的学校生活满意吗?"。

功能性问题是指在访谈过程中为了对被访者发生某种作用而提的问题。它也分为四类：①接触性问题，例如，"您的孩子读几年级了?""您这会工作忙吗?"提出这些问题的目的不是了解这些问题本身，而是为了接触被访问者；②试探性问题，例如，"您今天有重要的工作安排吗?"，这一问题是为了试探一下，访谈对象和时间的选择是否恰当，以便决定访谈是否进行，如何进行；③过渡性问题，从工作问题转向家庭问题，这样就显得比较自然；④检验性问题，访谈者为了检验前一个问题而又提出一个问题。一般来说，访问者对实质性问题比较重视，而对功能性问题却往往比较容易忽视或不善于使用，然而提问的技巧恰恰突出表现在功能性问题上。

提问的语言要求言简意赅。一个成功的访谈，应该使用简短的提问换取充分的回答，而非用冗长的提问换取简短的回答，这也是访谈法与问卷法的区别之处。同时，在提问的问题上尽量通俗易懂，口语化和地方化，而不应使用太多的学术语言、书面语言，这样才能收到很好的效果。

(2)对问题的追问

当被访者对问题的回答含糊不清时就要进行追问，以期引导调查对象做更准确更充分的回答，或至少给予一个最低限度可接受的回答。当回答前后矛盾不能自圆其说，或回答残缺不全不够完整时，也需要追问。追问可以采取正面的方式，即正面指出回答不真实、不具体、不准确，请对方补充回答；追问也可以采用侧面的方式，即换一个侧面或换一个角度、一个提法而追问相同的问题。追问特别是正面追问，是一种比较尖锐的访问方式，容易引起对方的反感，因此追问一般放在访问后期进行，而且应当尽量采取中立的追问。贝利认为，一个中立的追问包括复述问题，每当被访问者支吾或看来并未理解问题时，应将问题再次进行复述；复述回答，当调查者不能肯定自己理解了被访问人的回答时，可以复述一下被访问人的回答，以使回答者与调查者确证对回答做了正确的理解；表示理解和关心，访问者可表示自己已听到的回答，从而激发回答者继续谈下去；停顿，若认为回答不完全，调查者可停顿不语，表示等待他继续谈完。一个中立的问题或评估，例如，“你讲的这个是什么意思？”或“你是否能给我再多讲一些？”。

（3）合适的发问与插话

访问过程组织的好坏，取决于问题的好坏、提问的方式、提问时机的把握。访问既然是说双方的互动，它就是一个动态的过程，不可能完全按照某种模式进行，访问员必须根据具体情况灵活处理，其中包括提问与插话，这就要求调查员善于捕捉时机。调查者有时需要调查对象的回答，特别是当他对其过去的经历不做任何回答时。例如，他只讲他们的外在活动而不讲内在的动机、当时的想法等，这时就需要提问，像问一些有关他们对这些活动所造成的个人关系与社会现象等的看法和态度问题。又例如，有时调查对象陷于过去一些琐事而不举出特例，也应用一些适合的问题寻求一个肯定的解答，这些问题往往是调查组临时提出的，不一定与正常过程或预先的计划有关。

有时调查对象在谈话中途可能停顿一下等待调查者暗示，以便开始另一个问题的谈话，这是调查者提出准备好的问题的最好时机，例如，“以往怎样呢？”“你对此事的看法如何？”等。有时为鼓励调查对象，特别是那些不善于讲话的人，调查者要插几句鼓励或表示对刚才的谈话满意的话。当调查对象对其过去的经验不能清楚的回忆时，可提一些补充问题，帮助他回想，有的插话与提问则完全为消除回答者的疲劳之用。

总之，提问应注意：第一，始终保持中立态度。如果结构式访问，访问员只需照本宣科，避免对问题做阐释；如果是无结构式访问，则所提问时的发问、插话，都应尽量避免倾向性，不允许对回答者的答案进行诱导。第二，把握方向与主题焦点，尽量减少题外话，以便集中注意力讨论重要问题。第三，注意时间上的顺序，特别在研究变迁问题时，事件发生的先后顺序非常重要。第四，使用的语言越简单越通俗越好，以能达意为原则，不要漫无边际，也不要带有情感字眼，如先进、落后、僵化。第五，根据访问对象的特点，灵活掌握问题的提法与口气。如对待老年人要慢谈近谈,对待儿童要亲切,所提问题力求浅显易懂,对反应快的人则可单刀直入、尖锐发问。

2. 非语言信息的处理

访问调查中语言是关键,语言能传递调查信息,但人的外表,行为、表情、目光,着装以及周围环境等非语言因素,也能传达一定的信息,也是重要的交流媒介,因此,访问技巧也包括表情与动作技巧。访问员可通过自己的表情与行为和被访问者表情、行为的交流,控制访问过程,达到访问目的。

①衣着打扮、服饰等外部形象,往往是一个人的职业素养、经济状况和兴趣爱好等内在素质的综合反映,初次见面,一般都是从对方的外貌获取第一手信息,形成初步印象。访问者不仅要注意自己的衣着打扮,与调查工作相适宜,切不可只追求时尚与被访问者形成强烈反差,造成被访问者的反感;同时,访问者还可通过被访问者的衣着和外貌来获取调查所需要的资料。

②动作和姿态等行为都是受思想、感情支配的,访问者既可通过自己的行为来表达一定的思想感情,又可通过观察被访问者的动作、姿态来捕捉对方的思想与感情信息,以决定访谈工作的进程。如前所述,在访谈中,为防止跑题,可以利用喝茶、点烟等打断谈话,然后引导被访问者走向正题;也可"点头"表示赞同、同意,还可匆匆记录,表示对方讲的内容很重要,这些都是在鼓励对方谈话。

③眼神和表情,眼睛是最富于感情的器官,是人的心灵窗口,面部表情是人的内心感受的外化,也是表达思想感情信息的方式。目光频频交往是正常交往,而目光躲闪或死盯对方,则有生疏、惊讶、敌意之感。面带微笑,表示赞许;紧锁眉头则表示疑虑或沉思。这就要求访问员自始至终要使自己的表情礼貌、谦虚、诚恳、耐心,不要毫无表情,因为被访问者总是希望自己的话,能受到对方的注意,否则谈兴会降低,当调查对象谈到成就时,要表示高兴和肯定,使双方的互动过程变成情感的交流过程,保证访问顺利进行。

四、结束访谈

访谈活动的最后一个环节是做好结束工作,一般说结束访问要做到适可而止和善始善终。适可而止,主要是每次访谈活动的时间不宜过长,一般以一至两个小时为宜,但不能过于机械,应视具体情况灵活掌握,以不妨碍被访问者的正常职业活动和正常生活秩序为原则。善始善终是要向被访问者对调查工作的支持表示感谢，感谢从对方那学到了许多有用的知识，同时还应肯定通过访谈建立或加深了友谊，为以后调查做好铺垫。

五、访谈记录整理

访问调查一般都要做记录，记录可分为笔访和录音录像两种。如果访问对象允许，可使用录音机、录像机，这种方式使访问谈者可以全神贯注于提问；但由于录音（录像）最终还是要用笔记下来，因此笔访是各种访问记录的最基本形式。

结构式访问记录比较简单，只需要按规定的记录方式，把被访问者的答案记录在事先设计好的表格或问卷上即可。无结构式访问记录分为当场记录和事后记录两种。

第一，当场记录。当场记录是边访问边记，有时需征得访问对象的允许。当场记录有速记、详记和简记三种。速记是用速记法把对方的回答全部记下来，然后再进行翻译和整理；详记是用文字当场做详细记录，人人看得懂；简记是用一些符号或缩写来记录。但无论是用何种记录方式，在记录内容上都应抓住几点：记要点，即主要事实、主要过程、主要经验、主要教训、主要观点、主要建议和意见；写特点，即记录具有特色的事件和情节，具有个性的语言和表情，特别是要注意捕捉那些"闪光"的思想或语言；记疑点，即为了不打乱对方的思路和谈话，应把各种疑问的问题记录下来，待结束时询问；记基本点，即在访问的地点、时间、组织名称、各种数据等基本点要记录；记感受点，即在访问过程中，访问者必然会有一些重要的感想、思考和体验，应及时记录下来。

第二，事后记录。事后记录是在访问结束后靠回忆进行记录，它可以不破坏访问者与被访问者之间的互动，提高无记录的谈话可信程度。但事后记录仅凭访问者个人的记忆，或因个人主观因素（如偏好）和个人主观见解，造成有些问题重视，有些问题忽视的结果。因此，访问者要不断训练自己的记忆力，同时，采用一些技巧，如列好谈话提问顺序，依序提问，依序翻译，以提高记录的完整性。

记录工作除记录调查对象的回答和陈述外，还应记录调查对象的生活环境，如居住条件，家里情况，还可以用照相机拍摄一些访问地点的景物照，这样访问记录既包括听到的、看到的，还包括想到的。

第三节　访谈员的挑选与训练

访谈员也可称为访问员，是访谈中的中心人物，研究结果在很大程度上取决于访问者的个人品质、特征和能力。一个好的访问员，不但所得的资料丰富、可信，而且还可以从访问中获得新思想、发现新问题，通过访问获得对问题更深的认识与理解，反之，就只能了解到表面的，甚至不真实的社会现象，因此，利用访问收集资料的任何研究都有一项任务，即挑选和符合该项研究要求的访问员。

一、访谈员的选择

一般地讲，应尽可能选择那些经过训练、有调查经验、对所调查的问题比较熟悉的人做访问员。实践证明，这样的访问员能大大提高调查的质量、降低调查的成本。特别是无结构式访问，对访问员的质量要求更高。

访问员应具备的条件分为两类，一类是由研究主题的性质、社区类型及调查对象的特点所规定的，另一类是任何研究的访问员都应具备的，前者称特殊条件，后者称一般条件。

1. 特殊条件

重要的特殊条件有下述几个方面。

(1) 性别

研究表明，男性访问员去访问领导人较适宜，对女性的访问则以女性较适宜。在访问生产、政治问题时，以男性访问员为宜，而婚姻、家庭调查则以女性访问员较合适。

(2) 年龄

通常是青年访问青年较好，对于身份较高、影响力较大的领袖或年龄大的人，宜以年龄较大者为佳。在政治和经济问题的研究中也不宜以年轻人为访问员。

(3) 教育

研究表明，教育水平高的访问员在问问题方面造成的差异最小，教育水平对访问的重要性，还在于访问技巧的运用和对于被访问者的反应程度。因此，在研究复杂问题的时候要相对提高访问员学历的要求，而且要求具有一定的经验。

(4)地区

我国地域广大,民族众多,各地区风俗习惯、语言等差异极大,并且城乡间也有很大的差异。因此,在选择访问员时要充分考虑这一点,尽量选择当地的、同民族的人作为访问员。总之,访问者与被访问者背景越相近,访谈效果就越好。特别是对那些敏感性的问题,如民族、宗教等问题,为减少回答的误差,最好的办法就是使用一个与被访者特征大致相同的访问员。

2. 一般条件

主要的一般条件有以下几种。

(1)诚实与精确

这是调查员必须具备的最基本的素质。诚实认真一方面表现在准确地遵守工作细则;另一方面表现在忠于访问的事实,对于访问资料的记录必须十分精确,敷衍从事则不行。

(2)兴趣与能力

如对访问工作没有兴趣,就不可能把工作做好,特别是经过几次访问后,调查工作会变得枯燥起来,若不是真对工作有兴趣,造成误差的机会就会增加,除对访问工作的兴趣外,访问员必须具备一定的能力。主要应具有的能力是观察力、辨别力、表达能力及交往能力。

(3)勤奋负责

实地访问调查是件极其辛苦的工作,此外还有精神上的痛苦。例如,受访对象的冷淡、拒绝等。若无责任心,不能吃苦耐劳,就会知难而退,完不成访问任务。这个条件是对访问员相当重要的要求。

(4)谦虚耐心

访问员抱着虚心求教,亲近对方的态度,被访问者才能知无不言,言无不尽。要善于耐心听完被访问者的话,并能耐心讲解问题,即使碰到无礼对待亦要有耐心,否则很容易造成关系紧张,甚至发生争吵,导致访谈失败。

二、访谈员的训练

关于训练访谈者的意义及训练对研究结果的影响可根据英国进行的有趣的试验结果说明。参加这一项试验的有三种访问员,即来自政府调查组织的职业访问员、来自不列颠舆论研究所的职业访问员和伦敦经济学院的大学生。有经验的访问员和没经验的访问员取得的成果之间的差别在所选择的三个试验区里是明显的,不管访问的内容是关于肺病、读书还是储蓄状况,也与访问者的性别与年龄无关。三种访问员的访问结果见表7-1。

表7-1 三种访问员的访问结果

	政府调查组织	不列颠舆论研究所	伦敦经济学院
访问成功	83.7%	81.3%	69.5%
拒绝访问	3.5%	3.2%	13.5%
没有接触	5.0%	6.7%	5.8%
不在家	. 5.4%	7.5%	10.1%

对于大规模的结构式访问,训练访问员的意义不只在于提高访问员的访问技巧和能力,而更重要的是为了保证访问过程的标准化。因为大规模的结构式访问需要的访问员数量一般较多,他们在对于问卷的理解,对访问中出现问题的处理,以及对答案记录的方法上均难免存在差别,需加训练统一,以降低并消除误差对调查结果的严重影响。下面我们主要介绍结构式访问访问员的训练方法和一般步骤。

①研究指导者做简要介绍,介绍包括该项研究的目的、意义、整个调查的范围,调查对象的数量及每人的工作量,调查的步骤和每阶段所需时间,付给多少报酬,共需工作多久等。

②阅读问卷、调查员手册或访问指南及其他与该项研究有关的材料。先由访问员认真阅读,然后由访问指导者逐条对上述文件进行讲解和提示,使访问员明确每个项目内容,回答类别及如何记录回答,明确访问中每一步工作及其对他们的要求。对于访问员提出的问题,访问指导者要一一给予回答,并与访问员一起对问卷的条款进行讨论。

③举行模拟访问,可在访问员之间一对一互相访问,也可以找个试验点,使每个访问员实际操作一遍。研究指导者应从旁观察与协助,并严格检查访问结果。模拟访问的目的是发现和解决在实际访问中可能出现的潜在问题,熟悉访问内容与磨炼访问技巧。

④集体讨论,结合模拟访问,全体访问员与访问指导者一起再次逐一复习和讨论问卷的所有问题,并将每一疑问加以解决,并指出今后工作中应注意的问题。

⑤建立监督管理办法,包括将访问范围和访问对象进行分配、建立相互联络和互相帮

助的方式、定出每天工作进展、资料可靠度以及纪律要求、访问备要及工作日记的记法与要求。备要记载与访问技术有关的问题,如找哪些被访人?如何对待不同的问题与人物?日记则记录当天的活动、包括生活、思考、新问题、访问心得、挫折及特殊事件等。

第四节　无结构式访谈

结构式访谈和无结构式访谈是两种重要的访谈方式,本节将重点讲解无结构式访谈。

一、无结构式访谈的概念

无结构式访谈又称为非标准化访谈,它事先不制定统一问卷、表格和访谈程序,只给访谈者一个题目,按照一个粗线条的访问提纲进行访问。访问者与被访问者就此问题进行交谈,双方各抒己见,被访者可以自由发表自己的意见,访问者可通过交谈提出新的问题,并产生新的启发和思考,深化对问题的了解,找到问题的关键。这种访谈法对访谈对象的选择,可根据访谈时的实际情况作出必要调整,这就克服可结构式访谈的局限,有利于充分发挥访谈者与被访谈者的积极性、主动性、创造性;有利于适应千变万化的客观情况;有利于调查原调查提纲中未考虑到的新问题、新情况;有利于拓宽和加深对社会问题的研究。但这种方法对访谈者的素质要求较高,所得资料难以进行定量分析和对比研究。

二、无结构式访谈类型

无结构式访谈根据访谈的目的、访谈内容和实施方法的不同,分为重点访问、深度访问和客观陈诉法三种类型。

1. 重点访问

重点访问又称集中访问,它是集中于某一经验及其影响的访问。这种方法是由美国社会学家莫顿等人创造的。重点访问法的重点不是指访问对象的重点挑选,而是访问所侧重的内容。具体方法是,先将访问对象安排到一定的情景当中,然后请访问对象自由说明他在这一情景中的主观经验,即个人对情景的认识。由于问题的内容是事先确定了的,当访问者将调查对象投入一种情景后,提出一些问题让访问对象回答。虽然这些问题通常是不完整的或者完全没有结构的,而且也不一定事先准备好措辞,但访问者会把问题重点集中在事先确定的内容上，因此，被访问者是在访问者控制的问题范围内自由回答。

重点访问是建立在某种情景的刺激之下，使调查对象产生特殊的反应，研究者通过这些反应来获得信息加以解释。这种调查方法总是有一个预先的假设为基础，然后收集各个人的反应、经历或特殊情感资料。正是由于这种特点，重点访问常被用于检验在具体情境下的人类行为的有关假说。

2. 深度访问

深度访问也叫实地访问，是为搜寻特定经历及其行为动机的主观资料所做的访问。常用于个案调查，在生活史研究中常常采用这一方法。

深度访问与重点访问相似，也是有重点地询问问题，因而也可视为一种半结构式访问。深度访问一般是选择个人生活历史的某些方面向调查对象提问，访问是机动的或结构松散的，它允许充分探索和深究在访问过程中引发的信息和意外的问题。当然由于对不同的人提出不同的问题，因而资料的可比性受到损失；但这一损失可在偶然的重大发现中得到补偿。这种偶然的重大发现往往带来问题的突破。

3. 客观陈诉法

客观陈诉法又称非引导式访问，是让被访者对其本人和所处的社会环境进行一番考虑再客观的陈诉出来，即访问者鼓励被访问者把自己的信仰、价值观念、行为及其所生活的社会环境客观地加以描述。在这种访问中，访问者几乎完全是依赖于插问，意在了解被访问者最深层的思想感情。它可以引出甚至连回答者都不知道或自己都不愿承认的感情。访问者从被访者那里获得的不仅是资料，而且还有对资料的某种解释。访问者必须对调查对象的背景、价值观念、态度有比较深入的了解，否则就无法判断对资料的真伪程度。同时还要考察被访问者的处境和地位。如果被访者无机会观察研究访问对象，或没有能力评价他的社会环境，就要谨慎的考虑资料的可靠性。客观陈诉法是一种能让被访者表达意见的方法，是一种能使研究者直接接触被访人的观念、价值观或动机的调查研究方法。

第五节　小组访谈法

小组访谈法，也叫集体座谈法，它是访谈法的延伸和扩展。而“头脑风暴法”和“德尔菲法”，从一定意义上说，都是小组访谈法在现代条件下的进一步丰富和发展。

一、小组访谈法的概念和种类

1. 小组访谈法的概念

小组访谈法，就是调查者邀请若干被调查者，通过小组座谈的方式了解社会情况或研究社会问题的方法。小组访谈法，实质上是访谈法的一种扩展形式。小组访谈法同个案访谈法一样，都是进行直接的口头调查。小组访谈法的特点在于，它所访谈的不是单个的被调查者，而是同时访谈若干个被调查者。因此，小组访谈过程不仅是调查者与被调查者之间互相影响、互相作用的过程，而且是若干个被调查者之间互相影响、互相作用的过程。要取得集体访谈的成功，调查者不仅要有熟练的访谈技巧，而且要有驾驭调查会议的能力。这说明，小组访谈法是比访谈法更高一个层次的调查方法，也是一种更难掌握的调查方法。

小组访谈一般都有特定的内容，都会围绕着某个专门的题目而展开。因此，这类调查方法被称为“专题小组访谈”或“焦点小组访谈”(focus group)。调查者常常组织具有相同或相似背景及经历的人组成一个专题小组，以便使讨论的内容和话题更加集中，从而获得更多的信息。并且，具有相同经历的人在一起讨论可以相互支持、相互启发，可以促使被调查者更深入地发掘平时藏在内心里的情况。例如，在研究外来民工问题时，可以将邀请的若干外来民工组成一个专题小组，让他们共同讨论“外来民工在城市里生活所遇到的困难”。采用这种方式，参加讨论的人通过相互支持和启发，往往可以说出平时没想到或不便说的情况和想法，因此可以使调查者获得更加深人和广泛的研究信息。

2. 小组访谈法的种类

小组访谈法，按照不同的标准可以做不同的分类。

(1)按照调查的目的来区分

按照调查的主要目的来区分，大体上可分为两类：一类是以了解情况为主的小组访谈，另一类是以研究问题为主的小组访谈。这两类小组访谈，在访谈的规模、调查对象的选择等方面，都有许多不同的特点。

(2)按照会议的形式来区分

按照会议的形式也可将小组访谈法分为两类：一类是互相讨论式的小组访谈，即与会者互相研讨和争论，既可互相补充，又可互相反驳；另一类是各抒己见式的小组访谈，即与会者充分发表自己的意见，但一般不批评别人的意见，所谓的“头脑风暴法”就属于这种类型。

二、小组访谈的实施

小组访谈法，是比个体访谈法更为复杂的一种调查方法。因此，要取得小组访谈的成功，必须认真做好访谈前的准备工作，必须对访谈过程进行正确的指导和有效的控制，还必须及时做好访谈后的各项工作。

1. 小组访谈前的准备

用小组访谈法进行调查，参加人员较多，访谈时间有限，因此，一定要认真做好访谈前的各项准备工作。准备工作主要有以下一些方面：

（1）明确访谈的主题

小组访谈的主题要简明和集中。如果访谈的主题含混不清，被调查者就会很难发表意见，或者发表的意见偏离调查主题。同时，一次调查的内容不宜过多，否则被调查者很难集中讨论有关的问题。如果确实需要一次讨论若干问题，最好将各个问题分段讨论。此外，小组访谈的主题应该是与会者共同关心和了解的问题。凡是只有个别人关心和了解的问题以及通过个别交谈就能解决的问题都不宜作为小组访谈的主题。

（2）准备调查纲目

小组访谈前，调查者应认真考虑会议的具体内容，拟出详细的调查纲目，并按照调查纲目的要求来具体指导访谈。如果调查者自己对调查的内容心中无数，全靠到小组访谈会上临时考虑、临时提问，就很难取得好的调查效果。拟定具体的调查纲目，是做好小组访谈的必要条件。

（3）确定访谈规模

小组访谈参加者的人数规模应当适宜。因为每次访谈的时间有限，人多了就难以使每个与会者有充分发言的机会。人数太少又难以收到集思广益的效果。从实践上看，小组访谈多以 5 ~7 人为一组。在具体设计小组访谈的规模时还要取决于调查内容的客观需要和调查者驾驭访谈的能力。一般地说，以了解情况为主的小组访谈，访谈规模可适当大一些；以研讨问题为主的小组访谈，访谈规模应适当小一些。调查者驾驭访谈的能力较强，参加小组访谈的人数就可多一些;反之,就应该少一些。

(4)物色访谈对象

正确物色到访谈对象,是做好小组访谈的基础。一般地说,访谈对象应该是具有某种代表性的人、了解情况的人、敢于发表意见的人、互相信任的人。更具体看,以了解情况为主的小组访谈,要特别物色那些与调查内容直接相关的当事人、主管人和知情人参加访谈会;以研究问题为主的小组访谈,则应着重物色那些对调查课题有实践经验的人、有理论修养的人、有独特见解的人、能发表自己观点的人参加会议。在确定到会人员之后,应尽可能先征得被邀请者同意,然后再正式发出邀请,并应争取在会前将访谈的具体内容、要求和到会人员的名单告诉全体到会人员,以便他们做好参加会议的思想准备和材料准备。

(5)选好访谈的场所和时间

访谈的地点应该比较适当、方便,应该有一个比较安静的环境。访谈的时间应该比较充裕,但也不宜过长。正确选择访谈的场所和时间,是做好小组访谈的一个不可缺少的条件。

2. 访谈过程的指导和控制

小组访谈的主持人对小组访谈过程的正确指导和有效控制,是做好小组访谈的关键因素。实践证明,对小组访谈过程的指导和控制,要特别注意以下几个问题。

(1)打破短暂的沉默

小组访谈一开始,往往会出现一个短暂的沉默期。其原因或者是被调查者对访谈不摸底,或者是相互之间不熟悉,因而不愿冒失地“打头炮”。为了打破短暂的沉默,访谈一开始,主持人就应扼要说明小组访谈的目的、意义、内容和要求,并对与会人员的基本情况做些简要的介绍。如果会前能物色好带头的发言人,那么在自己讲完后就可请他率先发言,这样就能缩短乃至消除访谈开始后的短暂沉默。

(2)创造良好的访谈气氛

为了创造良好的访谈气氛,主持人在访谈初期和访谈过程中可以做一些简短的插话或解释,以消除被调查者中可能存在的种种疑虑,鼓励他们大胆地发表自己的意见;有时可引导被调查者互相补充、互相启发、互相对话、互相争论,努力为小组访谈创造一种互相信任的气氛,友好合作的气氛,生动活泼的气氛。

(3)开展民主、平等的讨论

有时候小组访谈会形成少数人垄断发言,多数人“开陪会”的局面,有时候又可能出现多数人发言倾向“一边倒”,而使少数人的意见无法充分发表,这都不利于开展深入的讨论。要进行深入地讨论式调查,主持人不仅要善于发现问题、提出问题,善于组织不同观点之间的讨论,而且必须坚持民主、平等的原则。在讨论过程中,主持人要鼓励每一个与会者畅所欲言,要平等地对待每一个发言者,不可过分恭维某些发言人,给他们种种发言的特权,而忽视其他人。要特别注意保护少数人,充分尊重少数人的发言权利和意见,尽可能减少他们的孤立感和压抑感。

(4)把握访谈的主题

许多小组访谈一旦开展了热烈的讨论,就漫无边际,甚至离题太远。这时,小组访谈的主持人应紧紧把握访谈的主题,或者是因势利导,把与会者的兴奋中心引向访谈的主题,或者是另辟蹊径,围绕调查主题提出新的问题,形成新的议论中心。总之,要及时引导和控制访谈的方向,使它始终围着调查主题展开讨论。

(5)做一个谦逊、客观的主持人

在小组讨论中主持人应保持谦逊、客观的态度。主持人要注意说话简短,切忌做长篇大论的演讲;要认真听取发言人反映的各种情况和意见,不宜随意表示肯定或否定的态度;要客观地对待与会者之间的争论,一般不应按照自己的观点去偏袒某一方。只有这样,才能使被调查者有充分发言的机会,才能避免对发言人的倾向产生人为的影响,才能鼓励被调查者充分发表个人意见,并在各种不同的观点之间展开平等的讨论。

(6)做好被调查者之间的协调工作

在小组访谈中,被调查者之间可能会由于地位差异、思维方式的不同或者一些人的固执己见等原因而产生一些矛盾或分歧,并可能由于互不信任、互相戒备而无法进行真诚坦率的讨论等。在出现这些情况时,小组访谈的主持人应妥善做好引导和协调工作,以保证小组访谈的顺利进行。如果发现被调查者之间因意见冲突太大或不信任等原因而无法正常讨论时,则应采取恰当的方式及时结束访谈。

(7)应当场做好访谈记录

小组访谈可以录音或派专人做记录,但主持人自己最好也做笔记。这是因为,主持人在听取发言时，做记录或不做记录，快记或慢记，详记或略记，边听边记或边问边记，给被调查者的信息是不一样的。做记录有时可以作为指导和控制访谈的一种有效工具，它有时能起到语言信息所不能起到的重要作用。

3. 做好访谈后的工作

每次小组访谈的时间都是有限的。为了在有限的时间内，最大限度地了解情况和听取意见，许多问题来不及处理。因此，每次小组访谈后都应及时做好各项遗留工作。

（1）及时整理访谈记录

检查记录是否完整、准确，调查的情况是否真实、可靠，反映的意见是否全面、具有代表性，还有哪些遗漏或错误之处需要补充或更正。

（2）回顾和研究访谈的情况

反思访谈的进程是否正常，分析一下每个与会者的态度和表现，并对调查的结果作出适当的评价，发现其中的疑点和尚需深入探讨的问题。

（3）进一步查证事实

小组访谈会上提供的口头信息有时不具体、不精确，有时还会出现一些前后矛盾。因此，会后对一些关键事实和重要数据，都应进一步查证落实，力求使调查材料更真实、更具体和更完整。

（4）做必要的补充调查

凡是小组访谈会上遗漏了的问题，搞错了的事实和数据，发现了的新情况、新问题、新线索，都应进行补充调查。特别是小组访谈会上那些有顾虑的人，没有讲话或没有讲完话的人，以及那些接受了邀请但没有出席访谈的人，应该邀请而没有邀请的人，都应成为补充调查的重点。

三、小组访谈法的优缺点

小组访谈法是扩大了的访谈调查，因此它具有一般访谈法的优点和缺点，同时还有一些自己的优点和缺点。

1. 小组访谈法的优点

(1) 了解情况快,效率高

小组访谈法与访谈法相比,它的突出优点是了解情况快,效率高。这是因为在小组访谈中,每次访谈的不是一个被调查者,而是若干个被调查者,这样就能节省人力、节省时间,就能较快地掌握一些社会基本情况。

(2) 可以通过被调查者之间的相互交流而获得更多的信息

小组访谈法中被调查者之间有横向的交流,因此可以通过相互启发而达到对问题更深入的思考,并回忆出更多的情况。同时,小组访谈参加的人员多,提供的信息广,而且还可以互相补充、互相核对、互相修正。因此通过小组访谈,可以了解到比较广泛、真实的社会情况。

(3) 小组访谈法有利于把调查与研究结合起来,把认识问题与探索解决问题的办法结合起来

在小组访谈过程中,调查者不仅可以向被调查者了解客观情况,而且可以集思广益,通过与会人员之间的讨论而更加深人地探寻导致某种社会问题的根源以及解决社会问题的途径和方法

2. 小组访谈法的缺点

(1) 易受被访者心理因素和环境因素的影响

与个别访谈法相比,小组访谈的最大缺点是难以排除被调查者受一些心理和环境因素的影响。一些被调查者可能不善于在公开场合深入地谈论自己的观点;一些职位较高、权威较大、能说会道的人则往往垄断会场,他们的意见有时会左右整个访谈的倾向以致影响调查的结论。有些人有时可能在崇拜权威或从众心理的驱使下说些违心的话。这样,调查结论就往往难以全面反映真实的客观情况。

(2) 保密性差

小组访谈法的另一个缺点是保密性差,因而导致一些具有敏感性、保密性和隐私性等特点的问题不宜于在小组访谈上交谈。

(3) 比较费时

小组访谈法占用被调查者较多的时间,而每个被调查者发言的时间常常又很有限,并

因此而很难进行深入、细致的交谈。

鉴于以上缺点，小组访谈只有与其他调查方法配合使用，才能取得更好的调查效果。

第六节　座　谈　会

座谈会是一种集体访谈法。它是调查者邀请若干名被调查者通过座谈讨论的方式，了解社会情况或研究社会问题的方法。通俗来说是“开调查会”。调查研究是我们党和政府的工作作风，运用座谈会来开展调查研究是我们广泛使用的一种方法。

一、座谈会的特点

座谈会是扩大了的访谈调查，它有自身的特点。

1. 人多识广

其访问过程也是访问者与被访问者社会互动的过程。运用座谈法进行调查，参加人员多，提供信息广，而且可以互相启发，互相补充，互相核对，互相修正，从而获得更加完整、准确的资料。同时访问若干名被访者，了解情况快，工作效率高，也节省了人力和时间。因此，常被用于验证或调查集体行为与群体关系的倾向及心理治疗和组织诊断。

2. 有利于把调查和研究结合起来，把认识问题与探索解决问题的办法结合起来

在座谈会上，调查者不仅可向被调查者了解客观情况，而且可以集思广益，与会者可以互相研究、互相讨论、互相反驳、互相争辩，更全面、深刻地认识事物的本质及发展规律，更有利于共同探讨解决社会问题的途径和方法。

3. 有许多与个别访谈法类似的特点

如适应性强，可适用各类调查对象，包括有生理缺陷的人；有利于访谈过程进行指导和控制等。

4. 局限性

由于座谈会与会者较多，相互之间产生影响，不排除被调查者之间的社会心理因素的影响，特别是职位高、名气大、能说会道的人士，往往垄断会场的发言，其意见往往会左右会议的倾向，以致影响调查结论；反之，座谈会还容易产生一种“团体压力”，是个人顺从多数

人的意见而不敢或不愿表示己见；还应注意有些问题不适宜在会议上调查，如敏感性问题、威胁性问题、隐私性问题等不宜在调查会上交谈。

由此可见，座谈会是较个别访谈层次更高、难度更大的调查方法，要求访问者有更熟练的访谈技巧及组织会议的能力。

二、座谈会应注意的问题

1. 与会人的选择

根据长期调查经验，座谈会的人数以5～7人为宜，最多不超过10人。参加座谈会的人员应以研究目的的不同而有不同的选择，但一般原则是参加人员要有代表性，要十分了解情况，敢于发言和善于发言，相互之间应有共同语言。通常情况下，与调查问题无关的人和权威人士可不必在场。

2. 座谈会前的准备

座谈会之前应事先将所有参加座谈的人员名单、座谈的具体内容、要求、举办的时间、地点等通知参加座谈会的所有被访问对象，使大家心中有数，否则仓促上阵难免杂乱无章或无话可说。调查者在开会前要细致地做好访前准备，主要是拟写访谈提纲，使座谈会的话题有一个明确的中心和范围。

3. 座谈会的方式

（1）头脑风暴法

会议主持人不说明会议的明确目的，只简要说明会议主题的某一个方向，请与会者自由地发表意见，但不得重复别人的意见，也不允许反驳别人的意见。支持与会者在综合别人意见基础上，提出新的设想和看法。会议主持人不发表意见，不表明自己的倾向，更不对别人的意见提出批评。这种会议形式有利于自由发表意见，充分发扬民主；有利于各种观点互相启发、互相借鉴、互相吸收；有利于各种意见得到不断的修改、补充和完善。它对于鼓励创造性思维，寻求新观点、新途径、新方法具有一定的积极作用。

（2）反向头脑风暴法

对已形成的设想、意见、方案进行可行性研究的一种会议形式，即会议主持人首先列出某方面的质疑或批评性的评论，与会者不仅自己发表意见，而且必须针对别人的意见展开批评与评价，一直进行到没有问题可以质疑或批评为止；其次，把质疑和批评的意见归纳起来，并对其进行全面的分析、比较和评价，最后形成一个具有可行性的具体结论。

座谈法得来的材料有的是调查对象凭记忆或临时想起来的，因此肯定有遗漏或不准确，甚至有误。此时，需要从其他渠道得来的材料与之验证或补充。

座谈会法是我国广为使用的一种调查研究方法，社会工作者使用的很多。在长期的工作实践中积累了许多经验，在今后的工作中要根据实际情况灵活运用。

思考题

1. 简述访谈法的类型与特点。
2. 简述访谈法的优缺点。
3. 简述访谈的程序。
4. 简述访谈准备工作的基本步骤。
5. 简述访谈的技巧。
6. 简述如何选择访谈员。
7. 简述访谈员培训的一般步骤。
8. 小组访谈法的种类有哪些？
9. 简述小组访谈法的实施过程。
10. 小组访谈法的优缺点有哪些？

第八章　问　卷　法

本章内容主要介绍问卷法，简要概述了它的概念、种类，并且介绍了问卷的结构和设计原则，着重讲解了问卷设计步骤，并介绍一些问卷设计的方法，列举了问卷设计常见的错误，最后对问卷法进行了评价。

第一节　问卷法的概念和种类

问卷法是现代社会研究中最常用的资料收集方法，特别是在调查研究中，它的使用更为普遍。因此，美国社会学家艾尔・巴比称“问卷是社会调查的支柱”。问卷法是指研究者用来从个体对一些问题的回答中收集各种信息的一种调查方法。它是典型的自我陈述的方法，属于自我报告法。这样，它常与访谈法相互补充。如果个体不选择完成调查表，则研究者用接触、谈话的方法获得研究资料的部分意见和信息。

一、问卷法的概念

问卷法是指调查者通过统一设计的问卷来向被调查者了解情况、征询意见，以获得资料和数据的方法，是了解人们的一种常用方法，它能在短时间内调查众多的研究对象，简便迅速，因而常被使用。问卷是指有一系列相关问题所组成的、在社会调查中用来收集资料的一种工具。

问卷法的用途十分广泛，概括地说，主要体现在四个方面：一是描述状况，主要回答“是什么”的问题，它是人们认识社会现象的基础；二是解释原因，主要回答“为什么”的问题，它着重揭示两种或两种以上社会现象之间的因果联系；三是预测趋势，主要回答“将怎样”的问题，即以描述状况、解释原因为基础，预估性地推测未来的发展趋势；四是评估政策，主要回答“实效如何”的问题，即评价或估计实施某项政策达到预期目标的程度。在上述四项用途中，描述状况和解释原因是基本的，其他两项是衍生的。

二、问卷法的基本种类

社会研究中所用的问卷，按照问卷填答者的不同，可分为自填式问卷和代填式问卷。自填式问卷按照问卷传递方式的不同，可分为报刊问卷、邮寄问卷和送发问卷。代填式问卷按照与受调查者交谈方式的不同，可分为访问问卷和电话问卷。其中，自填问卷和访问问卷是问卷的两种主要类型。所谓自填问卷是由被调查者本人填答的问卷，访问问卷则是由访问员根据被调查者的回答填写的问卷。这两种问卷既有联系又有区别。他们虽然都是社会研究中收集资料的工具，也同样都由一系列问题和答案所构成，但是直接面对的对象却是不同的。自填问卷直接面对被调查者，而访问问卷直接面对访问员。正是由于这种区别使它们在具体的形式、设计的方法和要求等方面都存在一定的差别。适用于某种调查形式的问卷往往并不适用于另一种调查形式。

报刊问卷是将问卷刊登在报刊上，然后随报刊的发行而传递到读者的手中，并号召报刊的读者对报刊的问卷作出书面回答，然后按规定的时间将问卷的答案通过邮局寄回报刊编辑部。邮寄问卷是调查者通过邮局向被选定的调查对象寄发问卷，并要求被调查者按照规定的要求和时间填写问卷，然后再通过邮局将问卷寄给被调查者。送发问卷是调查者本人或派专人将问卷送给被选定的调查对象，待被调查者填答完后，再由调查者本人或派专人收回问卷。

各类型的问卷的特点见表 8－1。

表 8－1　各类型的问卷的特点

	自填问卷			代填问卷
	报刊问卷	邮寄问卷	送发问卷	访问问卷
调查范围	很广	较广	窄	较窄
调查对象	难以控制和选择，代表性差	有一定的控制和选择，但回复问卷的代表性难以估计	可控制和选择，但过于集中	可控制和选择，代表性较强

表 8－1(续)

	自填问卷			代填问卷
	报刊问卷	邮寄问卷	送发问卷	访问问卷
影响回答的因素	无法了解、控制和判断	难以了解、控制和判断	有一定的了解、控制和判断	便于了解、控制和判断
回复率	很低	较低	较高	高
回答质量	较高	较高	较低	不稳定
投入人力	较少	较少	较少	多
费用	较低	较高	较低	高
时间	较长	较长	较短	长

（资料来源：水延凯编著的《社会调查教程》(第五版)，第 243 页。）

另外，还可根据问卷调查的性质或应用领域，将其划分为行政性问卷调查、学术性问卷调查、应用性问卷调查，生活状况问卷调查、社会问题问卷调查、市场问卷调查、民意问卷调查、家庭问卷调查、个人问卷调查等。

第二节　问卷的结构及设计原则

一、问卷的一般结构

问卷的设计在很大程度上决定着问卷调查的回答质量、回复率、有效率，以致整个调查工作的成败。因此科学设计问卷，在问卷调查中具有关键性意义。问卷一般包括卷首语、填答说明、问题和答案、编码和其他资料等。

1. 卷首语

它是问卷法的自我介绍信，又称封面信，即一封致被调查者的短信。其作用在于像被调查者介绍和说明调查者的身份、调查目的等内容。卷首语的内容应该包括调查的目的、意义，调查的主要内容，选择受调查者的途径和方法，调查的匿名和保密原则，调查的单位名称和时间，调查单位的联系人和联系方式等。为了能引起受调查者的重视和兴趣，争取他们的合作和支持，卷首语的语气要谦虚、诚恳、平易近人，文字要简明、通俗、有可读性。卷首语作为一封致受调查者的信，一般应放在问卷第一页或第一页上部。下面就是一份问卷的卷首语：

尊敬的先生/女生：

您好！

我们是×××学校的学生，我们正在进行一项关于大学生消费观的调查，目的是研究目前大学生是如何消费的，如何培养良好的消费观。在此占用您用几分钟时间帮忙填答这份问卷。本问卷实行匿名制，所有数据只用于统计分析，请您放心填写。题目选项无对错之分，请您按自己的实际情况填写。谢谢您的帮助。

联系地址：××××××　　邮政编码：××××××

联系电话：××××××　　E－mail:123456789@sina.com

联系人：×××、×××

×××学校研究小组

2013年3月

2. 填答说明

它是指用来指导被调查者填写问卷的一组说明，也称"指导语"。其作用是对填表的方法、要求、注意事项等做一个总的说明。指导语的语言要简明易懂，使回答者懂得如何填写。下面就是一份问卷的填答说明：

填答说明

1. 请在符合您的情况和想法的问题答案号码上画上"√"号。

2. 如果填写问卷答案中有“其他”项，请在后面的横线“____”上填写您的具体情况或具体看法。

3. 如果所列问题答案项不适合您的情况，请您在问题的空白处写下您的具体情况。

4. 希望您对问卷中的每个问题都作出回答，不要遗漏，请不要与他人商量。

5. 问卷每页右边的数码及短横线是供计算机使用的，您不必填写。

如果问卷较短、回答方式比较简单，填答说明可集中安排在卷首语后面，甚至可作为卷首语的一部分；如果问卷较长、回答方式比较复杂，填答说明则应分散安排在每个问题的后面。如果是代填问卷，填答说明可省略，有关内容可在培训时向调查员说明；如果是自填式问卷，填答说明则是不可缺少的部分，而且应该比较详细、通俗，让受调查者一看就懂。

3. 问题和答案

问题和答案是问卷的主体，可以说被调查者的情况正是通过问题和答案来收集的。问卷中的问题在形式上可以分为开放形式和封闭形式两大类。在内容上又可分为有关事实的、有关态度的和有关个人背景资料三大类。

开放式问题就是不为回答者提供具体答案，而由回答者根据自己的情况自由填答的问题。简言之，就是只提问题不给答案。封闭式的问题就是在提出问题的同时，还给出若干个答案，要求被调查者根据实际情况选择一个作为回答。

开放式问题的主要优点是调查者可以充分自由地按照自己的方式表达意见。其缺点是资料难以编码和统计分析，要求回答者拥有较高的知识水平和文字表达能力，填答所花费的时间和精力较多，还可能产生一些无用资料。并且，开放式问题的答案往往只能进行定性分析，而难以进行定量的处理和分析。

封闭式问题的优缺点正好同开放式问题相反，其优点是填答方便，省时省力。资料易于做统计分析，特别适合定量分析。其缺点是问卷设计要求高，回答失去了自发性和表现力。根据开放式问题和封闭式问题的不同特点，研究人员常常把它们用于不同的调查中。例如，在探索性调查中，常常用开放式问题构成问卷；而在大规模的正式调查中，则主要采用以封闭式问题构成的问卷。

4. 编码

编码就是将文字答案转换成数字代号的过程。在大规模的统计调查中，为了方便对资料进行数据处理，研究者常采用封闭式问题的问卷，并将被调查者的回答转换成数字，输入计算机做定量分析处理。

编码可分为预编码和后编码，即可以在问卷设计的同时就设计好，也可以等调查完成后再设计。在实际调查中，研究者大多数采用预编码，因此，预编码也就成了问卷的一部分。编码一般放在问卷每一页的最右边，有时还可用一条纵线将其与问题及答案分开。例如：

(1)您的年龄： 岁			1——2
(2)您的性别：①男		□	
②女		□	3
(3)您的婚姻状况：①未婚		□	
	②已婚	□	
	③离婚	□	
	④丧偶	□	4
(4)您每月的收入为多少？ 元			5——7

5. 其他资料

除了上述内容以外，问卷还包括一些有关资料，如问卷的名称、编号、问卷发放及回收日期、调查员、审核员姓名、被调查者住址、问题的预编码等。

二、问卷设计的原则

1. 问卷设计以被调查者为本的原则

问卷调查的过程是调查者通过问卷向被调查者了解情况的过程，即“调查者—问卷—

被调查者”。问卷是调查者用来收集资料的工具,对其进行设计时要考虑调查者的需要,即问卷设计要紧紧围绕所研究的问题和要做测量的变量来进行。但也要考虑被调查者的实际情况,否则设计的问卷将存在一些不妥的地方问卷过长,一份问卷阅读下来,要花去一个小时以上,或者答题需花大量时间、精力去思考,难度很大,甚至要进行数学演算,被调查者可能不愿意继续回答下去。这样就会造成被调查者中途终止答卷,或草草应付使答卷质量低劣。因此,在问卷设计中尽量为被调查者提供方便,减少不必要的困难和麻烦,以被调查者为本是问卷设计的首要原则。

2. 明确干扰问卷调查的因素

一项问卷调查的成功与否,关键在于被调查者能否与调查者密切合作。因此,在设计问卷时,必须对那些在问卷调查过程中可能出现的阻碍因素有清楚的认识。阻碍被调查者的因素来自以下两大方面。

(1)主观上的障碍

这里指由被调查者心理上和思想上对问卷产生的各种不良反应所形成的障碍,包括:

①畏难情绪。当问卷内容太多,问卷表太厚,或者问卷中需要花时间思考、回忆、计算的问题太多时,被调查者往往有这种反映。

②顾虑重重。当问卷中的问题涉及个人隐私等敏感性的内容时,被调查者容易产生种种顾虑。

③漫不经心。当问卷的封面信对调查的目的、内容、意义解释不够时,被调查者可能对问卷调查不重视,缺乏同调查者积极合作的责任感。

④毫无兴趣。这是被调查者对问卷的一种最平淡、最微弱的反应。当问卷的内容脱离被调查者的生活实际,或问卷设计的形式显得呆板、杂乱时,被调查者可能对问卷调查没有一点兴趣,甚至将问卷表弃置一旁。

(2)客观上的障碍

这里指由被调查者自身能力、条件等方面的限制所形成的障碍,包括:

①阅读能力的限制。一个被调查者起码要能看得懂问卷才能作出他的回答。如果问卷的格式较复杂、问题较抽象或语言不通俗易懂,那么有些文化程度较低的调查者就很难看懂问卷的内容和要求。

②理解能力的限制。无论是对于问题的内容还是对于填写问卷的方法，常常会有一些被调查者理解不了，因而，对他们来说问卷调查就是不可行的。

③表达能力的限制。封闭式问题的回答方式相对简单，对回答者表达能力要求不高。回答开放式的问题，或回答访问员的提问，被调查者则常常受到表达能力的限制。

④记忆能力、计算能力的限制。在问卷中，研究者常常询问有关被调查者过去的经历或生活的问题，也常常询问诸如每年的收入、每月的生活费用等问题，这些问题要求被调查者进行一定的回忆、思考和计算。因此，我们在问卷设计上要设身处地为被调查者着想，将这些客观障碍因素统统考虑进去，从而提高问卷的回复率和质量。

3. 明确问卷设计时应考虑的各种因素

一份问卷设计工作远远不只是列出一组问题和答案构成的表格，它还涉及许多在问卷上看不到的因素，并受这些因素的影响和制约。因此，问卷设计时，需要从不同角度来考虑。

(1)调查的目的

调查的目的是问卷设计的灵魂，它决定着问卷的内容和形式。如果调查的目的只是为了了解被调查者的一般情况或某些方面的现象或特征，那么问卷设计就应该是围绕调查对象各个方面的客观事实就行。但是如果其目的不是一般的描述，而是要作出解释和说明，那么问卷中必须问什么、不必问什么，都将严格受到研究假设的制约，整个问卷的编制工作都要紧紧围绕研究假设和关键变量来进行。

(2)调查的内容

调查的内容对问卷设计工作有直接的影响。其内容也有有利因素与不利因素之分。对于有利因素，即对于那些回答者比较熟悉的调查内容、容易引起调查者参与兴趣的调查内容、不会对被调查者产生心理压力的调查内容来说，问卷设计的工作就相对容易一些。因而，问卷的内容可以相对详细、深入，提问可以比较直接，问题的数目可以适当多一点。但对于不利因素，即调查的内容回答者不熟悉时，或者调查内容比较枯燥，不易引起他们的兴趣时，特别是设计一些敏感的内容时，问卷设计者就要多动脑筋，多想办法，设计工作就要困难一些。因而，问卷的封面信和指导语就要比较详细，措辞也要更加小心。问卷中的问题相对来说就只能问得概略一些，浅显一些，间接一些，问题的数量也应少一些。

(3)样本的性质

问卷是给被调查者看的,样本的性质对问卷的设计同样有较大的影响。这里所说的"样本的性质"指的是样本的构成情况,即被调查者是一些什么样的人,如他们的职业、文化程度、性别、年龄的分布状况如何,相互之间差异大小等。不同的人们有着不同的社会背景、不同的生活方式,他们对同一事情的反应也是不同的。这些都是设计者应该所了解的。因为即使是同样的调查目的和同样的调查内容,用于不同样本中的问卷在设计上的要求也是不尽相同的。如用于工人样本的问卷,其语言就应该更通俗、简单和口语化一些,问题的数量也应该少一些;而用于大学生的问卷,语言就可以书面化一些,问题也可以复杂一些,数量也可以多一些。

(4)资料分析方法

不同的资料分析方法对问卷设计者有不同的要求。如果资料由调查者采取手工的方法进行统计和整理,那么除了调查的样本很小时,问卷可以比较详细外,一般情况下,问卷的内容只能非常简单。因为如果问卷的内容较多,那么手工统计和处理不仅费时费力,有时甚至是无法完成的。如果资料采用电子计算机进行处理,那么样本可以很大,问卷的内容也可以很多。另外,如果研究者对资料主要采用定性分析的方法,那么,问题的形式就必须以开放形式问题为主;而当主要采用定量分析时,问题的形式就必须以封闭式问题为主了。

(5)问卷的使用方法

问卷的使用方法包括问卷的填写方法和回收问卷的方法。由被调查者亲自填写的问卷,即自填问卷,与由访问员根据被调查者的回答填写的问卷,即访问问卷之间有着较大的不同。自填问卷要求设计得尽可能简单、明了,便于填写;而访问问卷则可以相对复杂一点,但要将对访问员的指导语与对被调查者的提问和指导语明确区分。从发送及回收的方式看,用于集中分发、当场填答并收回的问卷,封面信的设计就可以十分简单甚至不要。因为调查者可以在分发问卷前做统一的解释和说明,以代替封面信的解释和说明。但用于邮寄调查的问卷,则要对封面信倍加注意。因为被调查者在接到一份由陌生的调查单位或个人寄来的问卷时所产生的一切疑问,都必须由封面信解释清楚。此外,由于这种方式,调查者与被调查者完全不见面,所以一切事情都得通过书面语言来进行,这也给邮寄问卷的整个设计工作提出了特殊的要求。

除上述各种因素外，当然还不能忽视调查经费的多少，调查人员的多少以及调查时间的长短等对问卷设计工作造成的影响。

第三节　问卷设计的主要步骤

问卷设计的基础是选题—文献综述—明确研究问题—提出研究假设—明确研究概念—建立研究的理论框架。问卷设计的过程就是对研究的理论框架具体化的过程，就是概念—变量—指标的过程。问卷的设计主要有以下几个步骤，即探索性工作、设计问卷初稿、试用和修改。

一、探索性工作

编写问卷中的问题并不是问卷设计工作的第一步。在具体编制问卷的第一个问题之前，必须有一段时间的探索工作，即先摸摸底，熟悉和了解一些基本的情况，以便对各种问题的提法和可能的回答有一个初步的认识。它既为调查问卷的设计打下良好基础，又是整个调研工作从研究设计阶段走向资料收集阶段的过渡。

非结构式访谈是进行探索性工作的最常见的方式，即围绕所要研究的问题，以十分随便、十分自然、十分融洽的方式，同各种类型的回答者交谈。通过这种交谈，被调查者会向一些含糊不清的问题提出疑问。因此可以避免在设计问卷时出现许多含糊的问题，也可以避免设计出不符合客观实际的问卷。

二、设计问卷初稿

经过了探索性工作，我们对所要询问的各种问题及可能的答案有了初步的印象，便可动手设计问卷初稿。在实际工作中，有两种具体设计方法，即卡片法和框图法。

1. 卡片法的制作步骤

①根据探索性工作得出的印象和认识，将每一个问题和答案写在卡片上。如果共有 20 个问题，就分别写在 20 张卡片上（以此类推）；

②根据卡片上问题的主要内容，将卡片分成若干堆，即把询问相同事物问题的卡片放在一起；

③在每一堆中，将卡片按询问顺序进行前后排序；

④根据问卷整体的逻辑结构排出各堆的前后顺序，使卡片连成一个整体；

⑤根据回答者阅读和填写答案是否方便，是否形成心理压力等，反复检查问题前后顺序及连贯性，对不当之处逐一调整和补充；

⑥把调整好的问题卡片依次写到纸上，形成问卷初稿。

卡片法采取卡片形式，故很容易着手进行，尤其是在调整问题的先后顺序和修改问题方面，卡片法十分方便。但又由于每个问题散落在一张张卡片上，所以又难以从整体上进行安排、调整和修改。

2. 框图法的制作步骤

①根据研究和所需资料的内容，在纸上画出整个问卷的各个部分及前后顺序的框图；

②具体地写出每一部分中的问题及答案，并安排好这些问题相互间的顺序；

③根据回答者阅读和填答问卷是否方便，是否形成心理压力等，对所有问题进行检查、调整和补充；

④将调整的结果重新整理，形成问卷初稿。

框图法的优点是先从整体开始，然后到部分，最后到具体问题；卡片法则是从具体问题开始，然后到部分，最后到整体。为了采用二者的长处，避免二者的不足，可将两种方式结合起来使用。例如，先在纸上画出问卷的各大部分的前后顺序，然后在卡片上写出各部分的问题，并整理问题的顺序，最后将修改调整好的问题卡片抄在纸上形成问卷初稿。

三、试用和修改

试用这一步在问卷设计过程中至关重要，时间再紧也不能不做，即问卷设计好后，不能直接将它用于正式调查，而必须先对问卷初稿进行一次试调查，以便对它进行修改。试用问卷初稿有两种具体方法，即客观检验法和主观评价法。客观检验法的具体做法是将问卷初稿打印若干份（30～100 份），然后在正式调查的整体中抽取一个小样本，用这些问卷初稿对他们进行调查，最后认真检查和分析试调查的结果，从中发现问题和缺陷并进行修改。

检查和分析的方法有：

1. 回收率

回收率在60%以下，那么问卷中存在较大问题，必须做较大的修改，甚至完全重新设计。

2. 有效回收率

有效回收率，即扣除废卷后的回收率，它比回收率更能反映问卷的质量。

3. 填写错误

填写错误主要有两类：一类是答非所问，是由于对问题含义不理解或误解所造成的；另一类是填答方式错误，是由于问题形式过于复杂，指导语不明确等原因造成的。

4. 填答不全

填答不全有两种类型：一是问卷中几个问题普遍未答；二是从某个问题开始，后面部分的问题都未作答。对于第一种情况，要仔细分析，找出大部分调查者未作答的原因并加以改进；对于第二种情况，要仔细分析被调查者中未答题的原因。

主观评价法的具体做法是，将设计好的问卷初稿打印若干份（3～10份），分别送给该研究领域的专家、学者及典型的被调查者，请他们阅读和分析问卷初稿，并根据他们的经验和认识，从各个不同的角度和不同的方面对问卷进行评论，指出不妥之处，并依此作出改进。

第四节　问卷设计的具体方法

一、问题形式的设计

问题从形式上分，有开放式问题和封闭式问题两种。开放式问题由被调查者自由作答，无需列出答案，因而形式简单。在提出问题后，只需在问题下留出一块供答题者填写的空白即可。空白的大小，应根据问题的内容、样本的文化程度，研究目的等因素而定。

封闭式问题包括问题及答案两部分，形式复杂得多。下面对问卷中常见的封闭式问题的形式、特点、作用等逐一介绍。

1. 填空式

填空式，即在问题后面画一条短线，让回答者填写。这种形式常用于那些对回答来说既容易回答又方便填写的问题，通常只需填写数字。例如：

(1)请问您家有几口人？ ________口；

(2)您有几个孩子？ ________个；

(3)您的年龄是多少？ ________岁。

2. 是否式

是否式，即问题的答案只有是和不是(或其他肯定形势和否定形式)两种。回答者根据自己的情况选择其一。这种回答简单明确，划分界限分明，但信息量太少，类别太简单。这种形式在民意测验所用的问卷中用的最多。例如：

(1)您是中共党员吗？是□　　不是□

(2)您是待业青年吗？是□　　不是□

(3)您家有电视机吗？有□　　没有□

3. 多项选择式

多项选择式，即给出的答案至少在两个以上，回答者根据自己的情况选择其一。这也是问卷中采用的最多的一种问题形式。而其答案的具体表达方式又有几种不同类型。例如：

您的婚姻状况是：(请在合适的答案后的方框内打√)

①未婚□　②已婚□　③离婚□　④丧偶□　⑤其他□

4. 矩阵式

矩阵式，即一种将同一类的若干问题集中在一起，构成一个问题的表达方式。它的优点是节省问卷的篇幅，同时由于同类问题集中在一起，回答方式也相同，因此也节省了回答者阅读和填写的时间。例如：

你觉得下列现象在你们学校是否严重？（请在每一行适当的方框内打√）

	很严重	比较严重	不太严重	不严重	不知道
①迟到	□	□	□	□	□
②早退	□	□	□	□	□
③请假	□	□	□	□	□
④旷课	□	□	□	□	□

5. 表格式

表格式其实是矩阵式的一种变体，其形式与矩阵式十分相似。表格形式的问题除了具有矩阵形式的特点外，还显得更为整齐、醒目。例如，与上述矩阵式问题对应的表格式问题就是：

你觉得下列现象在你们学校是否严重？（请在每一行合适的格中打√）

	很严重	比较严重	不太严重	不严重	不知道
①迟到					
②早退					
③请假					
④旷课					

二、答案的设计

由于社会调查中的大多数问卷往往由封闭式问题构成，而答案又是封闭式问题非常重要的一部分，因此答案设计的好坏就直接影响到调查的成功与否。答案的设计需要注意以下几个方面：

首先，要做到使答案具有穷尽性和互斥性。所谓答案的穷尽性是指答案包括了所有可能的情况。答案不能有遗漏,不能使有的回答者无答案可填,即问题的答案中总有一个是符合他的情况的。所谓答案的互斥性,指的是答案互相之间不能交叉重叠或相互包含,不能使有的回答者可以填多于一个的答案(即不能有两个以上的答案都符合他的情况)。如果一个回答者可同时选择属于某一个问题的两个或者更多答案,那么这一问题的答案就一定不是互斥的。

其次,要根据研究的需要来确定变量的测量层次。不同测量层次的变量具有各种不同的性质,而且高层次的变量可以转化为低层次的变量来使用。因此,我们在实际设计问题答案时,首先看问题测量的变量属于哪个层次(是定类的,定序的,定距的还是定比的),然后根据研究的要求和变量的层次来确定答案所应具备的特征,再根据这种特征决定答案的形式。

最后,在实际问卷设计中,设计者常常遇到这样的情况:有些问题的答案如果要将它们全部列出,即使不是不可能也是十分困难的。比如说人们选择对象的条件,没有必要全部列出来。所以,可以采取列出主要几项,再加上"其他"一项。当然,如果问卷回收后,选择"其他"这一项的较多,就说明答案中列出的那几项不太恰当。

三、问题的语言和提问方式

要使问题含义清楚,简明易懂,就必须高度重视使用好书面语言。因此,在设计中,必须注意语言表达的几条原则,并尽可能按此要求进行。

1. 语言简单

尽可能使用简单明了、通俗易懂的语言,不要使用专业术语、行话,如"社区、核心家庭"等,也要避免使用抽象的概念。

2. 问题的陈诉要简单

问题越短,产生含糊不清的可能性越小。在设计中,要尽可能不使用长问句,要使问题尽可能的清晰、简短,使回答者很快看完,很容易看懂。

3. 避免双重含义

双重含义的问题就是在一个问题中询问了两件事,例如,"您的父母是教师吗?"这一问题实际包含了"您的父亲是教师吗?"和"您的母亲是教师吗?"这两个问题,这类题让部分被调查者无法回答。

4. 避免使用带有倾向性、诱导性的语言

在设计问题时应使用中性语言,避免使被调查者感到研究者提该问题是想得到某种肯定的回答。

5. 避免使用否定形式提问

人们往往习惯于肯定陈诉的提问,当以否定形式提问时,许多人常常漏掉“不”字,在理解上出错。如您在业余时间不喜欢看书是吗?

6. 要使用适合被调查者文化水平的语言

如果回答者不具备回答这些问题的知识能力,那么被调查者无法回答这一问题,例如,“您对我国的社会保障制度是否满意?”,这一问题普通公民中的大多数人都难以回答,因为他们并不具备社会保障制度方面的知识。

7. 避免直接询问敏感性问题

对于敏感性问题最好采用间接性形式,并且语言要婉转。如果直接提问,往往会引起很高的拒答率。

四、问题的数量和顺序

①问题数目的多少,决定着整个问卷的长短。一份问卷中包含的问题数量要根据调查的内容,样本的性质,分析的方法等各种因素来决定,没有固定的标准。通常限制被调查者在20分钟以内完成,最多不超过30分钟。总的来说,问卷不宜太长,问题不宜太多。问卷太长往往引起回答者心理上的厌倦情绪和畏难情绪,影响填答的质量和回收率。当然,研究的经费和人员相当充足,能够采取结构式访问的形式进行,并付给每一位被调查者一份报酬或赠送一点纪念品,提问的是被调查者感兴趣的事物的话,那么问卷长一点也无妨。反之,问卷则应该尽可能的短小精练,能够不问的问题坚决不问,能够使回答者在20分钟以内回答完问卷最好。

②在问卷中,所有问题是一个整体,其次序应通盘考虑,以便让回答者能最大限度地回答所有问题。如果不注意安排好问题的次序,会影响到问卷资料的准确性,影响到调查的顺利进行,影响到问卷的回复率。调研人员在长期摸索实践中归纳出安排问卷中各种问题

的先后顺序的一般原则：

第一，把被调查者熟悉的问题放在前面，把被调查者比较生疏的问题放在后面。让被调查者有一个熟悉或感兴趣的开头，以便答卷能够顺利进行下去。

第二，把简单的问题放在前面，较难的问题放在后面。给回答者一种轻松、方便的感觉，调动他们的积极性，以便他们继续填答下去。

第三，把被调查者感兴趣的问题放在前面，把敏感性和威胁性的问题放在后面。部分调查者即使对后面少数几个问题敏感，也不至于影响整个问卷的填答。

第四，把行为方面的问题放在前面，把情感、态度及个人背景资料的问题放在后面。行为方面的问题是客观具体的事实，因此较容易回答。态度、情感方面的问题要牵涉回答者的主观因素，所以要放在后面。

第五，把开放式问题放在最后。因为开放式的问题往往需要比封闭式问题多得多的思考，放到最后不会影响到回答者的信心和情绪。

五、相倚问题

所谓相倚问题就是后面的问题对回答者是否适当，是依据他对前面的问题的回答而定的。在设计问题时，会出现有的问题只适用于一部分调查对象的情况。而被调查者是否需要回答这一问题，常常依据他对于该问题的另一个问题的回答。在问卷中，相倚问题的常见格式如下：

您是否结过婚？（在所选项上打✓）

①是 ——→ | 您结婚的时候是多大？　岁 |

②否

相倚问题的格式有两个关键因素：首先，相倚问题要用方框框起来，与过滤性问题隔开。其次，要用箭头将相倚问题与过滤性问题的答案相连接。有的相倚问题中还含有相倚问题。其格式如下：

您有孩子吗？（在所选项上打✓）

①有 → 您有几个孩子？
①一个孩子 → 您的孩子领独生子女证了吗？
①领了
②没有领
②两个孩子

②没有

还有一种情况是一连好几个问题都适用于一部分回答者，设计时就采用跳跃回答的方式。如：

您的孩子是独生子女吗？

①是

②不是 → 请跳过10~15题，直接从第16题开始回答

第五节　问卷设计的常见错误

问卷设计是一个需要不断实践的过程，不仅初学者设计问卷时易犯多种错误，就是有一定实践经验的研究者有时也难免出现一些疏忽。下面，我们将通过列举实际调查问卷中所存在的各种常见错误，并加以分析，来帮助读者在设计自己的问卷时，及时发现和尽量少犯这些错误。

一、专业术语、概念抽象多

【例 8-1】　请问您家属于下列哪一类家庭？

①单身家庭

②核心家庭

③主干家庭

④联合家庭

⑤其他家庭

题中所列的家庭类型都是社会学中的专业术语，对于一般的被调查者来说，他们并不了解这些感念，甚至从未听说过。问卷中若出现这样的问题就会造成虚假的资料。在问卷中应尽可能地使用具体概念，避开抽象概念，如“生活意义”“政治体制”“传统道德”等。

二、问题含糊不清

【例8－2】　请问您觉得您所在的社区近几年来的情况怎么样？

①几乎没有什么变化

②变化不大

③变化较大

④变化很大

这一问题并未详细询问社区哪一方面的具体情况，是经济上还是生活上等，这些都不清楚，被调查者只能根据自己的理解来回答，因而容易获得虚假的资料。

三、问题带有诱导性或倾向性

【例8－3】　大家都认为工人的退休年龄应该推迟，您同意吗？

这种提问的态度已经包含了明显的倾向性和诱导性，被调查者往往在趋同心理的支配下作出肯定的回答，但不一定是自己最真实的想法，这就不利于问卷回答的真实性和可靠性。

四、问题提法不妥

【例8－4】　您现在的实际文化程度相当于？

①小学

②初中

③高中

④大专

⑤本科及以上

“现在的实际文化程度”的提法看似合理，实质并不妥当。一般来说，人们可以按照自己实际完成的教育登记来填答自己的文化程度，但却难以评价自己“实际”的文化程度。即使人们这样做了，其评价的标准相互之间也不会一致。因此，这种问题的提法不妥当，还是直接问“您的文化程度”为好。

五、问题具有双重含义

【例8－5】 您的父母支持您到西部贫困山区支教吗？

①同意

②不同意

③无所谓

这一问题中实际上询问了两件事，即“您的父亲支持您到西部贫困山区支教吗？”和“您的母亲支持您到西部贫困山区支教吗？”，这是一个复合问题。有的人可能父亲支持母亲反对，也有的母亲支持父亲反对，那么这一类被调查者便无法回答。

六、问题与答案不协调

【例8－6】 您常看哪类电视节目？

	经常看	很少看	从不看
①新闻节目	□	□	□
②电视剧	□	□	□
③体育节目	□	□	□
④综艺节目	□	□	□

问题问的是“常看哪一类？”，因此，答案中除了类别外，就不应该再有别的内容，否则就会出现一些答非所问的回答来。如果希望了解人们对每一类节目的观看情况，就必须将问

题改为“您对不同电视节目的观看情况如何?”。

七、答案设计不合理

【例 8 –7】 下列各种素质中,您认为哪些是一个合格的厂长应该具备的?

①决策能力	②业务能力
③创新能力	④谋略能力
⑤任贤能力	⑥指挥协调能力
⑦管理科学知识	⑧马列理论水平
⑨综合分析能力	⑩实际生产能力

在多列的答案中,相互包含的很多,比如“业务能力”就包含了出“马列理论水平”以外的其他所有答案的内容。因此这些答案与业务能力之间并不存在互斥的现象。

八、其他方面的错误

除了这几类错误以外,在表格设计、卷首语及指导语设计等方面也常出现一些不妥的地方,在最后印刷的过程中也可能出现错误。总之,在问卷设计的整个过程中应该尽力避免出现这些错误,以保证问卷的完整性,从而提高问卷回答的真实性和可靠性。

第六节　对问卷法的评价

问卷法是标准化、间接的、书面的调查,是社会调查中收集资料的重要方法之一。它具有许多突出的优点,又有许多明显的缺点。

一、问卷法的优点

首先,问卷法节省时间、经费和人力,从问卷法的实施程序来看,它比传统的调查方法具有更高的效率。一方面,由于问卷调查可以采取邮寄的方式进行,所以,它可以由很少的调查者在很短的时间内,同时调查许多人的情况;另一方面,这种邮寄的方式还可以使问卷调查不受地理条件的限制，到达的空间范围十分宽广。

其次，问卷法具有很强的匿名性。由于社会调查的对象是现实生活中具体的、有思想感情的人。所以，不同的调查方法必然会对他们产生不同的影响，引起他们不同的反应。在面对面的访问调查中，人们往往难于同陌生人谈论有关个人隐私、社会禁忌或其他敏感性问题。但在问卷调查中，由于被调查者在回答这类问题时，并没有其他人在场，问卷本身又不要求匿名。所以，问卷调查的方式可以减轻被调查者心理上的压力，便于他们如实地回答这类问题，从这一方面考虑，问卷调查更能客观地反映社会现实本来面貌，更能收集到真实的社会信息。

再次，问卷法可以避免偏见、减少调查误差。在访问调查中，常常由于访问员的不同（在性别、年龄、能力、态度等方面的不同）、访问员提问的方式的不同、访问进展情况的不同以及被调查者回答问题的语言的不同等原因，产生出各种访问偏见，形成一定的误差。但在问卷调查中，由于每个调查者所得到的都是完全相同的问卷，因而无论是在问题的表达、问题的先后次序，还是在答案的类型、回答的方式等方面，都具有高度的一致性。每个被调查者受到刺激和影响都是相同的。这样就能很好地避免由于人为的原因所造成的各种偏误，减少调查资料中的误差，更真实地反映出不同被调查者的不同情况。

最后，问卷资料便于定量处理和分析，社会研究向定量方向的发展，是当前社会研究的一大趋势。由于问卷中的问题是研究者把所研究的概念、变量进行操作化处理的结果，而各种答案又都是进行了页边编码。因此，问卷调查所得到的原始资料很容易转换成数字，特别适于用电子计算机进行处理和做定量分析。

二、问卷法的缺点

首先，对被调查者的文化水平有一定要求，由于填写问卷的人首先必须能看懂问卷，问卷调查客观上要求被调查者必须具有一定的文化程度。他们必须能够阅读和理解问题的含义，能领会填答问题的要求和方法。但是，现实社会中并不是所有的人都能做到这一点。因此，问卷的试用范围常常受到限制。对于那些文化程度较低的群体，问卷调查就往往难以进行。

其次，回答率往往难以保证。在社会调查中，一定程度的回答率是保证调查资料代表性的必要条件之一。调查是以访问的形式进行时，由于访问员在场进行面对面的交谈，大多数访问一般都能顺利完成。所以,访问调查往往可以保证较高的回答率。但是在邮寄问卷调查中,问卷的回收率往往难以保证。这是因为一份问卷能否完成,能否收回,主要取决于被调查者。如果被调查者对该项调查的兴趣不大、态度不积极、责任心不强、合作精神不够,或者被调查者受到时间、精力、能力等方面的限制,他就有可能放弃问卷,使问卷的回收率受到影响。

最后,不能保证填答问卷的环境和填答的质量。问卷调查由于无访问员在场,被调查者填答问卷的环境无法控制。他既可以同别人商量着填写,也可以和其他人共同完成,甚至还可能完全交给别人代填。所有这些,调查者都无法知道。另外,当被调查者对问卷中的某些问题不清楚时,也无法向调查者询问,往往容易产生误答、错答和缺答的情况。因此,问卷调查所得资料的质量常常得不到保证,这也是当前问卷调查面临的主要难题之一.

三、问卷法的运用

我们要在社会研究中很好地运用问卷这一工具,不能不对它在社会学研究方法中所处的位置、所扮演的角色有一个清楚明确的认识。在实际社会研究中,问卷法作为一种主要的资料收集方法,常常同大规模的抽样调查以及资料的定量分析相联系。可以说,抽样-问卷-定量分析三者的结合体,是现代社会学定量研究中最常见,也是最重要的一种方式。这种方式与那种以参与观察、深度访问等方法对个案进行定性研究的方式有着明显的区别。

此外,在问卷法的具体运用方面,我们还应该结合我国的情况,明确它的适用范围。由于采用问卷工具收集资料的一个重要前提,就是被调查的对象必须具有一定的文化水平。

问卷的适用范围还受到调查对象总体构成情况的影响。一般来说,问卷法在成分单一的总体中(比如全部是工人,或者全都是学生等)比在成分混杂的总体中适用。在成分单一的总体中进行调查时,由于人们的社会背景中相同或相似的因素比较多,可以减少许多问卷设计上的困难和麻烦;而一个成分混杂的群体中,人们社会背景中的各种因素往往相差很大,相互之间共同的或相似的东西很少。因此,要设计出一份适合每一部分人情况的问卷,往往很难办到。

通过分析和探讨问卷法的优缺点与适用范围,我们不难理解,为什么说问卷既是社会调查中十分有用、十分重要的收集资料工具,又不是唯一的、万能的工具。在有些情况下,社会研究所需要的资料很容易通过问卷调查方法去收集，或者只能采取这种方法去收集；而在另一些情况下，社会研究所需要的资料却难以通过问卷调查的方法去收集，或者完全不可能用这种方法去收集。明白了这一点，我们就能在社会研究的工作中，根据具体的情况作出判断和选择，充分发挥各种调查方法的作用，达到最佳的研究效果。

思　考　题

1. 简述问卷的主要内容。
2. 简述问卷的基本类型。
3. 简述问卷设计的原则。
4. 简述问卷设计的步骤。
5. 简述问卷调查的实施过程。
6. 问卷调查的优缺点有哪些？

第九章　观　察　法

观察无处不在。在我们的日常生活中,若想要搜集到一定的信息,自然而然离不开我们细致的观察。“鹅、鹅、鹅,曲项向天歌,白毛浮绿水,红掌拨清波”“接天莲叶无穷碧,映日荷花别样红”“野火烧不尽,春风吹又生”这些现象都是人经过观察而得出的结果。社会研究是个复杂、困难的过程,而若想要对事物的发展变化有直接的感知与了解,自然而然离不开观察法,当然,在管理学、传播学、生态学等领域中,观察法的运用也并不少见。本章主要介绍观察法的概念及特点、观察法的程序及类型、观察者的角色等内容。

第一节　观察法概述

一、观察法的概念

观察法是观察者直接感知与记录正在发生的一切与研究目的有关的社会事实的一种调查研究方法。

研究者首先要确定自己所要研究的具体事物和对象,然后撰写研究提纲或者是观察表,通过自己的感官和辅助工具去直接观察被研究对象。对于任何事物的表面现象,人一般利用眼睛和耳朵等感觉器官去直接感知,但是,由于人的感觉器官的局限性,为了对被观察的对象有更好和更深入地了解,研究者往往要借助各种现代化的仪器和手段,比如显微镜,放大镜,照相机等。需要强调的是,观察法是在自然(未经操控)条件下研究者对具体事物的观察,因此,在观察的同时必须要排除人为的干扰,以免对观察的数据产生影响。

二、观察法的特征

观察具有二重性,它既是日常生活中人们感知周围世界、认识客观事物的基本途径,也是科学研究中研究者探究研究对象,从研究对象那里获取研究所需原始资料的重要手段,为了区别,将前者称为日常观察,将后者称为科学观察。社会研究中的观察法就是一种科学的观察。日常观察是我们日常生活中随时随地都在进行的,这些观察有的是出于有意识或比较有系统的观察,有的则是完全无意识的或无系统的观察。而科学的观察则是只有在科学研究中才出现的有意识的、系统的收集研究所需原始资料的活动。与日常观察相比,科学观察一般具有如下特征:①在观察之前先具有一定的研究目的或假设,然后根据研究需要有目的地通过观察获取资料;②需要有系统的观察设计;③有系统完整的记录;④观察过程应避免主观和偏见;⑤观察的过程和获得的资料可以重复查证。

观察法最常被人类学家用来研究原始部落或小型村落,它们相对来说比较单纯,不必用太多的量化材料来描述,一个典型的个案经常可以代表一般趋势,所以人类学家较少采用数字表达方式,以致使人们产生一种印象,认为观察研究是不能量化的。其实很多观察研究都是严格的量化研究。此外,有些人还认为观察法只适用于做探索性研究,或做其他研究方法的补充,因而显得不那么重要。这也是一种不正确的看法。虽然观察研究经常被用于探索性的初始研究,或作为其他研究方法的补充以获得充足的资料,但并不能因此就认为它是一种不重要的方法。人类学的研究表明,社会科学家仅用观察法完全可能作出有重大意义的研究成果。

三、观察法的优缺点

1. 观察法的优点

观察法一般具有以下三大优点:

①观察法可以实时地观察到社会现象或行为的发生。实地观察不仅可以把握事物的全貌,而且可以注意到现象或者行为发生的情景和氛围,所取得的资料更加生动形象,能反映事物的本来面目。无意识的观察可能受现场环境的影响,目击者只注意他所感兴趣的事物的局部和片段,而靠目击者的回忆来获取资料将更加不完整,要获取完整的资料只能靠当场的有目的的系统观察。

②能够得到不能直接进行访问调查或不便于进行访问调查的对象的资料。有些特殊对象的研究,大部分的研究资料都要经过科学的观察才能得到,比如婴儿、精神病患者的行为就不能通过访问调查所得到。另外,在进行访问调查中,往往会遇到被访问对象不想回答或者对调查者怀有敌意等情况,这些都可以采用观察法来代替。

③通过一些特殊的设备或特殊的方式,观察者可以在不干扰被观察者的情况下,获取

最真实的资料,这是其他方法都不能做到的。

2. 观察法的缺点

观察法的缺点如下:

①观察容易受人为因素的影响。被观察的对象往往是复杂,瞬息万变的,而我们的感觉器官和神经系统难以同时接收、分辨、传导、加工、记录多种信息,造成信息失真或遗漏。另一方面,由于研究者是人,因此观察的过程往往会受到观察者的经验、知识、情感、偏好、心理素质等因素的影响。不同的观察者对同一个观察对象的观察可能会得到不同的结果。

②观察效果会受到不可控的环境因素的影响。对于不能预见的、突发的社会事件无法观察,例如,交通事故、自然灾害、战争等。当诸多不可控的因素交织在一起,就难以分清现象的因果关系,许多现象也无法重复观察,从而降低了观察的可信度。

③样本小,难以进行数量化研究。由于观察需要大量的准备时间,因此只能对少量对象,在有限的时空中进行观察,往往会使观察结果无法对比,很难检验。同时,观察主要针对现象的特征表现,一般难以把资料数量化进行编码,这就决定了观察法多数是定性的而很难是定量的。

④观察法可获得最生动真实的资料,但真正碰到要观察的事件有时候是可遇而不可求的。比如,研究者在研究群体行为时恰好就出现大规模的群众游行事件,则此时研究者往往会在事件发生之后才得到事件发生的消息,要研究这个事件只能靠访问当事人或目击者才能办到。

⑤人类社会中有很多现象是不适宜或不可能直接观察的,特别是涉及人的隐私行为时。

⑥研究事物或现象在长时间内发展变化的历程或趋势,观察法具有很大的局限性。观察者无法通过跟踪一个人的生活来研究他的成长史,也无法亲身经历一种文化去研究其在历史中的变迁。

总而言之,研究者应尽量突破观察法的局限,在最大限度上发挥观察法的优势。

第二节　观察法的程序

科学观察不同于日常的观察，它是在科学研究的一般性指导下有目的、有计划、有步骤地进行。当然，在实际的科学研究中，观察的步骤和程序并不是固定不变的，本节所介绍的观察法的程序，是在进行科学观察的过程中或多或少都会用到的。与其他收集资料的方法相似，观察法的实施过程一般包括观察的准备阶段、观察的实施阶段和观察资料的审核、整理与分析阶段。

一、观察的准备阶段

1. 确定观察目的

科学的观察是有目的的观察，要想收集到有价值、有意义的观察资料，首先要明确观察的目的：为什么使用观察法？通过观察要解答哪些问题？这些问题是如何形成的？等等。只有明确了观察的目的，才能确定使用何种观察工具，才能制定详尽的、有针对性的、操作化的观察方案。

2. 制订观察方案

观察方案是对整个观察进程的预先安排。科学的观察不仅是有目的的，而且是有计划、有步骤地进行的。要使观察有计划、有目的地进行，必须在明确观察的目的上制定周密详尽的观察方法。一个完整的观察方案包括以下内容。

(1)观察的目的和意义

(2)观察的方式

是直接观察还是借助仪器观察呢？是参与性观察还是非参与性观察呢？选择合适的观察方式，有助于得到更准确、可靠的观察结果。

(3)观察的对象和内容

观察的对象和内容受观察目的和观察方式的影响，观察的内容一般包括以下五个方面：

①情景。情景，即事件或人的活动的舞台和背景，它对于事件或人的行为有很大的影响，因此观察事件或人的活动首先对其情景做详细的观察。

②人物。

③目的。

④社会行为。观察被观察对象的各种行为，包括事件如何引起、行为趋向、行动的目标等。

⑤频率与持续期。包括事件发生时间、出现频率、延续时间、单独出现还是重复出现等。

(4)观察的工具和记录的方式

观察的工具指的是除了观察者自身的感官之外的其他观察手段与设备，比如摄像机、录音机、望远镜等。记录方式指的是观察者记录观察资料的方式，可以是观察者用纸和笔进行的记录，也可以借助摄像或录音设备等来记录。具体选择何种记录方式，需要根据观察的目的和观察的方式来确定。需要强调的是，如果使用录音或录像设备获取资料，事先需要征得被观察者的同意。

(5)观察的时间和地点

观察时间及其持续的长短需要根据所观察的现象本身的特点、观察的方式等来确定，以获取最客观、真实的观察资料。观察的地点同样因为所观察的社会现象的性质和观察的方式而有所不同。尤其需要强调的是，实验室观察的起始时间和操纵的间隔需要严格的限定，观察持续的时间相对较短。

(6)观察过程中可能遇到的问题和解决办法

为保证观察的顺利进行和所收集的资料具有真实可靠性，在观察方案中需要对观察过程中可能遇到的问题事先做全面地考虑并准备好相应的解决办法。比如，如何消除被观察者的疑虑？如何使观察者更好地配合？

3. 理论准备和物质准备

理论准备包括查阅文献，提出理论假设；将观察范畴操作化，确定观察指标和分类系统。物质准备包括制作观察卡片或记录提纲，选用技术设备，培训观察人员等。

二、观察的实施阶段

观察的实施阶段是观察研究过程中最具重要意义的工作。观察的实施是观察者利用观察工具对观察对象进行观察并记录以获取研究所需要的资料的过程，它的任务是按照观察方案所规定的内容和步骤，系统、客观、准确地获取经验材料。观察的实施阶段一般包括以下几个方面的内容。

1. 进入观察场地

根据观察的方式和观察内容的不同，观察的场地可以是现实的生活场景，也可以是实验室。进入观察现场就是将被观察者或被试引入实验室或实地试验场景，或观察者进入到被观察的现象发生的场景或被观察者的实际生活场景的过程。因此，如何消除被观察者的疑虑、恐惧或不安心理，如何取得他们的信任，如何让他们更好地配合观察者进行观察，如何和被观察者正常的交流沟通等都是要事先考虑的重要问题。观察时面对的是调查对象，只有与被调查对象保持友善和谐的关系，这样才能使观察顺利进行，获得真实可靠的信息和资料。研究人员一定要始终保持理性的头脑，切不可过分的感情投入，否则会丧失客观立场，影响观察的结果。

2. 对变量进行控制或参加到观察对象的生活当中

要收集到研究所需要的资料，必须对变量进行控制（在实验室观察中）或用各种方式进入到被观察者的生活当中（在实地观察中）。对变量进行操纵和控制是实验室观察的重要步骤。因为实验室研究是要探讨因变量之间的关系，因此，要想方设法对无关变量进行控制。对无关变量的控制程度、对自变量的操纵水平决定了观察的成功程度。

在进入观察现场之后，应该用各种方式进入到被观察者的生活当中，是实地观察取得成功的关键。

3. 进行观察或测量并记录观察资料

实施观察的最重要的工作就是对观察对象或社会现象进行观察、测量并对观察或测量的信息进行记录，否则，准备工作做得再充分也不能最终获得研究所需要的资料。

科学的观察和测量是一件十分复杂的事情，要使观察及其记录达到相当的准确性，这是科学研究最基本的要求。因此，观察者不仅要在观察的过程中始终保持敏锐的注意力、快速的记录和高度的记忆，还要维持客观性，甚至还要借助辅助观察工具进行观察和记录。

记录观察资料可以采取当场记录和事后记录两种方式。通常情况下，观察记录最好是在观察的同时进行，这样一方面可以获得最为详尽、生动、真实的资料，另一方面也可以避免记忆发生的错误。但是，如果一连串事件或许多细节同时发生，则当场记录就不可能实现，这就需要进行事后记录。尤其是当场记录很容易引起被观察者的猜疑，这样可能会导致不良的后果。如果采用事后记录,一般有经验的观察者经常用若干特殊的符号把复杂的事件或活动标记下来,以帮助记忆,并在事后立即将观察到的东西详细地写下来,以保证资料的真实性和完整性。

三、观察资料的审核、整理与分析

1. 对资料的审核

在采用观察法时。由于调查人员的介入,被调查单位或个人也会作出各种假象来掩饰事实的本来面目,产生社会调查中的"测不准效应"。同时,社会现象的感知和解释都要通过调查者自己的价值标准和经验再折射出来,这样很容易受到调查者主观价值或者是经验不足、失误而造成观察结果的准确性受到影响。因此,在资料审核的过程中,应该注意以下几点:

①检查资料是不是完全遵循调查提纲获得的。

②如果能用多种方法收集相关资料,则应把通过观察法获取的资料和通过其他方法获取的资料进行比较、核实。

③当观察是以小组为单位时,调查人员要随时将获取的信息同小组其他调查人员所取得的信息进行比较。就像刚才分析的那样,因为观察很容易受到观察者个人主观价值观的影响,因此,当观察者不同时,得出的结论很可能也不同。如果共同对观察结果进行比较,就能够得出比较正确的意见和评价,这样,观察结果的准确性和资料的客观性将会大大提高。

④对于较重要的问题,要注意调查时间的长短。因为,如果调查的时间较长,那么调查者就可以排除某些人为的虚假成分,同时,还可以观察到短期调查者所不能观察到的事物。当然,调查事件的长短要因事、因人而定。一般来说,长时间的观察比短时间的观察准确性和可靠性更高。

2. 对资料的整理和分析

所谓对资料的整理和分析是对观察所获得的资料进行分类、加工、统计和分析,并在此基础上获得研究结论和撰写研究报告的过程。

因为调查所得到的资料比较杂乱无章,没有条理,而通过整理和分析后,原始的观察资料将会得以简化、条理化、系统化,可以反映社会事物的特征和社会现象之间的关系,以及事物发展的趋势和一般规律，进而对研究假设作出验证。

撰写研究报告是整个观察研究的最后一个步骤，是将观察研究的过程、方法和结果用文字和图表的形式表现出来的过程。其目的是与他人就观察研究的成果进行交流、分享和探讨。

第三节　观察法的类型

一、按对观察对象的直接程度来分

按对观察对象的直接程度来分，可以分为直接观察法和间接观察法。

直接观察法指不借助仪器，靠自身感觉器官进行观察。直接观察比较简便，但由于人的感官接收和处理的信息有限，因此难以获得较为全面的数据和资料。

间接观察法指借助于各种仪器来进行观察。适于客观记录和多角度的观察，但使用仪器往往比较麻烦。

二、按观察者是否直接参加观察对象的活动来分

按观察者是否直接参加观察对象的活动来分，可以分为参与性观察法和非参与性观察法。

参与性观察法是参与到被观察者的活动中去，在活动中观察；非参与性观察是不介入被观察者的活动，处于旁观。

参与性观察时，观察者隐瞒了自己的真实身份，使观察处于秘密的状态；被观察对象不会把观察者看成外人，完全按照自己的真实情况表现；由于参与进去，能够很好地把握被观察对象背后的心理活动和动机，观察较为深入，从而能够获得较为真实的资料。但是，如果观察者过分的感情投入，那么就使观察丧失客观的立场，带上浓厚的感情色彩。

非参与性观察法因为不公开身份，所以不影响事物的自然状况，如果条件允许的话，可以与被观察者保持较大距离（使用望远镜从远处观察），或者与被观察者隔开，但是因为观察者的观察是非参与性的，所以容易使观察不深刻。

三、按观察活动的标准化程度来分

按观察活动的标准化程度来分，可以分为有结构观察法和无结构观察法。

有结构观察对于观察的内容、程序和记录方法都进行了比较细致的设计和考虑，观察时基本上按照设计的步骤进行，对观察的结果也适合进行定量化的处理。

无结构观察在事先没有严格的设计，比较灵活、机动，能够抓住观察过程中发现的现象，而不必受结构性观察的条条框框的制约，但是难以进行定量化处理。

一般在研究的初期，主要是无结构观察，以便发现研究的对象，帮助确定主题和观察方法与项目；而在研究的后期，为了深入对某些项目进行观察分析，往往需要进行结构观察。

四、按观察的范围大小来分

按观察的范围大水来分，可以分为全面观察法和抽样观察法。

全面观察是对一定场景中发生和出现的各种现象进行观察与记录，它涉及的范围广泛，比较容易把握现象之间的联系，但是由于观察的视野有限，往往对观察者要求很高。

抽样观察是对观察现场的场景、时间、人、活动等因素进行取样，再对样本进行观察，它涉及的范围比较小，容易使观察深入细致，操作比较容易。对观察者的要求主要体现在取样上，要求取样有代表性。

五、按观察的时间来分

按观察的时间来分，可以分为定期观察法和追踪观察法。

定期观察是非连续性的、按一定时间间隔做观察。比如医院对某些病人的病情进行观察，规定每天上午下午各观察一次，这就是定期观察。

追踪观察是对某个对象或某种对象进行比较长时间的观察，从而获得发展性的资料。

六、按是否设置、控制观察情景来分

按是否设置、控制观察情景来分，可分为自然情境观察法和实验观察法。

自然情景观察法是指观察者在自然状态下对观察对象进行观察，而不施加人为的控制和影响，这种观察方法比较直观、简单。

实验观察法是在人工控制的环境中进行的系统的观察。其根本特点是它不仅要有明确的观察目的和周密的实施计划，要求观察者尽可能精确地观测观察对象的行为表现，而且要求对被观察者的行为表现一个或一个以上的影响因素（自变量）进行控制，并观察这种控制对被观察者的行为表现（因变量）的影响，从而发现这些影响因素与被观察者的行为表现之间的关系——这里就用到了后面将要讨论的“实验法”的思路。

第四节　观察者的角色

观察法的最主要的特征就是让社会事实尽量处于一种自然状态中，所以观察者必须仔细考虑自己以什么身份出现，即观察者的角色。对观察者角色的划分及其界定，有关研究者现场角色的各种观点可归结成三大类，即“四种角色说”（戈尔德）、“三种角色说”（查姆布里斯和斯卡特）和“两种角色说”（巴比）。在这里，主要介绍戈尔德的“四种角色”说。

一、完全参与者

根据戈尔德的说法，完全参与者扮演着社会背景中的一个完全真实的角色，而其作为真正的研究者身份，则不被其他人所了解。因此，他是一个隐蔽的观察者。

二、作为观察者的参与者

这一角色与完全参与者一样，但社会背景中的人们知道研究者的真实身份。研究者与人们进行正常的互动，参与他们的日常生活，在这种互动和参与中进行观察。

三、作为参与者的观察者

在这一个角色中，研究者主要是访问者，虽有一些观察，但不会包含任何的参与。有关警察部门的人类学研究经常采取这种类型的角色，因为处于法律的考虑以及会干扰正常警务的原因，进行参与的机会非常少。

四、完全的观察者

研究者不与背景中的人们互动，人们根本就不知道研究者的所在。

第五节 观察的信度与效度

在实际的社会研究过程中,通过任何一种研究方法收集的资料都会涉及这样的问题:测量所得的数据或资料能否与人们感兴趣的特征相关?测量所得的结果是不是人们所希望测量的东西?当这种测量的时间、地点及操作者发生改变时,测量的结果将会受到什么样的影响?当然,观察法作为一种最基本的社会研究方法也不例外,这里,就涉及了观察的信度和效度问题。

一、观察的信度

1. 观察的信度的含义与类型

信度,指的是测量方法的质量,即对同一现象进行重复观察是否可以得到相同的资料。换句话说,信度是指采取同样的方法对同一对象进行重复测量时,所得结果相一致的程度;是指测量结果的一致性或稳定性。观察的信度也就是观察所获得资料的可信赖、可验证的程度。

例如,在测量体重的过程中,使用磅秤,站在磅秤上两次,并记录每一次的结果。如果磅秤两次都显示相同的重量,即测量的信度很高,那么,在测量体重方面,这种测量方法要比让人估计更为可信;如果两次显示的重量不一样,那么测量的信度就很低。

然而,信度并不比精确性更能保证准确性。如果一个人很在意自己的体重,为了让自己感觉好一些而将磅秤的刻度调低几个刻度,虽然每次称出来的重量相同,那也只是一再地重复错误而已,这就是信度的偏误。因此,在实际的测量、观察、计算时,我们要清楚信度高不一定代表准确性高。

观察的信度包括以下三种类型:

①不同观察者的相关程度;

②稳定系数,即同一观察者在不同时间观察的符合程度;

③信度系数,即不同观察者在不同时期观察的符合程度。

观察的信度的高低决定了观察研究科学性的高低,因此,观察研究的信度问题不仅仅为结构式观察所看重,也是其他所有的观察法所注意的。

2. 影响观察信度的因素

有很多因素影响观察信度：

(1)观察内容的界定是否明确

如果观察内容的界定不明确，许多观察者在观察一个复杂的社会现象时，每一位观察者可能会依据自己的标准、偏好和观察的方式而观察该现象的不同的方面，这样就会使观察的信度降低。

(2)观察类别的定义是否严格

如果观察类别的定义不严格，那么不同的观察者可能会根据自己的理解来界定对象或对象的类别，使观察的信度降低。

(3)环境的变化

社会现象或者是行为是复杂多变，并不是固定不变的。如果在不同的时间对同一观察对象进行观察时，可能会得到不一样的结果。比如，测量一个人的体重，一周前和一周后测量的结果可能会不同。

(4)人的变化

人是一个多变、善变的动物，同一个人在不同的观察时期可能会有不同的表现。

3. 提高观察信度的措施

首先，必须明确界定观察的内容，这样让每一个观察者都怀有同样的目的去观察，并能够充分地观察现象的同一方面，减少由于观察内容不明确所造成的观察内容的随意性。其次，必须对观察的类别进行严格的定义，减少因类别定义不严格所造成的分类的随意性。再次，必须考虑环境和人的变化，尽量减少环境和时间对观察资料准确性的影响。当然，有丰富观察经验和受过专业训练的观察者，同样可以提高观察的信度。最后，对同一社会现象和行为在不同的时间进行重复观察或者用多名观察者同时观察某一社会现象或行为，都可以提高观察的精确性和全面性，从而提高观察的信度。

二、效度

1. 观察的效度的含义

效度也称为有效度或准确度，在一般的用法里，效度是指实际测量在多大程度上反映了概念的真实含义。也就是说，测量工具或测量手段能够准确测出所要测量的变量的程度。当一项测量所测的正是它所希望测量的事物时，我们就说这一测量具有效度，或者说它是一项有效的测量。而观察的效度是指观察所获得的资料能够准确、真实、客观地反映被观察的社会现象或行为的程度。

因为观察法可以实时地观察到社会现象或行为，能够取得更加生动形象的资料，反映事物的本来面目。因此，观察法比其他收集资料的方法具有相对更高的效度。但是，观察的过程可能会受到各种因素的影响而失去客观真实性。如果一项观察只具有信度，而失去了效度，那么这项观察就会失去了观察的意义。

2. 影响观察效度的因素

影响观察效度的因素主要有以下几种。

(1)观察方式、观察人员、观察地点和观察时间对于研究课题的适当性

例如，观察某个村子的结婚习俗，必须深入到该村子中进行长期的参与观察，它要求观察者必须具有敏锐的观察能力，熟悉当地人的语言，并能够很好地融入当地人的生活之中。

(2)观察内容的选择与操作化的方式

选择的观察内容要能够反映研究的范畴，操作化的观察项目要能够契合观察的变量，这样，观察所获得的资料才会更加准确，效度也会更高。

(3)观察者偏见

在观察者进行观察和处理资料时，观察者要做到完全客观几乎是不可能的，他们的价值和期望往往会对观察结果产生影响。

(4)被观察者效应

当被观察者意识到有人对他们进行观察时，往往会有意无意地改变他们的行为与表现，使其行为与表现显得“正常”，更符合社会规范。

(5)观察者的敏锐性和记忆的准确性

观察者可能会对有价值的信息视而不见，或对没有出现的现象表现出错误的知觉和记忆，特别是紧张、疲劳的时候，这些都会影响资料的准确性和客观性。

3. 提高观察效度的措施

①根据研究的课题的要求和收集资料的性质选择适当的观察方式、观察人员、观察地点与观察时间，最后广泛征求相关领域的专家的意见，并对观察人员进行全面的培训。

②选择确定观察的内容，且观察的内容要尽量明确和具体，确实能够反映研究的范畴；

如果是结构性观察，还要将概念操作化为能够反映该概念的本质的、具体的观察项目。

③尽管在观察和处理资料的过程中不能做到完全客观，不存在偏见，但是承认存在观察偏见的可能性就为减少或消除偏见提供了可能性，这样观察者会时刻提醒自己要保持客观的态度，并及时纠正各种观察者的偏见。

④在不违反科学伦理规范的条件下，尽量采用匿名的方式，这样被观察者就不会容易发现观察者的目的；如果需要在知情同意的条件下进行观察，需要采取措施使被观察者的存在和知觉尽可能地不影响社会现象和社会行为的真实表现，减少“被观察者效应”的出现。

⑤对被观察者进行必要的训练，提高其观察的敏锐性和记忆的准确性，减少惯性思维定势和注意力分散的影响；采用辅助手段帮助观察来提高观察的准确性和客观性。

思 考 题

1. 简述科学观察的主要特征。
2. 简述观察法的优缺点。
3. 简述观察法的基本类型及优缺点。
4. 简述观察的几个阶段。
5. 简述观察的主要任务。
6. 简述观察实施阶段的主要任务。
7. 简述观察资料整理与分析阶段的主要任务。
8. 简述影响观察的信度与效度的因素。
9. 提高观察信度与效度的方法有哪些？

第十章　实　验　法

新的手表,只有经过反复地调试,才会让时间变得精准;洗澡时,我们只有不断地在热水和冷水之间转换,才会调出适宜的温度;炒菜时,我们都是先少放一点盐,然后尝一尝,然后再放盐,最终炒出来的菜才会可口……生活中,诸如此类的例子数不胜数,这些例子无不都是简单的实验。实验无处不在。到底什么是实验?怎样设计合理的实验?实验有什么优缺点?这一章的内容会给您解答。

第一节　实验法的概念和特点

一、实验法的相关概念

有的社会研究者直接将实验理解为“一种在有控制额条件下可重复的观察;其中一个或更多的独立变量受到控制,以便建立起来的假设或者假说所确定的因果关系有可能在不同情景中受到检验”。风笑天将实验定义为:一种经过精心设计的,并在高度控制的条件下,通过操纵某些因素,来研究变量之间因果关系的方法。实验的基本目标是决定两个变量之间是否具有因果关系。邹农俭主编的《社会研究方法通用教程》中将实验法定义为“根据一定的研究目的与假设,人为地控制某些因素、突出某些因素,在一种‘纯化’的状态下寻求社会现象的因果关系”。因此,我们可以将实验法理解为:在实验过程中,研究者通过引入(或控制)一个变量(自变量),然后观察和分析它对另一个变量(因变量)所产生的作用和效果。实验法主要是用来检验变量之间因果关系的一种方法。实验的基本分析逻辑如图 10－1 所示。

1. 实验者

实验者,即实验研究者以及参与实验过程的实验工作人员。

2. 实验变量

实验变量通常分为自变量和因变量,自变量和因变量在以下章节将会详细介绍。

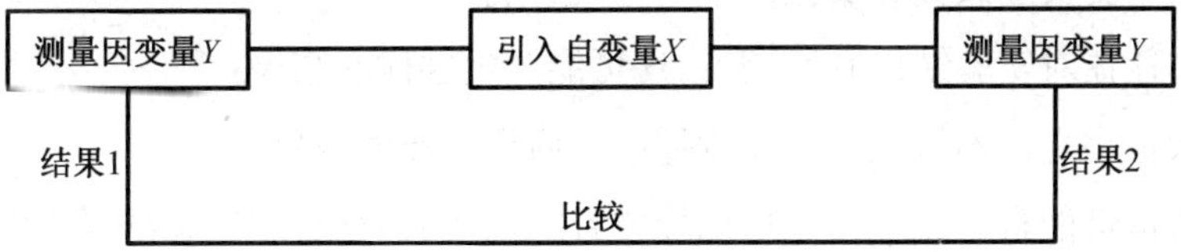

图 10－1 实验的基本分析逻辑图

3. 实验对象

实验对象是指实验中涉及的人们，他们是实验调查的群体或个人。其中接受自变量作用的实验对象构成实验组，不接受自变量作用的实验对象构成控制组。

4. 实验检测

实验检测是指在实验过程中对实验对象的观察与测定，一般分为前测和后测。

二、实验法的特点

实验法与访谈法、观察法的最大区别是，它通过控制情境和变量来研究社会行为及社会现象的变化，以建立变量间的因果关系。

1. 人为设定观察情境

这与自然观察法有显著的区别。自然观察法要求观察者在尽量不影响、不干扰研究对象的自然状态下考察研究对象，而实验法则要求对研究对象实施某种干预，使其处于不同于先前的状态，在受到干预了的非自然情境下对实验对象进行观察。实验者可以利用各种手段，人为地使研究对象的一些条件发生变化，使另一些条件不发生变化；使一些现象得以发生，同时控制一些现象不发生，从而使研究者能够观察到一些在自然状态下观察不到的社会过程和现象。

2. 直接建立研究结论

实验法通过控制外部变量，直接建立自变量与因变量之间是否存在因果联系的假设，就建立因果命题而言，实验法的效率比其他方面要高很多。严谨的实验设计往往可以检验出设想的因果关系是否真实存在。需要强调的是，实验研究是一个不断探索新解释变量的过程，研究者必须通过不断完善实验设计使研究结论准确。

3. 实验结果受实验人员和实验对象的主观影响

实验人员往往对实验结果有所期待，这可能产生这样的结果：

①实验人员自觉或不自觉地只注意那些与假设一致的现象；

②实验人员可能自觉或不自觉地诱导或者暗示实验对象，使实验结果产生偏差。

第二节　实验法的基本要素

作为一种特定的研究方式，实验法有以下三个基本要素：

①自变量与因变量；

②前测与后测；

③实验组与控制组。

可以说，任何的实验研究都离不开这三个基本的要素。

一、自变量与因变量

基本上，实验是考察自变量对因变量的影响。通常，自变量是实验中的刺激因素，是引起其他变量变化的变量，因此，自变量也称作原因变量。因变量往往是研究所要测量的变量，因此，也叫作结果变量。在典型的实验模型中，实验者就是要比较出现刺激和不出现刺激所导致的结果的差异。例如，我们要研究薪资与工人工作效率之间的关系，那么工人的薪资水平就是自变量，而工人的工作效率就是因变量。需要强调的是，这里的自变量与一般意义上的自变量有所不同，它是具有两种属性的"二分变量"，即它通常只有两个取值：有和无，即给予实验刺激和不给予实验刺激。

二、前测与后测

在最简单的实验设计中，受试者往往首先作为因变量接受测量，即前测；然后通过引入刺激（自变量）后，再将受试者作为因变量再次接受测量（后测）。这时候，因变量前后测之间的差异，就被认为是刺激（自变量）的影响力。这种测试可以是一次自填式问卷调查，也可以是一项态度测验。

例如，我们试图研究大学生对日本侵华战争的态度，我们假设：播放有关南京大屠杀事件的纪录片会增加大学生对日本侵华的强烈不满和愤怒。我们就能通过实验来验证。首先,我们可以测出一组实验对象,即大学生,对日本侵华战争的态度(前测);然后,我们可以放映一部南京大屠杀的纪录片(实验刺激);最后,我们重新测量他们的态度(后测)。如果,大学生在观看完纪录片之后的不满和愤怒态度增加,则说明该纪录片确实有效果。

三、实验组与控制组

实验组是实验的过程中接受实验刺激的那一组对象,即使是在最简单的实验设计中,也至少会有一个实验组。但是,实验室实验法很少只观察接受实验刺激的实验组,研究者往往也会观察未接受实验刺激的控制组。控制组,也称为对照组,是指在试验中没有被施以刺激的受试者。但是,为了保证实验结果的准确性和权威性,控制组在其他方面应该和实验组一样。控制组和实验组的比较是发现实验刺激的效果。

为什么要设置控制组呢?在实际的社会研究过程中,因为社会是一个复杂多变的系统,事物与事物之间存在着千丝万缕的联系,因此,研究者的分析逻辑自然要比这复杂得多。还是以大学生对日本侵华战争的态度为例。在研究此类问题的时候,我们可以想象得到,研究者自身的行为对研究结果会有一定的影响,即使不对实验引入刺激,第二次测量的结果和第一次比起来也会有所不同。在第一次分发问卷给受试者填答时,他们也许尚未感觉到我们的目的;但是在第二次再做同样的问卷测量时,他们很可能就已经知道我们的真实目的,因此,受试者在填答时也许会故意迎合,改变答案。这样一来,纪录片似乎有增加不满态度的作用,但是,实际上却并非如此。因此,在实验环境中,为了解决这种问题,就需要设置一个控制组,以减少研究者行为本身对研究结果的影响。

对社会科学实验而言,控制组之所以重要,不仅在于防止实验本身的影响,而且在于排除实验进行过程中外在事件的影响,则控制组和实验组都受影响。有时候,实验设计要求一个以上的实验组或控制组。就上面观看纪录片的例子而言,如果还要继续考察一本关于日本侵华战争的杂志会产生什么影响,那么,就可以让一组既看纪录片又看杂志,另一组只看纪录片,第三组只看杂志,而控制组则什么都不做。采用这种设计,就可以确定每一种刺激因素的单独影响,以及几种刺激因素的综合效果。

第三节　实验的程序及类型

一、实验的程序

实验研究的方式和其他的社会研究方式一样，基本上都是从选题开始，直到得出研究。由于实验研究在对象选择，变量测量，资料收集等方面的独特性，因而在具体的研究程序和步骤上有所不同。纽曼详细列举了社会研究的12个具体步骤，如下：

①从一个有关因果关系的简单明白的假设开始；

②选择一种合适的实验设计用来检验假设；

③创造一种引入自变量的背景或决定如何引入实验刺激；

④对因变量进行有效的和可信的测量；

⑤建立实验背景，并对实验刺激和因变量测量进行预实验；

⑥实验对象或个案的选择；

⑦随机指派实验对象到不同的组，并对他们进行详细指导；

⑧对研究对象进行因变量的前测；

⑨对实验组进行实验刺激；

⑩对研究对象进行因变量的后测；

⑪告诉实验对象有关实验的真实目的和原因，询问他们的真实感受，尤其是当实验对象在某些方面被欺骗时，这种说明更为重要；

⑫考察所收集的资料，进行不同组之间的比较，并运用统计方法决定假设是否被证实。

当然，并不是每一项实验都要严格按照以上12个步骤去执行，且这些步骤的前后顺序也不是固定不变的。

二、实验法的类型

1. 实验室实验与现场实验

这是按照实验的地点来划分的。严格意义上的实验研究通常都是在实验室里面进行的。所谓实验室实验是在研究者操控的人为环境下进行的，研究者采用随机分配的方式设立实验组和控制组，并通过操纵自变量的不同取值，考察对实验组和控制组的影响，因而验证自变量是否对实验结果产生某种因果效应的结论。在社会科学研究中，实验室实验的例子很多，最有名的案例当属米尔斯莱姆的权威服从研究。

米尔斯莱姆打出广告征集“助手”，宣称要验证他的某一种“教学方法”。每名“助手”都被带入一间房子中，那里有一名“学生”被绑在椅子上进行口试，当“学生”回答问题出现错误时，米尔斯莱姆要求“助手”电击“学生”，如果回答继续出错，“电击”的电压就要成倍提高，直到表明的电压足以致人非命。

当然，整个事件是事先安排好了的。真正的实验对象是“助手”，“学生”是演员，故意答错题，因此，会遭受越来越强烈的“电击”。当助手“电击”时。他要假装痛苦地嚎叫。实验的目的是为了知道当给别人施加痛苦时，人们还会在多大程度上服从米尔斯莱姆的命令。实验结果令人恐怖，即使“学生”痛苦地尖叫甚至假装昏迷，但仍然有约65%的受试者不打折扣地执行了米尔斯莱姆的命令。

虽然这个实验提供了一个经典的关于权威服从的解释理论，但是米尔斯莱姆的实验引起了有关社会科学中伦理道德的严肃讨论。

当然，实验也可以在现实社会生活中进行，即进行现场实验。现场实验在自然情境下进行，与实验室实验相比，现场实验的研究结论具有更大的现实推广意义，但同时，现场实验的操控能力相对较弱，其研究结论的内部效度更容易遭受威胁。在社会学研究领域，现场实验者面临的是动态性较强的政治环境、经济环境、技术环境等，因此，很难确立和维持对环境的操控。因此，相对而言，现场实验设计虽在外部效度上具有优势，但在内部效度上面临更大的挑战。“霍桑实验”是较典型的现场实验。

1924 年 11 月至 1927 年 4 月，美国的一些研究人员在西方电器公司进行实验研究，他们选择的自变量是工作环境，因变量是劳动生产率。按照假设，工人工作环境的好坏应该会直接影响劳动生产率的高低。研究人员将一部分工人作为控制组，固定照明亮度，将另一部分工人作为实验组，通过不断改变照明亮度观察生产量的变化。实验结果表明，当实验组的照明亮度从昏暗状态逐渐增加时，产出量确实在逐渐提高。于是实验人员进行实验的第二步,把照明从高亮度逐渐下降到昏暗状态。这时检测到的结果就与假设不相符了:随着照明降低,实验组的产量仍然是继续提高的。这说明照明度与生产率之间并没有因果关系,与实验的假设相悖。

埃尔顿.梅奥教授等人在1927年至1932年期间继续进行了实验,这次他们选择工作时间为自变量,生产率为因变量。先确定了正常条件下控制组的产量,然后在厂方管理人员的同意与支持下逐渐缩短工作日。结果发现,随着工人工作时间的减少,工作条件的改善,生产产量提高了。然后实验人员再进行相反的实验,逐渐增加工作时间,结果却仍然令人意外,生产产量依旧继续增加。后来研究者找出了出现这种"悖论"的原因:在这个实验中检测到的因变量变化不是自变量变化的结果,而是实验中未经控制的其他自变量引起的。研究人员后来发现,这个引起生产产量变化的自变量是企业中"人的关系"。参加实验的工人们(实验组),在实验的过程中受到比以前更好的对待与尊重,有了一些自由发表意见的机会,他们的非正式人事关系有所改善。导致无论工作条件怎么变化,都能维持较高的效率。通过这个实验,研究人员提出一个新的假设:人人都有社会联系的本能,需要与人合作、需要良好的人际关系,如果能够满足工人们的这一本能,生产效率就会提高。

2. 标准实验与准实验

在前面的内容中我们知道,实验一般包括前测与后测、实验组和控制组、自变量与因变量等基本因素。在实验的过程中,为了使实验的结果和效度更有信服力,通常需要随机指派实验对象以形成两个或多个相同的组,前测和后测,实验刺激的控制和操纵等。这样的实验通常被称作标准实验。

然而,社会研究的对象和内容常常在许多方面限制了这种严格的实验设计在现实社会中的应用。对于社会研究者来说,进行类似于自然科学中,或者心理学中常见的类似的十分严格、十分完备的标准实验的可能性不大。他们常常无法对实验环境进行高度的控制。比如,对自变量的操纵不能完全控制,有时仅进行后测等。因此,各种缺乏实验设计中的一个或多个"条件"或"部分"的实验,就被称作"准实验设计"(quasi - experimental designs)(有的著作中也称之为半实验)。这一概念是D. T. 坎贝尔和J. C. 斯坦利于1966年首创的。D. T. 坎贝尔和J. C. 斯坦利指出,通过仔细地选择被试群体和测量方法,我们可以建立"在产生因果推论的能力上与真实实验相近的研究设计"。因此准实验设计是在无法实行更好的实验设计的时候所使用的有价值的设计。

准实验设计有以下几种常见的类型：

(1)具有不等同组的仅有后测的设计

这种设计有一个具有实验刺激和仅有后测的实验组。仅有后测设计的基本原理见表10－1。

表 10－1　仅有后测设计的基本原理

组别	实验刺激	后测
实验组	有	有
控制组	无	有

(2)有前测和后测的单组设计

这种设计仅有一个实验组，有前测和后测，也有实验刺激，但是无控制组。有前测和后测的单组设计的基本原理见表 10－2。

表 10－2　有前测和后测的单组设计的基本原理

	前测	实验刺激	后测
实验组	前测 1	有	后测 1

(3)仅有后测的单组设计

这种设计比单组设计的组成部分更少，仅有实验刺激和对实验组的后测。可以说是最简单的准实验设计。仅有后测的单组设计表 10－3。

表 10－3　仅有后测的单组设计

	前测	实验刺激	后测
实验组	无	有	有

3. 双盲实验

所谓双盲实验，指的是在一项实验中，实验刺激对于实验对象和参与实验的观察人员来说都是未知的，即受试者和实验者都不知道哪些是实验组哪些是对照组，实验刺激是由实验人员和实验对象以外的第三者任意分派和给定的的一种实验设计。至于为什么要采用双盲实验，我们接下来先看一个例子。

进行双盲实验最典型的一个例子莫过于医学研究了。在新药的早期实验中，研究者尽管可以按照经典实验逻辑的方式，通过实验组和控制组，即对实验组的病人给予新药，而控制组的人员则不给予新药。通过实验组和控制组病人的治疗效果进行的对比，则可以得出新药的疗效是否具有成效。但是，在医学实验中，研究者更倾向于观察实验组的效果，而忽视控制组的效果（对发明这种新药的研究者而言更可能如此）。研究者发现，被给予新药的患者会产生一种宽慰心理，这种心理对病人的影响是非常积极的，因此，这种心理因素的影响导致要评价药物本身的效果十分困难，实验组患者的好转究竟在多大程度上是由于新药所起的作用则无法探测。因此，为了更好地对新药的疗效进行测量，则需要进行“双盲实验”，在该实验中，除了给患者服用的新药外，再准备一种供患者服用的和新药十分相似的安慰剂（比如小糖片），然后，由第三者将新药和安慰剂随机发放给两组受试人员，而作为实验对象的病人和作为实验参与者（或观察者）的医务人员都不知道（双盲）谁被给予了新药，谁被给予了“安慰剂”。这样，研究者对病人服药以及服“安慰剂”这两种结果的观察会更加客观，因而对新药实际产生的疗效的评估会更有说服力，更科学，更准确。因此，像诸如新药疗效测试这种“双盲”的实验设计能使研究人员进一步从其他一些变量中孤立出新药的效果来。

第四节　选择受试者

根据实验研究的分析逻辑的要求，选择受试者的一个很重要的规则就是实验组和控制组必须具有可比性。理想状态下，控制组应等同于未面对实验刺激的实验组，因此，实验组与控制组必须尽可能相似。这里有三种方法可以采用，即概率抽样、随机指派和配对。

一、概率抽样

概率抽样是指在调查总体样本中的每个单位都具有同等可能性被抽中的机会。在实验法中,先把所有的研究对象作为抽样框,再从中抽取两组样本。如果两组随机样本各自与总体相似,两者亦彼此相似。

然而,根据一般的原则,少于100的随机样本代表性不够,而社会科学的实验,无论是实验组或控制组,都很少包括那么多的受试者。因此,对于比较大的人群,实验法很少采用概率抽样。但是,在分配受试者时,研究者还是利用到随机抽样的逻辑。

二、随机指派

随机指派的方法是研究者用来解决实验中两组对象相同性问题的另一种方法。随机指派的逻辑和程序十分简单,即完全按照随机抽样的原则和方法,随机地将受试者分为实验组和控制组。具体的操作方法可以分为以下几种。

1. 通过抛硬币的方法来决定实验组和控制组的实验对象

比如,假定我们要将40名中学生分到实验组和控制组(每组20人)。那么,我们从第一个实验对象开始,依次根据抛硬币的结果来决定谁去实验组,谁去控制组。若硬币正面朝上,则该学生去实验组;若硬币朝下,则该学生去控制组。根据概率原则可知,抛硬币时出现正面朝上和反面朝上的概率相等,各为50%。因而,被分到两个组去的学生在原则上也应该基本相等。

2. 通过单双号来决定实验组和控制组的实验对象

还是刚才的40名中学生,我们随机的将他们按照顺序排列,然后将号码为单数的,即1,3,5,…,39号的学生分配到实验组;剩下的同学(即编号为偶数)分配到控制组。这种方法其实类似于概率抽样方法中的系统抽样法。

3. 按照排列的顺序或者实际抽取实验对象时的先后顺序来决定

比如,还是刚才的40名中学生,将名单中排在前面的20名学生分到实验组,而名单中排在后面的20名同学则分到控制组。或者将先抽到的20名同学分配到实验组,而将后抽到的20名同学分配到控制组。

按照上述的三种方法分配的结果,两个组在各个方面都会比较相似。假设这40名学生中有20名男同学,20名女同学。那么,在所形成的两个组中,其男女生所占的比例也会接近1:1。这样,两个组中的性别比与总体中的性别比基本相同,因此,实验组和控制组的学生在其他变量上的比例也都会与总体中的比例接近。这样就达到了我们所期待的效果,即未接受刺激的实验组应该与控制组尽可能相似。这就是随机指派最为重要的作用。尽管随机指派也会存在误差，尤其是当实验对象的数量比较小时，这种误差可能性会很大。所以，在实验允许的情况下，实验对象应该达到一定的数量。

三、配对

在进行社会科学实验中，实验组与控制组的可比性，有时可以通过配对来实现。所谓配对，就是在实验的过程中，通过考察这些初选受试者的一个或多个特征，进而将一对相似的受试者，随机地分别分配到实验组和控制组中去。

例如，在40名中学生中，根据性别这一个变量(特征)，随机的将40名学生分到实验组和控制组中去，因为，在这40名同学中，男女比例为1∶1，因此，在实验组中会有10名男生和10名女生，控制组相同。

应该指出的是，按照我们上面所介绍的方法进行匹配的两组学生，虽然在"性别"这一变量上完全相同，但他们可能在其他一些变量上又会有所不同。比如，可能一组的女生学习成绩较为突出，而另一组男生的学习成绩较为突出，即两个组在"学习成绩"这一变量上的分布有所不同。因此，对于我们所研究的问题来说，按照"性别"的标准选择出来的这两个组，仍然没有达到在"学习成绩"上"完全相同"的要求。我们还必须进一步根据"学习成绩"进行匹配。

因此，推而广之，影响两个组学生的变量有很多，要保证两个组的对象"完全相同"，我们就必须在第3个，第4个，…，第 n 个相关的变量上继续进行匹配，这是一项十分困难甚至是完全不可能实现的工作，因为，我们要找出两个在1个、2个或者3个变量上相同的对象是很容易的，但是要找出2个在所有变量上都相同的对象，则是完全不可能的。

当然，这并不是说分配法一无是处，没有价值，它在实际的研究中仍然具有一定的作用。在进行实验的过程中，研究者可以在有限的条件下，针对那些与研究所关注的主要问题的密切相关的变量来进行匹配，而暂时忽略其他一些与所研究问题联系相对不太紧密的变量。但是，在这样做的时候应该将研究的结论限于一定的范围，下结论的时候应该留有充分的余地。

四、配对还是随机

在考察该如何把受试者分派到实验组还是控制组时，必须注意到采用随机指派的方法比采用配对方法有三点优势：首先，我们无法知晓哪些相关变量应作为配对的依据，哪些变量对实验的影响较大或者是较小。其次，当我们根据随机指派的方法，从一个总体中选出两个群体时，各种干扰变量会以同样的方式对两个群体产生影响。因为根据概率论，选出的群体基本上是两个完全相同的群体，因此，采用随机指派的方法进行的实验在准确性和精确性上将超过分配法。最后，大部分的统计技术都是用来评估随机实验结果的，如果不这样设计，就无法使用这些统计方法进行评估。

第五节　实验设计

一、无控制组的单组实验设计

这是一个最简单的实验设计，在实验的过程中，只有一个实验组，而没有控制组，具体的操作过程如下：

①选择实验对象；

②选择实验环境；

③前测；

④施加实验刺激（自变量）；

⑤后测。

由于没有控制组，因此，前后测之间发生的变化就是自变量影响的结果。无控制组的单组实验设计如图 10－2 所示。

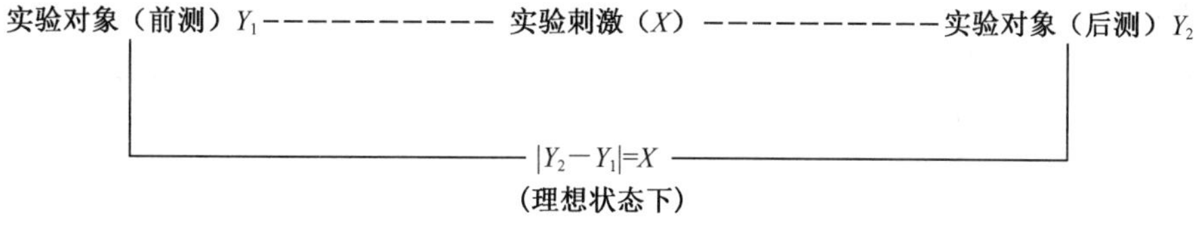

图 10－2　无控制组的单组实验设计

例如，我们想要测量奖励制度与劳动产量之间的关系，假定实验的时间为四个月。先选择一个车间的工人，然后用两个月的时间计算每人每天的劳动产量或整个车间每天的产量；然后对他们实施奖励制度；再用两个月的时间计算他们在得到奖励之后的劳动产量；最后进行比较，如果产量提高，则说明实验刺激（奖励制度，亦即自变量）有效。

二、古典实验设计

古典实验设计也称为经典实验设计，是最基本也是最标准的实验设计。因为古典实验中包含了实验设计的全部要素，即实验组、控制组、前测、后测、自变量、因变量以及随机指派。因此，在其他的一些教材中也称它为“双组前后测模式”。古典实验设计如图 10 – 3 所示。

实验组：（前测）Y_1———————**刺激**（X）————————— Y_2（后测）

控制组：（前测）y_1 ————————————————————y_2（后测）

图 10 – 3　古典实验设计

因此，实验刺激的影响（理想状态下）= 实验组的差分 – 控制组的差分

$$= (Y_2 - Y_1) - (y_2 - y_1)$$

在古典实验中，如果没有控制组，那么我们就不会知道在实验组的全部影响中，究竟有多少是真正的原因，多少是外在因素的影响。因为，实验组之所以变化，除了实验刺激之外，可能还会有其他外在因素的影响。究竟实验刺激对实验有多大的影响当然我们也无法得知。因此，加上控制组后，我们就可以认为实验组的差分与控制组的差分之间的差就是实验刺激对实验的影响。

同样的道理，如果实验组的差分（的绝对值）比控制组的差分（的绝对值）大，则说明实验刺激对因变量有影响；如果实验组的差分与控制组的差分相等，则实验刺激的影响为零，也就是说自变量对因变量不起作用；如果实验组差分比控制组差分小，那么就说明实验刺激对因变量的影响是负向的。

我们用一个例子来说明经典实验具体的设计流程和方法。假定我们要验证这样一个假设：观看电影将使大学生减少对父母的偏见。首先，我们从学校中随机挑选出 60 名大学生，随机将他们进行排序并编号，然后将序号为单数的一半学生分到实验组，序号为偶数的另一半学生分到控制组。接着，我们在保证无特殊事件的影响下对两组学生进行实验，实

验周期定为两周。我们先用一组涉及对父母态度的量表对两组学生同时进行一次态度测验，并通过计算分别得出实验组和控制组的前测态度得分（记为 Y_1 和 y_1）；一周后，我们对实验组的学生放映一场电影《我的父亲母亲》，但控制组的学生不看这场电影；一周过后，我们再次对这两组学生进行第二次量表测验，分别得到实验组和控制组的后测态度得分（记为 Y_2 和 y_2）。规定态度量表上的得分越高表明对父母的偏见越大，且两次测量得到下列结果（尽管两个组前测的实际得分可能由于随机误差而略有差别，这里为方便起见，假定二者相同，都为 78 分）：

$$Y_1 = 78, Y_2 = 55, y_1 = 78, y_2 = 72$$

则

$$Y_2 - Y_1 = -23, y_2 - y_1 = -6$$

$$\text{观看电影所产生的影响} = (Y_2 - Y_1) - (y_2 - y_1) = -23 - (-6) = -17$$

即观看电影将明显减少大学生对父母的偏见。

三、所罗门三组设计

从前面所列举的例子中我们可以得知，即便没有对控制组进行实验刺激，实验对象的偏见也略有下降（-6），因此，前测作为实验刺激，同样对实验的对象有一定的影响。然而，除了前测的影响，实验和实验刺激之间往往还会产生某种“交互作用效应”，即除了实验刺激和前测对实验结果产生影响外，二者之间的交互作用会产生另外一种外加的影响。比如说，大学生从回答前测关于态度量表的问题，然后看电影，他们可能无形之中会将二者联系起来，意识到本次实验的目的就是为了减少对父母的偏见，因此在对他们后测的过程中，他们会有意识地作出违心的答案，以便达到目的。因此，为了让实验的结果更加准确和具有信服力，我们在进行实验的过程中最好要考虑到这种“交互作用效应”的影响，进而设计出更可靠的实验。所罗门三组设计可以很好地解决这种问题。

所谓所罗门三组设计，是在古典实验设计的基础上，再加上另一个控制组，即控制组 2。控制组 2 仅仅只有实验刺激和实验后测，没有前测。所罗门三组设计如图 10－4 所示。

由于控制组 2 没有前测，仅仅有实验刺激和后测，因此，这个控制组中因变量的变化只能归因于实验刺激的影响。但是，要计算实验刺激的影响时，往往还需要一个条件，即控制组 2 的前测得分。根据前面所讲内容（未接受实验刺激的实验组应该尽可能地和控制组相

实验组：（前测）Y_1 -------- 刺激（X）-------- Y_2（后测）

控制组1：（前测）y_1 ---------------------- y_2（后测）

控制组2：　　　　　　　　　刺激（X）---------- y_3（后测）

图 10－4　所罗门三组设计

同），在这里，我们可以将控制组 2 的前测得分设定为 Y_1 和 y_1 得分的平均值。这样，有了控制组 2，我们就能够计算出前测和实验刺激的交互作用所产生的影响值。

仍然以前面的例子为例。将控制组 2 的后测设为 y_3。假定 Y_1 和 y_1 均为 78 分，Y_2 为 55 分，y_2 为 72 分，y_3 为 65 分。因为 $y_2 - y_1 = -6$ 那么，前测的影响为 6 分。由于这三个小组都是按照随机指派的方法构成的，根据概率抽样的原理，三组成员之间的差别会很小。因此，Y_1 和 y_1 的平均值即可以被用来作为控制组 2 的前测值，这样控制组 2 的前后测之间的差值，即为实验刺激的影响。因此

$$\text{实验组总的影响} = Y_2 - Y_1 = 55 - 78 = -23$$

$$\begin{aligned}\text{相互作用的影响} &= \text{实验组总的影响} - \text{实验前测影响} - \text{实验刺激影响} \\ &= (Y_2 - Y_1) - (y_2 - y_1) - [y_3 - 0.5(Y_1 + y_1)] \\ &= -23 - (-6) - (-13) \\ &= -4\end{aligned}$$

因此，实验刺激和前测的交互作用的影响为 4 分。

四、所罗门四组设计

尽管所罗门三组设计已经考虑了多种因素的影响，但是，实际上仍然存在缺陷，不够完善。在三组实验设计中，尽管我们已经考虑到了实验刺激，实验前测和交互作用的影响，但是，不可否认的是，实验外部的因素也会对实验的结果产生作用。仍然以前面的例子为例，在所罗门三组设计中，控制组 1 的差分 －6 不仅仅是前测的影响，或许它还包括我们所不知道，没有考虑到的其他因素的影响；控制组 2 的差分 －13，也不仅仅是实验刺激的影响，同样也会夹杂着各种外部因素的刺激。因此，为了使实验更精确，排除更多的外部因素影响，在三组设计的基础上，所罗门设计了更为复杂的四组实验设计，即再增加第三个控制组（控制

组 3)，控制组 3 既没有实验前测，也没有实验刺激，仅仅有实验后测。所罗门四组设计如图 10－5 所示。

实验组：（前测）Y_1——————————刺激（X）——————————Y_2（后测）

控制组1：（前测）y_1——————————————————————————y_2（后测）

控制组2：刺激（X）——————————y_3（后测）

控制组3：y_4（后测）

图 10－5　所罗门四组设计

和三组设计同样的道理，在控制组 3 中所发生的任何变化都可以看成是外部因素影响的结果。同样地将控制组 3 的前测得分设定为 Y_1 和 y_1 得分的平均值，假定控制组 3 的后测得分为 76，那么就可以得出如下结论：

实验总值的影响为

$$Y_2 - Y_1 = -23$$

实验前测的影响为

$$y_2 - y_1 = -6$$

实验刺激的影响为

$$y_3 - 0.5(Y_1 + y_1) = -13$$

外部因素的影响为

$$y_4 - 0.5(Y_1 + y_1) = -2$$

所以

交互作用影响＝实验总值的影响－实验前测的影响－实验刺激的影响－外部因素的影响

$$= -23 - (-6) - (-13) - (-2)$$

$$= -2$$

理论意义上，这四组设计应该是最为理想的实验设计，它具有很多的优点，距离研究者希望达到的目的最近。但是,这种理想的设计实际上包含着许多潜在的假定和前提:假设可以找到足够的实验对象;假设实验环境等其他条件保持不变……在实践中往往会十分困难。研究者往往会因为寻找实验对象的困难,实验的经费有限等而放弃或退却。

第六节　实验法的优缺点

实验法是研究事物之间因果关系的首要工具。不过,实验法跟其他所有的研究方法一样,拥有很多优势的同时,也难免有其不足。

实验的主要优点在于把实验变量与它带来的影响分离开来。实验一开始,就发现受试者的某些特征,经过实验刺激,发现他们具有了不同的特征。只要受试者并未受到其他刺激,我们就可以认为,特征的改变归因于实验的刺激。

另一个优势是,由于实验具有一定的范围限制,既省时又省钱,只需要很少的受试者就可以,因此,我们在实验的过程中,可以用几个不同的受试者重复做同一实验(通常,重复进行实验比重复调查研究更容易,更节约成本)。和其他形式的科学研究类似,研究结果的可重复性可以让我们对实验的效度与概化更为深信不疑。当然,我们可以通过合理的实验设计来控制。像坎贝尔、斯坦利和库克提到的内在无效度和外在无效度问题,这也反映了实验方法的极大优势——严密的逻辑性。

室内研究的最大弱点在于人为的控制与干预而对实验数据和结果产生的影响。能够在实验室内发生的社会过程,未必能够在较自然的社会环境里发生。就像本章常用的例子,一部关于南京大屠杀的纪录片,也许真的有助于增强大学生对日本侵华战争的不满,但是,这未必意味着同一部影片在全国各地影院放映时会起到同样的效果。就自然实验而言,人为控制和干预所构成的负面影响要小得多。

还要强调一点的是,实验往往会受到伦理与法律的限制。因为我们实验的对象是人,所以,自然而然就会受到伦理和法律的约束,例如,我们不能故意给未成年人制造犯罪的情景来检验社会环境与青年犯罪之间的关系,因此,不能将实验对象置于极端危险的情景中检验他们之间的同情心等。正因为这样的原因,社会学领域里实验法的最早倡导者孔德就只主张间接实验,不主张直接实验,即利用社会本身的特殊状况,如革命、战争,来对社会进行研究。

思 考 题

1. 简述实验法的概念和特点。

2. 简述实验法的基本要素。

3. 简述实验法的程序和分类。

4. 简述各种不同类型实验的设计思路和方法、特征及优缺点。

5. 简述实验所要遵循的一般程序。

6. 简述配对和随机指派的优缺点及异同点。

7. 简述无控制的单组实验、古典实验、所罗门三组实验和所罗门四组实验的特点、异同点、优缺点和适用范围。

8. 实验法的优点和实验法的缺点有哪些?

第十一章　文　献　法

文献法是根据一定的调查研究目的,通过研究文献来获得调查资料,从而全面、系统掌握所调查研究的问题的一种方法。文献法在各种科学研究中被广泛地运用,在科学研究的前期准备阶段与进行过程中经常被使用,本章将详细讲述文献的相关知识。

第一节　文献的类型及其特点

一、文献的起源

“文献”一词最早出现于《论语》中的“夏礼吾能言之，杞不足征也；殷礼吾能言之，宋不足征也。文献不足故也。”在此处,文献是指有关典章制度的文字资料和多闻熟悉掌故的人。后有朱熹集注:“文,典籍也;献,贤也。”此处的文献与在《论语》中意义相同。

杨维桢《送僧归日本》:“我欲东夷访文献,归来中土校全经。”清袁一相《睢阳袁氏(袁可立)家谱序》:“虽长老无存,文献莫考,而耳闻目见颠末可述,吾之忠贤子弟,其益绍前烈,共思葛藟之诗。”在这些诗句中文献一词通常指专指有历史价值或参考价值的图书资料。

随着时代的进步,“文献”一词的意义也在不断发生变化,到现在,广义的文献指一切记录有知识或信息的载体。

二、文献的类型

1. 按照载体形式分类

文献按照载体形式的不同可以分为印刷型、缩微型、计算机阅读型和声像型。

(1)印刷型

印刷型是文献的最基本方式,是指以纸质材料为载体,以印刷为记录手段而形成的文献形式,主要包括铅印、油印、胶印、石印等。印刷型文献的优点是携带方便、能够随时阅读,缺点是纸质物品的存储空间有限、不方便保存与查阅。

(2)缩微型

缩微型是以感光材料为载体的,以照相为记录手段的一种文献形式,又可分为缩微胶卷和缩微平片。缩微型文献的优点是体积小、便于保存、转移和传递,并且价格低廉;缺点是阅读时要用阅读器等阅读设备的支持。

(3)计算机阅读型

计算机阅读型文献也被称为电子数字型文献,简单来说就是用计算机阅读的文献,它主要通过编码和程序设计,把文献变成符号和机器语言,输入计算机,存储在磁带或磁盘上,阅读时,再由计算机输出,主要有磁带、磁盘、光盘等形式。计算机阅读型文献的优点是能存储大量情报,可按任何形式组织这些情报,并能以极快的速度从中取出所需的情报,检索灵活、方便使用,并且随着近些年来网络技术的快速发展,计算机型文献的应用越来越广泛;其缺点主要是容易受到病毒的威胁与干扰,因此,做好备份工作非常重要。

(4)声像型

又称直感型或视听型,是以声音和图像形式记录在载体上的文献,如唱片、录音带、科技电影、幻灯片等。声像型文献的优点是存取快捷,图像能够直观表现出所要表达的意思,便于理解。

2. 按照出版形式分类

文献按照出版形式的不同可以分为图书、期刊、科技报告、会议文献、政府出版物、学位论文等。

(1)图书

图书是指篇幅达到48页以上并构成一个书目单元的文献,图书一般是由作者收集资料、筛选与整理,并概括出自己观点的产物。图书的优点的描述详尽而细致,比较适合知识的初学者;缺点则是不适合专业性研究。

(2)期刊

期刊是定期或不定期的连续出刊物,根据期刊的发行时间可以分为周刊、月刊、双月刊、季刊等;按照期刊的内容可分为学术理论性期刊、情报性期刊、技术性期刊、事业性期刊和普及性期刊。常见的期刊有三类:一类是杂志,一类是汇报、集刊、丛刊、汇刊及高校的学报,还有一类是文摘及复印资料。期刊的优点是专业性较强,适合科学研究;缺点是购买不是很方便,一些专业性较强的期刊需要读者自己向出版单位订阅。

(3)科技报告

科技报告是科学工作者从事科学研究工作的阶段进展情况和最终成果报告。在社会研究领域,科技报告主要是社会科学工作者对某一社会性的客体研究的阶段进展情况和最终成果报告。科技报告的优点是专业性强,是从事同一研究领域的人相互交流、展示研究成果的一个很好的平台。

(4)会议文献

在各种学术会议上发表的文献统称为会议文献。它含有一个学科最新的情报信息,是了解学科最新发展动向、水平和最新成就的主要渠道,具有一定的参考价值。会议文献按照出版形式的不同,通常有以单卷式出版、以会议名称形式出版以及以会议编号出版等。会议文献的优点是能够了解学科最新的前沿动态;缺点是会议类型较多、文献形式出版多样,因此给文献的检索带来一定的困难。

(5)政府出版物

政府出版物是指政府所属部门出版,政府设立或指定的专门机构印刷发行的文件,主要包括:一是行政性文件,例如,政府法令、政策方针、规章制度等;二是科技性文献,例如,科研报告、技术政策等。政府出版物的优点是能够了解一个国家及其政府的公共政策以及社会研究的活动和水平,缺点是描述不够细致。

(6)学位论文

学位论文是指高等院校毕业生参加不同学位考试时提交的学术论文,可以分为博士论文、硕士论文和学士论文。学位论文的优点是大多为原创,对研究工作有一定的参考意义;但缺点是大多不对外发行,质量又参差不齐,难以收集与利用。目前,我国学位论文的获取通常来源于中国知网。

3. 按照对文献内容加工程度分类

根据对文献内容加工程度的不同分类,文献的类型有零次文献、一次文献和二次文献和三次文献。

(1)零次文献

零次文献是一种特殊的形式的文献,主要有两个方面的内容:一是形成一次文献以前的知识信息,未经记录,未经形成文字材料,是人们的口头交谈,是直接作用于人的感觉器官的非文字型的情报信息;二是指未公开与发行,即没有正式出版的各种图书资料等。

(2)一次文献

一次文献通常也被称为原始文献或者一级文献,通常是人们直接以自己的生产、科研、社会活动等实践经验为依据生产出来的文献。一次文献因为记载的知识比较新,因此在整个文献系统中数量巨大,种类繁多,应用范围广,影响较大。

(3)二次文献

二次文献也称为二级文献,它是通过将大量的一次文献进行整理、分析、提炼与浓缩,并且按照一定的逻辑顺序进行编排而形成的文献。二次文献的主要类型包括目录、索引和文摘等形式。二次文献将一定范围的一次文献进行整理与综合,具有较强的检索性,能够节约大量的时间。

(4)三次文献

三次文献也称为三级文献,它通常是围绕某个专题,利用二次文献检索收集大量的相关文献,对其进行深度加工而成。三次文献主要有综述、评论、评书等形式。

三、文献的特点

1. 文献是信息的载体

文献资料之所以是调查研究所必需的,是因为文献资料上载有信息,而这些信息是了解特定领域知识所必备的,任何文献资料都是信息的载体。

2. 文献其本身存在于载体之上

文献是以载体的形式存在的,从古至今,文献的载体随着时代的发展不断进行着变迁,从远古时代的在龟甲、兽骨上、石器上记录;到东汉发明了纸之后,纸是文献最常用的载体;到了现代社会,文献以文字、图像、视频、音频等形式广泛存在。

3. 文献能够传播

文献资料通过载体的记载,在社会上得以传播,在社会范围内进行交流与传递,促进人类社会更好的发展。

四、文献法的优缺点

与其他研究方法相比,文献法既有独特的优点,也有明显的不足,具体如下。

1. 文献法的优点

(1) 可研究那些不可接近的对象

比如，对那些早已逝去的历史人物，采用观察、访谈等研究方法已经不可能了，而文献则能帮我们完成。此外，当我们要研究国外或由于各种原因而难以直接访问的研究对象时，往往采用文献法。

(2) 具有非介入性和无反应性的优点

做文献研究时，研究者不需要直接接触被研究的人，因此不会由于研究人员与被调查者之间的互动不当导致信息失真。没有研究人员的介入，文献内容不会受到研究人员主观因素的影响。

(3) 费用较低

文献研究一般不需要大量的研究人员，也不要求特别的设备，只要能够收集到足够的文献资料，就可以进行研究了。文献研究所需要的费用主要是资料费用，比一般的大规模调查费用要低很多。

2. 文献法的缺点

(1) 缺乏统一格式，资料间难以对比

通常情况下的文献，由其是个人文献，并没有较为固定的格式，在一段时间内出现的内容，在另一段时间可能就没有了，因此，在利用文献法做研究时会发现资料不完整。

(2) 部分文献资料不易获得

许多文献都是非公开的，或者不是任何人都可获得的。比如一些私人文献或者保密的官方文献，一般不对外公布，研究者往往难以得到。

(3) 编码困难，难以数量化

研究者有时候需要对资料进行数量化分析，因此，需要对资料进行编码。但由于当初的文献在编写目的、对象等方面的不同，在内容、长度上也会有所不同，所以，往往很难对其进行编码，尤其对文字资料的量化处理更难。

第二节　文献的检索、收集与阅读

一、文献检索

文献资料的检索是社会学研究的重要过程，在确定了研究的主题后，要通过文献资料的检索来确定在这个研究领域已经有了哪些研究成果，取得了怎样的成就，又有哪些领域是有待于研究的，确定自己的研究领域。目前，文献资料的检索主要有两种操作方法：一是检索工具查找法，也就是利用已经存在的检索工具对文献资料进行查找；二是参考文献查找法，也就是利用作者本人在书籍、专著、文章末尾处的参考文献，对相关的文献资料进行追查从而找到相关的文献资料。

二、收集原则的方法

1. 基本原则

文献资料的收集工作是一项十分枯燥且任务量很大的工作，需要收集者耐心细致的工作。在资料收集的过程中，有一些要求是应该注意的，但这些要求只是笼统的，在实际的过程中还需要根据具体的研究问题视具体的情况而定。

(1)准确

准确一方面是指所收集到的资料对所要研究领域是能够解决问题的，另一方面是指所收集的资料具有客观性、科学性和权威性。

(2)全面

全面一方面要求收集到的资料尽可能地从多角度、多方面解决问题；另一方面要求所收集到的文献类型不同，既有纸质版，又有电子版。

2. 收集方法

(1)准备工作

在文献的收集之前，需要做一些相应的准备工作，首先，要明确自己的需要，确定收集的范围与重点；其次，应该对文献的收藏单位进行调查，了解其所收藏的文献资料的范围、数量、特点，了解其服务对象、工作时间、工作制度等；最后，要根据自己的实际情况，制定一张计划表，按照计划有序地完成文献的收集工作。

(2)收集工作

文献的收集工作主要包括以下几种方法：

①购买。购买包括选购、邮购与订购三种方式。选购主要是去书店、书摊、报亭等直接购买所需要的书籍与资料；邮购是指收集者根据自己的实际需要向资料的一些比较小的发行方或者外地发行商购买，请求其采取邮寄的方式获得所要的资料；订购就是利用网购等方式获取所需的资料。

②借阅。借阅在生活中是获取资料的一种常用方式，是指从文献的收藏单位或个人处借阅所需要的文献资料。如果所借阅到的文献资料很有用，可以通过复印、摘抄的方式自行保存。

③复印。复印是指借助一定的复印手段，将所需要的资料保存下来的一种方式，这是一种非常简便的收集资料的方式，既省时又省力。

④网络下载。现在的社会，网络被广泛地运用，在网络上下载所需要的文献资料的方法也越来越常用，这种方式既快速，又便于存储。目前，在研究领域下载所需要的文献资料主要是通过中国知网这个比较权威的网络平台。

3. 注意事项

(1)紧紧围绕研究课题收集文献资料

现在社会中，文献资料数量巨大，在收集的过程中要紧紧围绕研究课题，避免精力与时间的浪费，减少工作量。

(2)尽量收集原始的文献资料

原始的文献资料未经过后来研究者的加工，能够更好地表明研究者的观点比较可靠。

(3)重视文献资料的筛选

对收集到的文献资料不能够拿来就用，要对它的可靠性进行鉴定，通常情况下可以通过与同类、同期的文献资料进行比对，确定了文献的真实性之后才能够对所收集到的文献资料进行分析与研究。

三、文献的阅读

1. 文献的阅读原则

我们在收集完文献资料之后，应该根据简单的对文献进行分类，从而更好地进行文献的阅读。通常情况下文献的阅读原则如下。

(1)计划性原则

通过将文献资料简单整理之后，要制订一个具体的阅读计划，作出具体的时间安排。阅读进度的确定要根据每个人的实际情况具体情况具体制定，但制订计划时要综合考虑文献资料的难度、数量以及研究课题的具体安排等。

(2)顺序性原则

为了提高文献的阅读效率，在阅读文献时要按照一定的顺序。通常来讲，阅读的顺序大致如下：先看书籍，再看研究性的论文；先看近期资料，再看远期资料；先看难度小的，再看难度大的；先看一次性文献，再看文献综述；先看文章的摘要和结论，再看文章的主体；先看中文文献，再看外文文献。在实际的阅读过程中，阅读的顺序要因人而异。

(3)同时性原则

通常在文献的阅读过程中，我们要将一个研究方向的文献资料在同一时期来进行阅读，避免知识的遗漏。

(4)批判性原则

在阅读文献时我们要用批判性的眼光去看，尽可能地提出疑问，弄明白文章的来龙去脉，看它是如何进行文章的构建，看它如何促进了该研究领域的发展，我们要对文献的真伪、价值等有一个清醒的判断。

2. 阅读的方法

(1)浏览

浏览就是将收集到的文献资料进行大致地翻阅，了解文献的内容、价值，并确定该文献是否需要进行深入的研究与探讨。

(2)粗读

粗读在浏览的基础上进一步地了解文章所要表达的基本观点，搜寻文献引用的主要事实或者数据的一种阅读方式。其目的在于广泛阅读文献资料，把握文献主旨与脉络，明确文献基本观点,确定该文献对于研究课题的意义,并确定是否需要进行精读。

(3)精读

精读是在粗读的基础上对文献进行深入系统的研究,找出其精华所在,对其进行更好的理解、鉴别、评价和创新。通过精读,要掌握文献的实质性内容,摘录其中对于研究课题有帮助的部分,并进行创新,形成自己的文章。

第三节 既有资料的分析方法

在对文献资料检索、收集与阅读之后,就要对文献进行分析。在文献研究中,首先大量采用对既有资料的分析。对既有资料分析的方法包括二手资料分析、现存统计资料分析和历史文献分析等方法。

一、二手资料分析

1. 二手资料分析的含义

二手资料分析是相对于原始资料而言的。所谓原始资料或原始数据,是尚未经过统计处理的数据,而二手资料则是指由其他人为别的目的而收集和整理好的文献资料。因此,所谓二手资料就是研究者对别人收集整理的文献资料进行的再分析,一般包括其他研究者或其他机构通过调查得来的数据资料,或者是政府部门收集的统计数据等。

2. 二手资料分析要注意的问题

一般来说,二手资料分析应注意以下的问题。

(1)研究主题的选择

在二手资料分析中,由于在文献研究中文献的资料是已定的,因此,在确定研究主题时,研究人员常常会受到文献资料不充分的限制。在这一过程中,研究人员既需要根据研究主题选择合适的资料,有时也不得不根据资料的特点修改研究主题。因此,在制订研究计划时,要留有一定的余地,这样一旦发生研究资料不足的情况,可以适当对研究计划作出调整,以保证资料与研究主题的一致。

(2)研究资料的搜寻

研究人员确定研究的主题后,首先应对资料的可能来源有所了解。与西方国家相比,二手资料的来源相对狭窄一些，政府统计部门所收集和保存的原始资料是二手资料的主要来源。

二手资料的搜寻主要采用两种办法：一是查阅有关的实证研究文献。通过公开发表的实证研究报告，可以了解到有哪些大规模调查以及这些大规模调查的数据资料情况等信息。二是通过网络搜寻，在网上不仅有许多实证研究的信息，而且还可以发现许多可以购买的数据资料。

(3)资料的审核

在文献研究中要对所收集到的二手资料进行严格的审核，以确定文献的可靠性，二手资料的审核主要包括以下工作：

①搞清楚文献的作者、出版社的背景。近年来的学术不端现象屡屡发生，我们在选择文献的时候要谨慎，通常情况要采用引用频率较高的文献。

②注意文献编写的时间，尤其是对记录历史事件的文献，必须把文献编写的时间与历史事件的时间加以比对，一般来说，文献编制日期离事件发生的时间越近，文献的内容越可靠。

(4)资料的加工

得到所需要的二手资料后，需要对这些资料进行一定的加工。由于研究目的的不同，研究者所需要的资料与前人的资料在格式、单位等方面会有一定的差距。因此，在利用二手资料时，首先要仔细研究所获得的资料，包括样本的规模，调查对象的选择以及调查所涉及的变量等。只有在充分了解数据的基础上，才能有效地利用这些数据。其次要决定如何利用这些数据，根据研究目的确定哪些调查对象与自己的研究相关，选择适合自己的数据，提取数据为自己服务。总之，通过对二手资料的加工，可以使其更好地为研究服务。

(5)资料的分析

对资料的重新分析，是二手资料分析最主要也是最大量的工作。在资料加工完成之后，对二手资料的分析与对一手资料的分析在分析技术和方法上并没有实质性的区别。

3. 二手资料分析的优缺点

(1)二手资料分析的优点

二手资料分析最突出的优点是省钱、省时、省力。通过利用别人收集的资料而不是自己去收集原始资料，可以极大地节省调查成本和调查时间。二手资料分析的另一个突出优点是比较容易作出对比研究。因此,在经费比较少并且时间较短的情况下,使用二手资料来进行社会研究的可行性往往更高。

(2)二手资料分析的缺点

首先,二手资料的效度有时难以保证。一个研究者为了某个目的收集的资料不一定与另一个研究者的研究目的相吻合。其次,有时原始资料中包含一些错误和偏差,但二次分析者对此不了解,因而只是简单地利用原始资料也可能使结论发生偏差。

二、现存统计资料分析

1. 现存统计资料分析的基本含义

现存统计资料分析是指利用官方或准官方的统计资料来进行研究的一种方式。它与二手资料分析的相同点是它们所用的资料都是现成的。而不同点是,二手资料分析所用到的资料都是原始数据,现存统计资料分析所有的材料是经过统计汇总的资料。

2. 现存统计资料分析的用途

在社会研究中,现存统计资料既可以作为一种补充的资料来源,也可以成为主要的资料来源。在前一种情况下,统计资料通常作为某一观点和论点的证据,或者作为研究的背景材料;在后一种情况下,则需要研究者收集大量的统计资料,并对其重新组织或进行复杂的分析。

3. 现存统计资料分析应注意的问题

①分析单位往往不是个人而是群体甚至是国家。如果用群体层次资料反映个人行为模式,就出现层次谬误。如非完整家庭的青少年相对于来自完整家庭的青少年,其偏差行为较多。

②指标属于不同测量层次,在探索多变量关系时应关注统计技术的前提是否满足,使用恰当指标。在分析准备和实施中充分关注所有统计陷阱,是发现客观事实和把握真实联系的根本要求。

③注意效度问题。采用现存统计资料分析的方法,研究者常常受到现存统计资料的限制。比如,统计资料不够全面,数据无法准确代表所研究的变量和概念。这些问题都是研究的效度无法保证。采用现存统计资料分析方法时,可以采用两种方法来处理效度问题,即逻辑推理和重复验证。

采用逻辑推理的一般方法是,先从研究的结论中逻辑地延伸出一些推论,然后使用一系列数据或经营观察来检验这些推论。

在社会研究中,研究者常常采用重复验证来解决效度问题。在社会研究中,常常难以像自然科学实验那样对相关因素进行有效控制,以排除其他因素的影响,进而证明相关数据与结论之间确实存在因果关系,因此往往采用重复验证的方法来加强结论的有效性。

④注意信度问题。信度问题与现存统计资料的质量有关。由于统计资料不是由研究人员收集的,有时其精确性难以保证。面对现存统计资料分析中出现的信度问题,研究者首先应该通过仔细的分析而发现可能存在的问题,然后根据了解的问题,采取一定的补救措施,比如采用一定方法对统计数据进行修正,或者采取前面所说的逻辑推理和重复验证的方法。

三、历史文献分析

1. 历史文献的含义及种类

所谓历史文献,是在历史上形成的各种类型的文献的总称。对于历史文献的时间划分并没有一个明确的规定,但在社会研究中,人们一般将那些时间比较久远的文献,或者其原作者及事件的当事人都已经故去的文献作为历史文献。历史文献有很多类型,包括历史文件档案、旧报刊、重要历史人物的日记等各种类型。

2. 历史文献在社会研究中的运用

一般来说,历史文献更多地运用在历史研究中,是历史学研究的主要资料来源。但在社会研究中有时也会采用历史文献,尤其是那些时间不算太久远的历史文献。尽管历史文献一般不是社会研究的主要资料来源,但社会研究者在一些研究中有时也要用到历史文献。首先,需要从历史文献中挖掘有用的资料,以发现或证明在不同时间里都存在的一些社会规律;其次,社会研究者在对当代的某些事件进行研究时,有时需要向过去追溯事件发生的源头或在过去一段时间里发展变化状况,在不了解历史变动的状况下,很难深入地理解目前研究的状况。

第四节　内 容 分 析

一、内容分析的含义

内容分析是一种通过标准化的编码,将与研究课题有关的各种文献资料简化为可以对之进行统计分析的形式化资料的定量研究方法,在内容分析中,由于受编码能力的限制,研究者分析的一般是文献资料外显的、表面的内容,而不是其丰富的深层内容。例如,文献中某一单词、某一概念、某一人物、某一行为方式等出现的频数或者在整个内容中占的百分比。

内容分析是一种定量研究方法,它与一般社会的调查的定量分析在性质上大致相同,只是资料来源不同,并且内容分析需要对文献资料进行形式化的编码。只要有足够的文献资料,在几乎所有的定量研究中都可以运用内容分析。内容分析方法还可以用来分析第一手调查资料,例如,用于对访谈资料、观察笔记的定量分析。今后随着计算机和网络技术的发展,人类获取大量资料和处理大量资料的能力将越来越强、内容分析方法的使用将越来越普遍。

二、内容分析的主要环节

作为一种定量研究方法,内容分析的程度与其他定量研究方法,如大规模抽样调查的基本程序是相同的。下面我们对内容分析的主要环节做一简要介绍。

1. 抽取文献样本

在很多情况下,有大量的文献资料可以用于文献分析,但不可能对所有的有关资料都进行研究,因此,需要通过抽样的方法,选取有代表性的样本。在抽样时,首先要确定文献总体,即与研究问题有关的所有文献。文献总体的具体表现就是一个编制好的抽样框,它是一份所有有关文献的清单。然后按照一定的抽样方法从中抽取用于分析的文献。我们在第五章介绍的各种抽样方法,都可以运用在内容分析中。

在对文献资料进行抽样时,可以用的抽样单元非常多。如果所研究的文献资料是杂志、报纸、电视节目等连续性出版物,抽样的单元往往是一个特定的时间周期内的文献资料，如从每月抽取一个星期的报纸，或者每隔两年抽取一年的报纸，当然，也可以单份文献资料为单元，或者是文献资料的某一部分，如报纸的一个版面，甚至可以在作者、章节、段落、句子、词汇等层次上抽样；也可以采用多阶段的抽样方法，将多个抽样单元结合起来。

2. 确定分析单位

分析单位是我们需要描述和解释的个体单位，它需要根据研究目的来确定。例如，要计算家庭平均收入，就要以家庭为单位分析；如果要解释人们的自杀行为，需要以自杀者个体为单位分析。

在对文献资料进行内容分析时，可能分析单位非常多。例如，如果分析的对象是文本材料，那么分析单位可能是词、句子、段落、题目、题材、主题或者是项目（如书或者信件）。因此，在内容分析中，确定分析单位的复杂性比其他研究方法更为突出。这就需要研究者保持清醒的头脑，否则极容易产生“区位谬误”。

3. 进行编码

对文献资料的编码一般要经历以下三个步骤：

第一步，明确计数单位。计数单位与上面所说的分析单位不一样，而是按照对变量的操作化定义来确定的。例如，如果我们想研究在多少个少数民族的民歌中，哪个民族有更多的情歌，那么，在这里，民族是分析单位，民歌是计数单位。

第二步，建立分类体系并编造编码表。确立分类体系是编码和量化分析的前提。一旦选定了计数单位，就需要根据研究假设和变量的操作化，对之建立分类体系。分类体系应该是完整的和互斥的，即它应该包括所有可能的类型，而且各个类别之间应该是互相排斥的。确立了分类体系后，研究者需要给分类体系中的所有类别赋值并编制编码表。编码表包括了研究中所有变量分类、赋值方法，并一般留有供填入实际编码值的空间。

第三步，对计数单位进行编码。确立了分类体系和编码方法后，就可以对计数单位进行实际的编码了。首先，编码员在文献中找到计数单位，然后按照奔雷体系和编码方法将其编码值填入编码表。编码工作需要相当的仔细，编码人员必须经过专门的训练，以防止编码中出现偏误。

4. 数据的加工处理

通过编码，文献资料被转化为可提供统计分析的形式。内容分析的统计方法与对一手资料的统计分析方法没有根本的差别。根据所使用的内容分析指标的测量水平，除频数计算外,还可以使用列联分析、线性相关回归分析或其他多变量统计。

5. 信度和效度检验

内容分析的信度主要与分类体系和对编码员的训练有关。如果分类体系的各类别之间的区分是明确和清楚的,编码员受过专门的训练并且工作仔细,那么不同的编码员对同一材料的归类和编码就不会存在明显的差异。

内容分析的效度可以通过两个途径加以检验:一是检验其内在效度,即检验分类体系与研究目标和研究假设的一致性。如果没有对文献材料进行认真研究就建立分类,可能会使分析材料不能有效与研究目标联系起来。二是检验其外部效度,即通过其他的方法如访谈或观察检验内容分析的效度。

第五节　文献综述的编写

一、作用与意义

文献综述是整合此研究领域内那些已经被研究探讨过的信息,并对此领域内权威学者的成就进行归纳与分析,对研究成果进行探讨。文献综述的作用和意义有如下几个方面。

1. 文献综述是对某一研究领域的研究成果进行分析与综合

一篇成功的文献综述是需要阅读大量的文献资料,并且经过系统的分析而创作出来的,它有机地整合了该研究领域内不同的研究成果,看看有哪些历史遗留问题没有得到很好的解决,文献综述在总结研究成果的基础上,为今后的研究指明方向,提出更加科学合理的建议。

2. 文献综述表明当前研究与已有研究之间的关系

好的文献综述,对该领域的起源,演进过程进行系统的整理,并且展现在读者的面前,将自己的研究课题融入到这个相关研究的大背景之中。

3. 通过撰写文献综述,研究者可以激发创造性

文献综述总结前人研究成果,研究者在进行总结的过程中能够从中受益,得到启发,找到自己的研究方向,发挥创造性,为此研究领域的研究贡献力量。

二、种类

文献综述按照其内容的不同,主要有以下种类。

1. 背景式综述

背景式综述是文献综述中最常见的一种,通常出现在文章的开头。背景式综述介绍某一研究领域研究的意义、背景等状况,将研究问题放在一个大的相关的研究背景之下,读者能够从背景式综述中看到研究问题与该研究领域的相关性,并对该领域前期研究中存在的问题与不足有一定的了解。

2. 理论式综述

理论式综述是对解释同一个现象的不同理论进行综述,将不同的理论进行介绍、比较优势与不足。理论式综述通常出现于研究者对两种理论或者对某一理论进行拓展的情况下。

3. 历史性综述

历史性综述主要是一种介绍性的综述,主要被用于追溯某一思想或者理论形成和发展的来龙去脉。通常情况下研究者往往对某一领域中最重要的问题做历史性综述。

三、要求

①收集文献资料应当全面,引用资料与数据真实可靠。近年来学术上的剽窃与抄袭事件屡屡发生,在进行学术研究的过程中,应当坚决的避免这种状况,要运用各种方法,保证所收集到的文献内容的真实性,数据的准确性,使文献能够真实全面地反映出所要研究的问题。

②文献综述要客观公正的写出该领域研究的研究成果与不足,切忌掺杂个人观点,不以个人的价值为导向。

③文献综述的安排要具有逻辑性,详略得当。

四、步骤

1. 概括归纳

对文献资料进行概括归纳时,应该由近及远,即从近期的资料开始着手,因为近期的资料包含前期的内容，并且使人能够快速了解到最新的状况。通过对各种资料的概括与对比，全面的概括出前人的研究成果。

2. 摘要

概括归纳之后，要将资料组织起来，连接到研究课题上，整合出已知和未知的领域，进一步提出要研究的问题。

3. 批判与继承

文献综述的价值大小，不仅仅取决于文献资料的数量与质量，更重要的是取决于研究者的观点与看法，要客观的看待文献资料的内容，用批判与继承的眼光来进行提炼自己的观点。

4. 建议

文献综述的最后一个步骤是在回顾与分析的基础之上，提出新的研究方向与建议，结合国内外的研究成果，提出新的研究方向，提出具有建设性的意见与建议。

思 考 题

1. 简述文献的种类。
2. 文献研究的优缺点有哪些?
3. 简述文献收集的原则。
4. 简述既有资料分析方法。
5. 简述内容分析的主要环节。
6. 内容分析的优缺点有哪些?

第三篇 社会研究资料的分析方法

第十二章 定性资料分析

在本章,我们将从定性资料的来源和特点入手,讨论定性资料分析的目标和过程,详细介绍定性资料的内容整理、分析思路和分析方法,详细了解定性资料分析的相关知识。

第一节 定性资料概述

一、定性资料的概念

不同的学者对于定性资料有不同的定义:艾尔·巴比认为,社会研究中定量资料与定性资料最简单、最直接的区别在于数据化与非数据化。W. L. Neuman 认为,所谓定性资料指的是那些以文字、段落或者象征符号来描述或表达社会生活当中的人物及其行为、态度和事件的资料。在本书当中,我们将定性资料的定义界定为研究者在实地考察过程中所获得的各种以文字、符号表示的各种记录材料。

二、定性资料的特点

1. 多样性的来源

在社会研究方式中,调查研究的资料主要来源于问卷调查,实验研究的资料主要来源于实验测量,文献研究的资料主要来源于现有的统计数据、现存资料及其传播媒介,上述几种研究方法的资料来源比较单一，而定性资料的来源具有多样性，既可以来源于上述方式，还可以通过观察、访谈得到，更可以来源于研究现场所得到的文字、图片等实物资料。

2. 无规范性的表现形式

调查资料也许是最规范的资料形式，无论是它的内容还是结构，在设计调查问卷的同时就规范和统一起来了，而在实地研究所获得的资料当中，无论是观察，还是访谈，又或者是各种笔记，它们从内容到形式，往往处于一种杂乱的结构当中，没有规范性的表现形式。

3. 完善的分析阶段

在不同的分析阶段，定性资料呈现出不同的表现形式。在阅读阶段，定性资料一般是实地研究中的原始数据；在整理阶段，定性资料呈现出分析备忘录的形式；随着分析阶段的不断深入与完善，定性资料从最初松散、分散的表现形式转变为内容明确、逻辑清晰的资料。

三、定性资料分析与定量资料分析的比较

1. 相似性

①在定性与定量资料分析两种研究形式中，对两种类型的资料都运用推论的分析形式，即研究者从社会生活的经验细节中进行推论。

②定性与定量资料分析都涉及一种公开的方法或者程序。在这两类研究中，研究者通常都大量收集数据资料，他们详细介绍自己是如何收集与记录这些资料的，并如何对其进行整理与利用的。

③在定性与定量资料分析中，研究者都尽可能地避免误差以及错误性的结论。

2. 差异性

(1)资料分析的初始点不同

定量资料分析通常是在研究者收集全部资料并将它们变成数字的形式输入计算机之后才开始记录的，他们通过这些数据找出这些资料之间的内在联系；而定性资料分析从资料收集开始就同时开始了，并且，贯穿着整个过程。

(2)分析程序与技术标准化程度不同

定量资料分析使用专门的、标准化的资料分析技术，这个分析技术在不同的研究之间是没有差异性的，它们遵从固定的标准与程序；而定性资料分析的过程与技术往往在研究

的过程中随着研究的进行而逐步确定,在研究的开始无法确定将使用哪些具体的技术,并且,不同的研究项目之间采用的技术不同,没有固定的统一的标准。

(3)资料分析的目的不同

在定量资料分析中,资料通常用来证实某种已经存在的假设或理论,研究者往往运用这些数字之间的内在关系对这些假设或理论进行验证;在定性资料分析中,研究者的目的往往在于对经验材料的分析与归纳,将经验证据与抽象概念结合起来,以期待构建出某种理论。

第二节　定性资料的整理

一、定性资料的审核

所谓定性资料的审核,是指对收集的原始资料进行审查与核实的过程,以确保原始资料的真实性、准确性和适用性,从而为进一步整理资料做好充分准备。定性资料的审核通常有实地审核和系统审核两种类型。实地审核当中资料审核与资料收集工作同时进行,一边收集一边审核;而系统审核则是在资料收集完毕之后进行集中的审核。在实地研究中,实地审核非常重要。

二、整理笔记与建立档案

1. 整理笔记

在实地研究过程中所得到的资料往往是凌乱的、无结构的现场笔记,在确定了资料的真实性之后,就要对这些零散的资料进行整理。定性资料的整理工作量大,难度系数也较高,主要包括分类、建档、编码等具体的工作,传统的做法以手工操作为主,将材料的分类写在卡片上,然后按照不同的类别分类放置。近年来,随着计算机与网络的普及,使得定性资料的整理工作效率大大提高,研究者通常可以利用计算机为定性资料的整理和分析服务。通常做法是先将实地记录的笔记全部输入到计算机当中,存储在磁盘上,变成随时调用、复制和无数次处理的文件。

2. 建立档案

在资料整理的过程中，要对这些资料建立档案，建立档案有如下几种类型。

(1)背景档案

对于研究社会运动或者重大社会事件的定性研究，背景档案十分重要，它不仅需要进入实地进行观察、访谈之前就开始制作，更需要在实地研究的过程中根据持续发现的有关研究对象的历史随时添加。

(2)传记档案

传记档案的对象是实地研究中的各种人物，研究者要将所有相关的人物档案放在一起，以便更好地了解人物。

(3)参考书目档案

将资料分析，甚至于整个研究过程中所查阅、记录下来的各种书目、文献资料都系统地整理和归档。

三、定性资料的编码

定性资料分析中，编码是将原始资料组织到不同的概念类别中，并创造出主题和概念，然后用这些主题和概念对资料进行分析。对于定性资料，一般来说，编码有三种类型，即开放式编码、轴心式编码和选择式编码。

1. 开放式编码

在初次对所收集的定性资料进行分析时，研究者往往采用开放式编码。它的基本思路是研究者先设置一些主题，然后将原始资料打散，并赋予概念，再以新的方式重新组合起来。具体做法是研究者在认真阅读原始资料的基础上，寻找评论的项目、关键事件或主题，并标上记号，然后再记录卡片的边缘写一个初步的概念或者标签，并用红笔或者其他方式作出明显的标记。在这一过程中，研究者可以不受任何约束限制创造新的主题，也可以在后来的分析中改变原来的编码。

2. 轴心式编码

轴心式编码是从一组初步的主题或者初步的概念开始，在这种方式中，研究者往往更为注重主题，而不是资料，即研究者的头脑中带着基本的概念或者初步的主题编码区看待资料，阅读资料，在这样的过程中，研究者也会产生新的观点、思想、或者添加新的编码，并在分析过程中不断将各种观点、主题组织起来，同时不断识别作为轴心的关键词。轴心式编码着重于发现和建立类别之间的各种关系，包括因果关系、时间关系和语义关系等。

3. 选择式编码

选择式编码包括浏览资料和前述的编码工作，有选择地查找那些说明主题的个案，并对资料进行比较和对照研究者再发展出某些概念，并开始围绕几个核心概括或观点来组织他们的总体分析时着手进行这种工作。也就是说，研究者在准备进行这种资料的最后阅读和分析时，他已经识别了研究课题中最重要的主题。在选择式编码过程中，主要的主题或概念始终指引着研究者的研究，他不断地对早期编码中所识别的特定主题进行再组织，并探讨和分析多个不同的重要主题。

四、撰写分析型备忘录

定性研究的一个重要特征是研究者总是不停地写笔记，可以说，写实地笔记或做各种观察的、访谈的记录，是实地研究者的一项基本功。分析型备忘录是实地笔记的一种特殊形式，它是实地研究者对于编码过程的想法和观点的一种备忘录。这种备忘录是研究者写给自己看的，每一种编码主题都是形成一个单独备忘录的基础，这种备忘录包含着对这一概念或主题的相关讨论，而粗略的理论笔记就形成了这种分析型备忘录的开端。

分析型备忘录包含着研究者对资料和编码的主动反应及思考，研究者不断将这些反应和思考添加到备忘录中，这种备忘录还成为研究报告中资料分析的基础。

分析型备忘录的写作方式可以是多种多样的，研究者可以采取自己所习惯的方式。关于分析型备忘录，一些研究者提出了一些建议：

①在收集资料或整理资料或编码过程中，可以随时停下来写分析型备忘录，以免灵感的火花随时消失。

②对写好的备忘录要反复进行比较，看看能否将相近的部分进行结合。

③为每个概念或主题都做一份专门的分析备忘录。

第三节　定性资料分析的过程与方法

一、定性资料分析的过程

定性资料分析的过程是一个对资料进行分类、描述、综合和归纳的过程。定性资料分析的基本逻辑是归纳法，即从具体的、个别的、经验的实例中逐步概括。抽象到概念和理论，其主要任务可以具体概括为对信息的组织、归类，对信息内涵的提取。在定性分析过程中，研究者所采取的典型的方法就是对在实地观察中研究、访谈所得到的资料进行重新研读，并按照基本的社会学范畴或方法对它们进行分类，定性资料分析方法大致可以分为三个阶段，每个阶段的具体内容及做法如下：

1. 初步浏览阶段

在这个阶段主要是对整个实地观察记录和访谈笔记等资料粗略地浏览一遍，其主要的目的是对全部资料的整体有所了解，这种浏览实际上起到了某种提供背景和分析基础的作用。

2. 阅读编码阶段

阅读编码阶段是在第一步初步浏览的基础之上进行的，研究者重新阅读实地记录，认真分析每一段、每一句的内容，并在阅读的过程中进行编码。通过阅读编码，研究者能够形成更为清晰的理论框架。

3. 分析抽象阶段

最后再次回过头来，根据不同的标准或从不同的角度，仔细审阅和思考资料中所做的记号，思考和比较各种不同的主题及分析备忘录，从中归纳出解释和说明现象与社会生活过程中的主要变量、关系和模式。在这个阶段中，一个十分关键的环节是，我们能够从复杂的经验材料中识别那些构成更大社会结构的社会互动和社会关系。

二、定性资料分析方法

定性资料分析的方法有很多，在此处我们参考南京大学风笑天教授的观点，简单介绍以下四种比较常用的方法。

1. 连续接近法

连续接近法，是指研究者通过不断地反复和循环的步骤，使得研究者从开始时一个比较含糊的观念以及杂乱、具体的资料细节，到达一个具有概括性的综合分析的结果。

其具体做法是：一方面，研究者可以从所研究的问题和一种概念与假设的框架出发，通过阅读和探查资料，寻找各种证据，并分析概念与资料中所发现的证据之间的适合性，以及概念第一资料中特性的揭示程度；另一方面，研究者也可以通过对经验证据进行抽象来创造新的概念，或者修正原来的概念以使它们更好地与证据相结合。在此基础上，研究者又从资料中收集另外的证据，来对第一阶段中没有得到解决的问题进行探讨，如此不断往复的进行，证据与理论之间不断进行相互塑造，此过程即所谓的“连续接近”。

2. 举例说明法

举例说明法就是用经验证据来说明某种理论，它是定性资料分析中应用最为广泛的一种方法。在这一方法中，研究者将理论应用于某种事件或背景当中，或者根据先前存在的理论来组织资料，这种先前存在的理论提供了一只“空盒子”，研究者在资料中将那些可以作为证据的内容集中起来，去填满这只盒子。

举例说明法在操作上有两种不同的方式：一种方式主要表明理论模型是如何说明或解释了某种特定的个案或特定的现象；另一种方式则是对一种理论模型的“平行说明”，即研究者平行列举多个不同的个案，来说明这种理论模型可以应用于多个不同的个案。

3. 比较分析法

定性资料分析中的比较分析法是从先前已有的理论或从归纳中，发展出相关的规律或关系模型的思想，然后研究者将注意力集中到少数规律上，用其他替换的解释与之进行比较。根据具体的比较方式的不同，定性资料分析中的比较分析法可以分成两类，即一致性比较法和差异性比较法。

（1）一致性比较法

一致性比较法是将注意力集中于各个不同个案所具有的共同特征上，并通过运用一种排除的过程来进行。其基本思路是研究者先找出不同个案所具有的某种共同的行为结果的特性，然后比较各种行为结果可能原因的特性，如果某种被看作原因的特性不为所具有共同结果的个案所共有，那么，这种特性将被排除，而剩下的那种为所有个案所共有的特性则为可能的原因。

(2)差异比较法

差异性比较法将注意力集中在各个个案之间特征的差异性上。这种比较方法的基本思路是研究者找出那些在许多方面相同,但在少数方面不同的个案;然后找出那种使个案具有相同原因和结果的那些特性,同时找出另一组在这种结果上与此不同的个案,即找出那些不出现于第一组个案中的结果的另一组个案。这样,研究者将两组个案进行比较,查找那些在不出现结果特性的个案中也没有出现的原因特性,这种没有出现的特性就是结果的原因。

4. 流程图方法

流程图方法主要指的是,研究者对定性资料的分析以历史和现代发展过程为标准,用框图和连线将不同时间、概念和决策之间的关系按照时间流程表示出来。流程图的优点在于直观简洁,十分利于浓缩和简化定性资料,即能以直观的方式比较集中而生动地展现出材料中所蕴含的各种关系。事件流程图不仅能够展现出不同事件发生的先后顺序,而且还有助于找出事件之间相互关联的方式,有助于理论的构建。

思 考 题

1. 简述定性资料分析的特点。
2. 简述定性资料分析与定量资料分析的区别。
3. 简述定性资料的整理。
4. 简述定性资料分析的过程。
5. 定性资料分析方法有哪些?

第十三章　定量资料分析

当我们收集到数据资料之后，接下来就是要对这些资料进行统计分析。在这一章节中，我们将按照定量资料分析的程序，对原始数据的整理、录入，以及单变量分析、双变量分析和多变量分析做简要的介绍。

第一节　原始资料的数据整理

一、资料的审核

在运用任何研究方法之前，都要对所收集到的资料进行审核，其目的是使原始资料具有较好的准确性、完整性和真实性。前面在定性资料分析中已经讲过资料审核的方法，在此就不再继续描述。

二、资料编码

把问卷资料转换为计算机可识别的数字符号的主要手段就是编码，所谓的编码，就是赋予每个问题及答案一个数字作为其在问卷中的代码。把一个问卷语言转变为数字符号，通常需要一个编码本，编码本就是把调查问卷中所有相关变量的数字代码进行汇总，人们可以根据需要从中查出对应的代码所代表的原始属性，一般来说，编码本需要将要编码的问题和答案一一列出，并挨个规定它们的代码、宽度、栏码、简要名称以及答案赋值等情况。整个编码本要有统一规范，指示要明确、利于理解。

编码应注意以下问题：

第一，编码本必须对变量进行完整的定义；

第二，编码本必须指出每个变量的属性；

第三，给每个属性贴上数字标签。

三、数据录入

数据录入的方式主要有两种:一是直接从问卷上将编码号的数据输入计算机;另一种是先将问卷上编码号的数据转录到专门的登记表上,然后再将数据输入计算机。这两种方法各有优缺点。直接从问卷输入数据的优点是避免了再次转录过程中可能出现的误差;不足是录入时需要不断地翻阅问卷,相对耗时。将问卷上的数据先转录到登记表上,再转录到计算机上的优点是计算机录入人员比较方便,速度也相对较快;其缺点是两次转录会增加误差。

数据的录入既可以采用 ED,WPS,Word 等一般的编辑软件,也可以采用专门的数据库管理软件,如 FoxBASE,FoxPro 等,具体采用哪种软件,要根据研究者的喜好而定。

四、数据清理

在数据资料的录入过程中,难免会因为各种各样的原因,出现一些误差,因而在计算机系统开始分析之前,应仔细的进行数据清理工作,不让错误的数据进入运算过程。数据清理工作通常有如下方法。

1. 有效范围清理

对于问卷中的所有变量,它的有效编码都在某个范围之内,而当数据中的数字超出了这个范围,那么,就可以确定这个数字是错误的。比如,在一所大学数据文件的“学历”栏中,本科 =1,研究生 =2,博士 =3,凡是超出这一范围内的编码值肯定是错误的,比如 7,9,数据清理有效范围可以借助于 Excel 用频数分析和排序技术完成。

2. 逻辑一致性清理

逻辑一致性清理的基本思路是依据问卷中关联性问题的逻辑联系来检查前后数据之间的合理性与准确性。这种逻辑一致性既可以体现在问卷中的相倚问题,也可以体现为日常生活中的常识问题。逻辑一致性清理比有效范围清理更为复杂,其主要有三个步骤:首先,选择特定类型的数据;其次,对关联性问题进行频数分析观察是否有异常状况出现;最后,对出现异常值的项目进行排序,寻找并纠正异常值。

第二节　单变量统计分析

在一个时间点上对某一变量的描述和推论，根据数据获取方式的不同，对单变量的统计分析采用统计描述和统计推论两种方式。描述性统计的主要目的在于用最简单的概括形式反映出大量数据资料所容纳的基本信息，有集中趋势分析、离散趋势分析两种方法；而推论统计的主要目的则是用样本中所得到的数据资料来推断整体的状况，主要包括区间估计和假设检验等。

一、单变量描述分析

1. 集中趋势分析

集中趋势分析指的是用一个典型值或者代表值来反映一组数据的一般水平，最常用的有平均数、众数、中位数三种形式，下面对这三种形式一一介绍。

(1) 平均数

平均数是指总体中各单位数值之和除以总体中单位数目之商，由于平均数与这组数据中的每个数据都有关系，因此，最能够反映出这组数据所包含的信息，在统计中习惯用 $\overline{X}$ 表示，其公式为

$$\overline{X}=\frac{X_1+X_2+\cdots+X_N}{N}=\frac{\sum X}{N}$$

如果是单值分组数据，那么，计算平均数时需要将每个变量值乘以其所对应的频数，得出各组的数据之和，然后将各组的数据之和全部相加，最后再除以各组频数之和。其计算公式如下：

$$\overline{X}=\frac{X_1F_1+X_2F_2+\cdots X_KF_K}{F_1+F_2+\cdots+F_K}=\frac{\sum XF}{\sum F}$$

【例 13－1】 甲、乙两组各有 10 名学生的考试成绩及其分布数据如下。

甲组	考试成绩(X)：	0	20	100
	人数分布(F)：	1	1	8

乙组 考试成绩(X):0　20　100

人数分布(F):8　1　1

$$\bar{X}_{甲} = \frac{\sum XF}{\sum F} = \frac{0 \times 1 + 20 \times 1 + 100 \times 8}{10} = 82$$

$$\bar{X}_{乙} = \frac{\sum XF}{\sum F} = \frac{0 \times 8 + 20 \times 1 + 100 \times 1}{10} = 12$$

用平均数能够比较直观地看出一组数据的情况,在日常生活中平均数有广泛的应用。关于平均数,有如下几点说明:

第一,平均数不一定是这一组数据的平均数;

第二,一组数据中的所有数值都要参与平均数的运算,包括0;

第三,平均数受极端值的影响较大;

第四,平均数反映了一组数据的特征。

(2)众数

众数是另一个反映集中趋势点的一个指标,主要与各个数据出现的频数密切相关。众数简单来说,就是一组数据中出现次数最多的那个数值,与平均数相比,众数不受两端极值的影响。

一般来说,众数的出现有如下几种情况,如1,1,3,4,5,6,在这组数据中众数为1;如1,1,3,3,5,6,这组数据中的众数为1和3;再如1,2,3,4,5,6,在这组数据中没有众数。

(3)中位数

中位数是以它在所有标志值中所处的位置确定的全体单位标志值的代表值,不受分布数列的极大或极小值影响,从而在一定程度上提高了中位数对分布数列的代表性。

关于中位数的位置:当样本为奇数时,中位数 = 第$(n+1)/2$个数据;当样本个数为偶数个时,中位数为第$n/2$个数据与第$(n+1)/2$个数据的算术平均数。

【例13－2】 如下有10个家庭的人均月收入数据。

排序:	660	750	780	850	960	1 080	1 250	1 500	1 630	2 000
位置:	1	2	3	4	5	6	7	8	9	10

$$位置 = \frac{n+1}{2} = \frac{10+1}{2} = 5.5$$

$$中位数 = \frac{960 + 1\ 080}{2} = 1\ 020$$

2. 离散趋势分析

离散趋势指标指的是社会现象某一数量表示的各项数值距离它的中心值的差异程度，它体现了资料内部的变异程度，主要指标包括极差、四分位差、标准差、离散系数。离散趋势指标值越大，说明资料内部变异程度越大。

(1)极差

极差是指一组数据中最大值与最小值的差，通常用来被刻画一组数据的离散程度，体现了一组数据的波动范围，其计算方法是

$$R = \max - \min$$

【例 13-3】 如下列一组数据：

1　3　7　16　19

这组数据的极差就是 19 - 1 = 18。

极差只表明了测定值的最大离散范围，不能细致地反映出各测量值彼此相符合的程度，其优点是计算简单，含义直观，运用方便，故在数据统计处理中仍有着相当广泛的应用。但是，它仅仅取决于两个极端值的水平，不能反映其变量分布状况，同时易受极端值的影响。

(2)四分位差

四分位差是分位差的一种，主要是从变量数列中剔除了一部分极端值之后重新计算的类似于极差的指标。计算程序如下：首先将数据按照从小到大的顺序排序；其次将其四等分；再次，取代序列中最高的 1/4 和最低的 1/4；最后计算中间的一半数值之间的极差。四分位差常用 Q 表示。

【例 13-4】 有如下数据从小到达排列：

0　10　20　30　40　50　60　70　80　90　100　110

则

$$Q_1 = (20 + 30)/2 = 25$$

$$Q_3 = (80 + 90)/2 = 85$$

四分位差 Q 为

$$Q = Q_3 - Q_1 = 85 - 25 = 60$$

(3)标准差

标准差也叫均方差,是应用最为广泛的离散趋势指标。标准差是指一个数据集的离散程度可以更好地识别不同组别数据之间的内部差异。一般来说,方差用 S 表示,标准差 σ 的计算公式如下:

$$\sigma = \sqrt{S} = \sqrt{\frac{\sum_{i=1}^{N}(X_i - \overline{X})}{N}}$$

标准差的应用如下:

比较两组数据的离散程度时,若二者的均值相等,则标准差越小,离散程度就小;反之,标准差越大,离散程度就大。

其他情况下,一般不能直接用标准差比较,需要计算离散系数。

离散系数可以比较两个总体的差异大小、稳定性、均值的代表性。

【例 13-5】 某车间共 50 名工人,计算工人日加工零件数的标准差,计算过程见表13-1:

表 13-1 计算过程表

按零件数分组	组中值(X_i)	频数(F_i)	$(X_i - X)^2$	$(X - \overline{X}^2)F$
105~110	107.5	3	246.49	739.47
110~115	112.5	5	114.49	572.45
115~120	117.5	8	32.49	259.92
120~125	122.5	14	0.49	6.86
125~130	127.5	10	18.49	184.90
130~135	132.5	6	8.49	184.90
135~140	137.5	4	204.49	817.96
合计	-	50	-	3 100.5

则 $$\sigma \approx \sqrt{\frac{\sum (X-\overline{X})^2 F}{\sum F}} = \sqrt{\frac{3\ 100.5}{50}} \approx 7.9$$

(4)离散系数

离散系数是衡量资料中个观测值变异程度的一个统计量。离散系数是标准差与平均数的比值,用百分比来表示,记为 V,其计算方法为

$$V_\sigma = \frac{\sigma}{\overline{X}} \text{ 或 } V_s = \frac{\sqrt{S}}{\overline{X}}$$

二、单变量推论统计

推论统计就是利用样本的统计值对总体的参数值进行估计的方法,主要包括区间估计和假设检验。

1. 区间估计

区间估计是在一定概率把握程度下,用样本统计值得某个范围来估价总体的参数值。区间估计主要有两种方法,分别为总体均值和总体百分比法。

(1)总体均值的区间估计

总体均值的区间估计公式为:

$$\overline{X} \pm Z_{(1-\alpha)} \frac{\sigma}{\sqrt{n}}$$

式中 $\overline{X}$——样本平均数;

σ——样本标准差;

$Z_{(1-\alpha)}$——置信度是$(1-\alpha)$的 Z 值;

n——样本规模。

【例 13-6】 从一份档案资料中显示,1900 年调查某工厂职工工资状况,随机抽取 900 名工人作为样本,调查得到他们的月工资为 186 元,标准差为 42 元,求置信度为 95% 情况下,该工厂职工月平均工资的置信区间。

由题意得

$$186 \pm 1.96 \frac{42}{\sqrt{900}} = (183.26, 188.74)$$

则该工厂职工月平均工资的置信区间为183.26～188.74。

(2)总体百分数的区间估计

总体百分数的区间估计公式为

$$p \pm Z_{(1-\alpha)}\sqrt{\frac{p(1-p)}{n}}$$

式中,p 为样本中的百分比。

【例13-7】 某城市想要估计下岗职工女性所占的比率,随机地抽取100名下岗职工,其中65人为女性职工,试以95%的置信水平估计该城市下岗职工的女性比率的置信区间。

已知 $n=100, p=65\%, 1-\alpha=95\%, Z_{\frac{\alpha}{2}}=1.96$

$$p \pm Z_{\frac{\alpha}{2}}\sqrt{\frac{p(1-p)}{n}}=(55.65\%, 74.35\%)$$

则该城市下岗职工中女性比率的置信区间为55.65%～74.35%。

2. 假设检验

假设检验是指和抽样手段联系在一起,并依靠抽样数据进行验证的经验层次的假设。其步骤为如下:

第一,建立虚无假设和研究假设,通常是将元假设作为虚无假设。

第二,根据需要选择适当的显著水平 α,通常有 $\alpha=0.05$,$\alpha=0.01$。

第三,根据样本数据计算出统计值,并根据显著水平查出对应的临界值。

第四,将临界值与统计值进行比较,若临界值大于统计值的绝对值,则接受虚拟假设;反之,则接受研究假设。

第三节 双变量统计分析

双变量统计分析主要讨论两个变量之间的关系。根据变量层次的不同,分析所采取的具体形式也不同。

一、回归分析

回归分析是对有相关关系的现象,根据其关系的形态,找出一个合适的数学模型,即建立回归方程，来近似地表达变量间的平均变化关系，以便根据回归方程来对未知的情况进行估计和预测，在双变量统计分析中，回归分析应用较为广泛。

回归分析方程的建立过程与方法如下：

首先，确定研究中的两个研究变量哪个为自变量，哪个为因变量；

其次，以自变量为 x 轴，因变量为 y 轴，作出 x 与 y 的散点图，以判断二者是否为线性相关，如果二者存在相关关系，则往下进行；如果二者不存在相关关系，则不能继续研究。

最佳回归直线是依据最小二乘法计算得到的，此处省略，其标准方程为

$$y = a + bx$$

式中，b 为回归系数。其计算公式如下：

$$\begin{cases} \beta_1 = \dfrac{n\sum xy - (\sum x)(\sum y)}{n\sum x^2 - (\sum x)^2} \\ \beta_0 = \bar{y} - \beta_1 \bar{x} \end{cases}$$

【例 13－8】 对某企业单位成本进行相关回归分析，计算过程见表 13－2：

表 13－2　计算过程表

月份	产量 x	单位成本 y	x^2	y^2	xy
1	2	73	4	5 329	146
2	3	72	9	5 184	216
3	4	71	16	5 041	284
4	3	73	9	5 329	219
5	4	69	16	4 761	276
6	5	68	25	4624	340
合计	21	426	79	30 268	1 481

因为

$$\begin{cases} \beta_1 = \dfrac{n\sum xy - (\sum x)(\sum y)}{n\sum x^2 - (\sum x)^2} = \dfrac{6 \times 1\ 481 - 21 \times 426}{6 \times 79 - (21)^2} = -1.82 \\ \beta_0 = \bar{y} - \beta_1 \bar{x} = 426/6 - (-1.82) \times (21/6) = 77.36 \end{cases}$$

所以

$$y = \beta_0 + \beta_1 x = 77.36 - 1.82x$$

第四节　多变量统计分析

各种社会现象之间的关系是错综复杂的，相互联系的两种现象之间常常受到一些其他因素的影响，因此在社会研究中，还常常需要进行多变量分析。

一、阐释模式

阐释模式所关心的是两个变量之间的关系，是通过引进并且控制第三变量，来进一步了解和探讨原来两个变量之间关系性质的统计方法，阐释模式有三种类型，即因果分析、阐明分析和条件分析。

所谓因果分析，通常是引进第三变量，以判明 X 与 Y 之间的关系是否成立，即二者的关系是否是第三变量影响的结果。当引进并控制第三变量时，原来两个变量之间的关系消失，那么说这两个变量之间的关系是虚伪的，它们之间的关系是第三变量作用的结果；反之，引进并控制第三变量时，原来两个变量之间的关系依然存在，那么说这两个变量之间的关系是确定的。引入和控制的第三变量数目越多，且都不影响和改变原来两个变量之间的关系性质时，两个变量之间的关系越真实。

阐释分析是探讨因果关系的作用方式和作用途径，即当变量 X 与变量 Y 相关时，通过引用并控制第三变量，以判明自变量 X 是否通过第三变量对因变量 Y 产生影响。如果当我们控制了第三变量，原来两个变量之间关系消失了，那么这个第三变量是 X 与 Y 之间因果相连的关键环节，即 X 是通过第三变量影响 Y 的；反之，如果当我们控制了第三变量，原来两个变量之间关系没有改变，则认为 X 并非是通过第三变量影响 Y 的。

条件分析则是如果我们控制了第三变量，发现原来两个变量之间的关系在各种不同条件下依然存在，且大体相同，则表明变量 X 与变量 Y 之间的关系具有某种普遍性；反之，如果我们控制了第三变量，发现原来两个变量之间的关系在各种不同条件下不同，则表明变量 X 与变量 Y 之间的关系具有一定的条件性。

从操作上来看，上述三者的统计分析方法相同，都是引用并控制第三变量，然后与原来的关系进行比较。而具体的一项分析属于上述哪三种分析，取决于研究者的理论假设和理论分析框架。值得注意的是，研究者在研究过程中，不能随意引入第三变量，只能选择几个相对重要的第三变量。

二、多元回归分析

在实际的研究过程中，研究的问题往往受到多个因素共同作用，有时候我们需要采用多元回归分析来解释这种结果。

与一元回归分析类似，多元回归方程为

$$y = b_1x_1 + b_2x_2 + \cdots + b_kx_k + a$$

式中，b 值为净回归系数，表示在控制了其他自变量之后，某一自变量对因变量的单独效果。

在多元回归分析中，需要注意统计累赘的问题，即如果某些自变量相互之间的关系特别强，则在相互控制过后，它们每一个自变量的效果都会变弱，而其他自变量的效果会变得较大。因此，在多元回归分析中，要注意多元变量的引入。

思　考　题

1. 简述资料的编码及其注意问题。

2. 简述资料整理时如何进行数据的有效性清理。

3. 集中趋势的主要指标有哪些？离散趋势的主要指标有哪些？

第四篇

社会研究报告的撰写

第十四章　撰写研究报告

社会研究的成果通常是以研究报告的形式来呈现的。社会研究的最后,也是最重要的工作之一,就是在资料收集和分析工作的基础上得到研究的结果,并将之以报告的形式呈现出来,同他人进行交流,供他人参考、使用或批评。研究报告撰写的好坏,直接影响研究成果的交流及其对社会的作用,本章简单介绍研究报告的相关知识及其撰写流程等内容。

第一节　研究报告概述

一、研究报告的含义

研究报告是用文字、图表等形式将社会研究的缘起和意义、社会研究的方法和过程、社会研究的结果和发现表现出来的一种书面报告。

目的是将研究结果传达给他人,供人参考与交流、批评或使用。研究报告是社会研究的最终成果,没有它就无法显示社会研究的价值。

二、研究报告的类型

根据形式、内容、功能的研究报告可以分成不同的类型,具体如下。

1. 普通研究报告与学术性研究报告

根据研究报告的目的和面向的目标对象不同,研究报告可以分为普通研究报告与学术性研究报告。

普通研究报告主要以描述社会现实状况,反映社会热点问题,提供解决社会问题的方案和对策为目的,其读者一般是政府决策部门的官员、各类实际工作部门的一般职员和社会中的普通大众,其作用在于为政府各级决策部门、各类实际工作者了解社会情况、分析社会问题、制定社会政策等提供参考。由于普通研究报告面对的是非专业研究人员,因此这类研究报告更加强调对结果的描述、说明和应用,不太关注研究方法和过程等;在语言上更加大众化、口语化,通俗易懂;在格式上,更加随意灵活。

普通研究报告主要以工作报告的形式存在,或发布于面向大众的报纸和杂志上。

学术性研究报告主要是对于社会现象进行理论探讨,分析各种社会现象之间的相关关系和因果关系,并通过对实际调查资料的分析与归纳来检验理论或构建理论,学术性研究报告的读者主要是专业研究人员,其作用在于发现社会现象和社会行为背后的规律性。由于学术性研究报告是面向专业人员,因此这类报告不仅强调对结果的描述、说明和应用,而且强调文献综述、理论分析和讨论,以及通过对方法、过程和工具的说明来讨论研究的科学性;在语言上也要求更加客观、严谨和科学化,更多地使用学术用语,注重分析的逻辑性和严密性;在格式上,较多采用严格的、固定的格式,结构更加严谨。

学术性研究报告主要用于学术会议上交流或者刊登于学术期刊上。

2. 描述性研究报告与解释性研究报告

根据作用和功能的不同,研究报告可被分为描述性研究报告与解释性研究报告。

描述性研究报告主要用于展示描述性研究的发现和结果,其功能在于对所研究的现象进行全面系统的描述,回答社会现象"是什么"或"怎么样的"的问题,通过对研究资料的详细描述,向读者呈现研究现象的基本状况、主要特点或发展变化的过程。从内容上看,描述性研究报告一般要求广泛而详尽;从撰写的要求来看,要全面而清晰。

解释性研究报告主要用于展示解释性研究的发现和结果,其功能在于对所研究的社会现象的发生和发展进行深入的解释,阐明社会现象产生的原因或说明社会现象之间的关系,回答社会现象"为什么"的问题。通过对社会现象产生的原因和影响因素的分析,向读者展示社会现象产生和发展的规律性。从内容上看,解释性研究报告一般要求更加有针对性地和集中深入地分析所研究的问题，并且更加强调其理论性；从撰写的要求看，解释性研究报告要求层次更加清晰、论证有力。

3. 定性研究报告和定量研究报告

根据研究的性质，研究报告可以分为定性研究报告和定量研究报告。

定性研究报告是以实地研究资料为基础撰写的研究报告。主要是通过对定性资料的文字描述和分析展现研究的结果与发现，其特点是非数量化和以文字为主。通常不具有固定的格式，在结构和文字表现上比较灵活，在描述和解释之间没有明显的区分。

定量研究报告是以调查研究的资料或其他数据资料为基础撰写的报告。主要通过对量化资料的分析统计展现研究的结果和发现，其特点是多采用公式和图表的等数量化的工具来表达其结论，更加注重报告的格式和各个部分之间的逻辑关系。

4. 综合性研究报告和专题性研究报告

根据内容所涉及的范围，研究报告可以分为综合性研究报告和专题性研究报告。

综合性研究报告主要用来展现综合性调查的结果与发现，内容通常涉及研究对象的各个方面的状况，通过报告能使读者对研究现象有一个全面的了解和把握。综合性研究报告注重全面性，通常篇幅较长，多以描述性为主。

专题性研究报告主要用来展现专项社会研究的结果和发现，内容通常只涉及研究对象的某个方面，通过报告能使读者对研究现象的某一方面有一个深入的、透彻的理解和把握。专题性研究报告要求聚焦于一个方面做深入的、有针对性的分析，篇幅较短，多以解释性为主。

第二节　撰写研究报告的步骤和要求

一、撰写研究报告的步骤

撰写研究报告一般遵循几个步骤，即确立主题、组织材料、拟定提纲和撰写成文。

1. 确立主题

研究报告的主题应该是研究报告所要表达的中心议题，是研究报告的灵魂。明确的、恰当的主题是一个好的报告的前提，是撰写过程顺利开展的基础。只有确立了研究报告的主题，才能确定合适的研究报告的形式，才能确定材料取舍的标准，拟定合适的提纲，顺利开展报告的撰写。

2. 组织材料

确立了研究主题之后，需要根据主题筛选并组织与之相关的研究资料。材料是社会研究报告的血肉，组织材料应遵循以下原则：

①与报告主题相关性原则；

②精练、典型与全面的原则；

③事实、分析与讨论、建议相结合的原则。

只有这样才能做到既不遗漏任何重要资料，又使材料对主题有最大的代表性和表现力，既保证报告的针对性，又保证报告的充实性和深刻性。

3. 拟定提纲

提纲是在对报告主题进行分解，对选取的材料进行组织的储存上，按照主题和材料之间的内在关系，对报告的内容所进行的统筹布局与合理安排。写作提纲是研究报告的骨架，作用是理清写作思路，确定先写什么，后写什么，内容之间如何进行起承转合，共同构成一篇有血有肉的研究报告。

4. 撰写成文

撰写成文是在明确的报告主题指导下，将相关社会研究资料按照拟定的提纲用文字、公式和图表的方式将社会研究的结果和发现呈现出来，形成完整的研究报告的过程。撰写成文是报告撰写的最后一个步骤，也是工作量最大的一个步骤，需要研究者选用最能够表现报告主题的词句和最好地展示调查的结果与发现的公式、图表等工具，对所研究的社会现象进行全面、深刻地描述与说明。只有完成了这一步，才能达到与人交流、分享和讨论的目的。

为了撰写一份高水平的研究报告，撰写的过程常常是不断地从撰写到进一步分析组织材料，再到撰写的不断反复的过程。在撰写文献的过程中，研究者要保持思想的开放性和高度敏感性，有了新的思路和想法要马上记录下来，使其内容更加丰富、充实，有更多的原创性。

二、撰写研究报告的一般要求

撰写研究报告，目的在于将调查的研究结果和发现表达出来，看中的是客观、真实、通顺与简洁，文字应力求真确、平实，不要求像文字作品那样追求辞藻的华丽与修饰。为了达到上述要求，研究者在撰写研究报告时应注意以下原则：

①对事实的陈述，力求客观平实，避免在文字中使用主观且带有感情成分的词句；

②不要试图去说服读者，而要尝试把事实告诉读者；

③避免使用第一人称，不要使用“我发现”“我认为”等表达方式，而最好要使用“作者发现”“研究者发现”等表达方式；

④避免哗众取宠，不要使用华而不实的词语。

第三节　普通研究报告的撰写

普通研究报告主要以描述社会现实状况，反映社会热点问题，提供解决社会问题的方案和对策为目的，其读者一般是政府决策部门的官员、各类实际工作部门的一般职员和社会中的普通大众，其作用在于为政府各级决策部门、各类实际工作者了解社会情况、分析社会问题、制定社会政策等提供参考。由于普通研究报告面对的是非专业研究人员，因此这类研究报告更加强调对结果的描述、说明和应用，不太关注研究方法和过程等；在语言上更加大众化、口语化，通俗易懂；在格式上，更加随意灵活。一般来说，普通研究报告在结构上都可以分成标题、导言、主体和结尾四个部分。

一、标题

标题又称题目，是放在一篇研究报告的前面，用来统领、解释和评价报告内容的文字。标题以报告的内容为命题依据，有提示报告内容、吸引并引导读者理解的作用。标题要做到简洁、生动、明确、有冲击力，能够给读者提供报告的重要信息。按照标题的复杂程度，标题可以分为单一结构型和复合结构型。

1. 单一结构型

单一结构型标题是指由一个语言结构组成的标题。这个语言结构或者是一个复杂的词语，或者是一句话。此类标题以简明的文字表明报告的内容，使人一目了然。根据标题的表达方式，这种标题又可以分为以下类型。

(1)直陈主题式

直陈主题式，即直接在标题中陈述研究的时间、研究对象及研究的主题。例如，《当前大学毕业生就业意向的调查报告》《2003 年济南市市民生活满意度调查报告》等。直陈主题式标题的优点是明确、清晰，缺点是缺少冲击力。

(2)结论展示式

结论展示式，即在标题中展示有关社会研究的结果或发现。例如，有关一般市民购买家用电脑的意向的研究发现：虽然当时家用电脑的拥有率不高，但人们表现出来较强的购买欲望，研究报告以《电脑进家大势所趋》为标题，通过简洁有力的语言将研究的结果展示出来，给人以很强的冲击力。

(3)反问疑问式

反问疑问式，即在标题中将研究的主题用反问或疑问的方式表达出来。例如，有关男女大学生性格差异的研究就可以用《男女性格差异真会消失吗?》为标题。反问疑问式标题所提出的问题既是人们关心的问题，也是研究报告所要表达的问题，有利于吸引人们的注意力，提高阅读兴趣，是普通研究报告常用的标题形式。

2. 复合结构型

复合结构式又称双标题式，是指由主标题和副标题共同构成报告的标题。在这类标题中，主标题多用来表达研究的主题，提出疑问或展示结果，副标题多用来说明研究的对象和内容，两者相辅相成，共同构成对研究报告内容的说明，例如，《持股的相关因素及其对职工分化的影响——一项关于乡镇企业产权改革的研究》。这种标题形式比单标题有更强的表现力，可以兼具各种单一标题的优点，是各类研究报告常用的一种标题形式。

二、导言

导言的主要作用是让读者对研究的背景有一个基本的了解，这样一方面可以增强研究的可信性，另一方面可以帮助读者理解和把握研究的结果与发现。除此之外，通过对研究的缘由和意义的介绍，导言还具有唤起读者的好奇心，提高其阅读报告的动机的作用。为此，导言的写作要求是简明、扼要、具体、鲜明。

撰写导言并没有一定的规定，但最常用的有以下两种方式：

①直截了当地把研究的目的、研究者、研究对象、研究内容等展示给读者，其基本模式

是“为了了解……(研究的目的与意义),……(研究者)于……(研究时间和地点),研究了……(研究对象和数量)的……(研究主题和内容)”。这种模式的优点在于开门见山、简明、扼要,能以最简洁的语言达到介绍研究的基本情况的目的;缺点是缺乏对研究的有关背景资料的介绍,可能对理解研究的结果造成困难。

②先描述某种社会现象和问题,以此为背景提出一系列相关问题或争论,最后再介绍研究的主题和研究的基本资料。这种方式的优点是能够有效地激发人们的好奇心,缺点是不够简明、扼要。

三、主体

对于普通型研究报告来说,最重要的是研究结果与发现部分,这是报告的主体。为了将研究的结果准确、客观、调理清晰而富有意义地展现出来,主体部分的撰写应注意如下问题。

1. 研究资料的顺序呈现

决定研究资料呈现顺序的依据是研究资料的内在的逻辑关系、时间的先后关系、材料之间的结构关系等,研究者必须按照这种逻辑关系来组织安排资料呈现的先后顺序。

2. 文字与图表的配合

文字、统计图和统计表是表现社会研究结果和发现的主要工具和手段。其中,统计图和统计表主要用来表现所研究的数据资料,它们可以在一张图或表中同时表现出大量的数据,不用文字描述,就能表现出资料的特性以及资料之间的关系。文字则主要用来陈述社会研究的结果和发现,它不应该只是对图表数据的简单重复,而应该对数据作出深入的解释和说明,使它们成为可以被读者理解的有意义的资料。

3. 对事实的意义进行客观的陈述与分析

研究报告不仅要展示研究所得的表面数据和事实,而且更重要的是展示数据和事实背后的意义,因此单纯的数据和对数据的简单的文字描述并不足以构成研究报告的主体,还必须对它们进行深刻的分析和阐释,呈现事物的真实状态和意义,并且揭示出现象背后的客观规律性。

四、结尾

结尾是普通研究报告的最后一部分。在描述了社会研究的结果与发现后,研究报告还没有最后完成,还必须用简练的语言对整个社会研究的过程、结果和主要发现扼要、清晰的表达出来,并在此基础上提出解决问题的办法和建议。这些内容构成了报告的结尾。结尾的作用一方面在于对导言提出的社会研究目的或问题作出回应;另一方面能够保持报告结构的完整性和形式的完美性。

第四节　学术性研究报告的撰写

学术性研究报告主要用于专业会议上的学术交流或刊登于学术期刊上。学术性研究报告主要是对于社会现象进行理论探讨,分析各种社会现象之间的相关关系和因果关系,并通过对实际调查资料的分析与归纳来检验理论或构建理论,学术性研究报告的读者主要是专业研究人员,其作用在于发现社会现象和社会行为背后的规律性。由于学术性研究报告是面向专业人员,因此这类报告不仅强调对结果的描述、说明和应用,而且强调文献综述、理论分析和讨论,以及通过对方法、过程和工具的说明来论证研究的科学性;在语言上也要求更加客观、严谨和科学化,更多地使用学术用语,注重分析的逻辑性和严密性;在格式上,较多采用严格的、固定的格式,结构更加严谨。学术性研究报告在结构上通常包括标题、导言、介绍研究的方法与步骤、报告和分析研究结果、摘要与结论、参考文献与附录等六个部分。

一、标题

学术性研究报告的标题注重表达的清晰和准确,不注重新奇性和吸引力,因此,多采用直陈标题式或双标题式,有时也采用结论展示式(具体参见本章第三节)。

二、导言

学术性研究报告的导言包括的内容比普通性研究报告要多,具体如下。

1. 说明研究问题的性质和意义

研究者在导言一开始就必须向读者说明一项社会研究所要解决问题的性质,或者要解决众所关心而有待解决的问题,或者对已有的理论进行验证,或解释日常现象下面所隐含的重大问题。在此基础上,还要说明此项研究的目的、价值和意义,包含理论意义和应用意义。

2. 文献综述

文献综述是指对本研究有关的其他研究报告或其他论文的结果。观点或论述的综合说明。为了使自己的研究建立在事件的基础上并有所突破,在确定研究问题时,研究者就要大量阅读同类研究成果和相关文献,进行分析综合,了解以往的研究者对此类问题的看法,还有哪些问题值得研究,并在此基础上形成对研究问题的清晰的概念和独到见解。

文献综述不宜篇幅过长,不要将以其无关紧要的所有文献资料不加选择和批评地堆加在一起。文献综述的好坏不在意篇幅的长短,而在于对已有文献的论述是否系统,批评是否深刻。

3. 介绍研究目标与假设

在导言中还应该向读者介绍研究的目标和基本假设。做一项研究,研究者必须要有明确的目标,除此之外,最重要的是研究者还必须了解能否达到以及如何达到目标。对此,在检索和阅读文献资料的时候,研究者就要特别注意从已有的资料中寻找可能的突破,确立自己的研究目标和达到目标的独特方法,因为一项独立的研究在目标与假设上必须要显示出一定的独特之处,即使不能全面超越已有的研究,至少能完全重复已有的研究。

研究的目标一般在于了解社会问题的状况并进而解决它。研究假设则是对问题可能状况与可能的解决方法的假定或推理性陈述。在收集资料之前提出研究假设是对一项学术研究的基本要求。假设可由已有的理论推演而来;也可以从有待解决的问题中寻找线索,对前人的假设加以改进形成新的假设;或者从既有的事实中寻找假设,才能确定研究的方向。在导言中向读者介绍研究假设,可以帮助读者清楚地把握此项研究的逻辑思路。

4. 重要概念的界定

对研究中的重要概念给予明确的界定,说明其在本研究中的确切含义是导言的重要内容。明确地界定研究的重要概念,一方面可以使读者在不产生歧义的情况下了解研究的内容和结果,另一方面使其他研究者能够用同样的方法验证研究的结果。

在研究报告中解释重要概念的意义,社会科学比自然科学更有必要。因为在社会科学中的概念比自然科学中的概念更不确定,更容易产生歧义。概念界定的方法要符合研究的特殊设计为标准,不要局限于人们的日常理解或词典上的解释。

三、介绍研究的方法与步骤

研究方法的科学性、严谨性和独创性是判断一项研究是否有价值的重要标准。对一篇研究报告的批评最重要的看研究者所用的研究方法。如果研究方法设计的严谨、科学且有独到之处,及时获得的结果没有证明最初的研究假设,该项研究仍然有价值,因为方法本身仍可值得被人借鉴。一般来说,有关研究方法与步骤的介绍包括如下内容。

1. 介绍研究对象及其基本情况

社会科学的研究对象一般是人。为了让读者理解研究的结果和发现,研究者在研究方法中必须说明研究对象及其基本特征:他们是什么人、是从什么群体中选取的,用什么方法选取的,有多少人,他们的性别、年龄、文化程度、收入状况等。只有明确地界定了研究对象,详细地说明其基本情况,才能使读者清楚地了解研究的性质与研究问题的意义和价值,才能使读者正确理解社会研究所获得资料的意义。

2. 说明研究工具

研究工具是指研究者用来收集资料的仪器、量表、测验、问卷等。如果使用众所周知的研究工具,如瑞文智力测验,研究者只需要列出名字;如果是鲜为人知的或研究者自己设计的测验、量表、问卷或其他工具,在此必须详细说明,全部资料还应在附录内列出,供读者参阅或批评。

3. 介绍研究步骤

研究步骤或研究程序是指研究者如何收集资料和分析处理资料的过程。不同的研究方法要求有不同的程序、步骤和过程(在本书的前面已经具体的讲述了各种研究方法,在此处不做过多说明)为了说明研究的客观性,让其他研究者能够清楚研究的结果,研究报告必须说明研究的步骤或程序,例如,对于问卷调查,除了应说明研究对象和问卷合计方式,还必须对研究问卷的发放方式、发出份数、回收数量等作出详细的描述。

四、报告和分析研究结果

报告和分析研究结果是学术性研究报告的主体部分,是一篇学术性研究报告的重心所在。其表现方式和撰写方法与普通研究报告类似,所不同的是普通研究报告的重点是对研究结果和发现的描述,学术性研究报告除了描述结果和发现外,还必须对其进行深入的分析与探讨。分析与探讨的目的在于，一是回应研究的目标与假设；二是与其他研究者的结果进行对比。分析与探讨的原则是不论研究的结果完全支持研究假设，或者部分支持研究假设，还是完全不支持研究假设，研究者都必须如实地用文字加以说明并将此结果与其他人的研究结果进行比较，或者用已有的理论对研究结果作出更深入的探讨与解释。

五、摘要与结论

摘要是研究报告重点的摘录，结论是对所研究现象与问题的总结性概括。在学术性研究报告者，在详细地报告了研究的结果与发现并进行了深入的讨论之后，通常要将整个报告的要点与主要结果做一个简明扼要的总结，这就是摘要与结论。

摘要与结论的撰写相当于画龙点睛，具有非常重要的意义，能够对读者是否阅读整篇报告起到提示的作用。现在很多学术期刊都把摘要经过浓缩放到题目之下，导言之前，因此，研究者在撰写摘要时要特别用心。

摘要一般主要包括研究目的、研究方法、研究结果与发现等。结论则主要对结果是否支持假设作出明确的回答。摘要与结论的撰写要求文字简洁、要点齐全、客观真实、前后对应。

六、参考文献与附录

参考文献是学术性研究报告的重要组成部分，它是研究者在做这项研究的过程中，所阅读、评论、引证的文献的清单。

附录是指附于研究报告后面的有关资料。包括收集资料的研究问卷、表格、测验、量表等，某些指标的定义和计算公式，某些研究工具、测量仪器的介绍。附录的作用是便于读者进一步考察相关资料，或有助于读者理解正文。在学位论文和学术性研究报告中，通常需要有附录，但由于篇幅一般较大，在学术刊物上发表研究报告或论文时，附录常常被省略。

思　考　题

1. 对比各个类型研究报告有何不同？
2. 简述撰写调查研究报告的步骤和要求。
3. 简述普通型与学术型研究报告的撰写要求。

参 考 文 献

[1] 艾尔·巴比.社会研究方法基础[M].8版.北京:华夏出版社,2002.

[2] 风笑天.社会学研究方法[M].北京:中国人民大学出版社,2001.

[3] 周璐.社会研究方法实用教程[M].上海:上海交通大学出版社,2009.

[4] 劳伦斯·纽曼.社会研究方法[M].北京:中国人民大学出版社,2007.

[5] 关信平.社会研究方法[M].北京:高等教育出版社,2004.

[6] 袁方.社会研究方法教程[M].3版.北京:北京大学出版社,2000.

[7] 洪瑾.社会调查方法[M].北京:中国轻工业出版社,2007.

[8] 吴增基.现代社会调查方法[M].4版.上海:上海人民出版社,2014.

[9] 李晶.社会调查方法[M].北京:中国人民大学出版社,2003.

[10] 邹农俭.社会研究方法通用教程[M].北京:中国审计出版社,2002.

[11] 艾尔·巴比.社会研究方法[M].10版.北京:华夏出版社,2005.

[12] 贝利.现代社会研究方法[M].上海:上海人民出版社,1986.